영화는 끝나도
음악은 남아있다

영화는 끝나도 음악은 남아있다

1판 1쇄 발행 2010년 11월 15일
1판 5쇄 발행 2015년 9월 10일

지은이 고형욱
펴낸이 안희곤
펴낸곳 사월의책

편집 박동수

등록번호 2009년 8월 20일 제396-2009-126호
주소 경기도 고양시 일산동구 무궁화로 7-45 451호
전화 031)912-9491 | 팩스 031)913-9491
이메일 aprilbooks@aprilbooks.net
홈페이지 www.aprilbooks.net
블로그 blog.naver.com/aprilbooks

ISBN 978-89-964610-5-0 03680

* 책값은 뒤표지에 있습니다.
* 이 도서의 국립중앙도서관 출판시도서목록(CIP)은 e-CIP 홈페이지(http://www.nl.go.kr/ecip)에서
이용하실 수 있습니다.(CIP제어번호: CIP2010003782)

영화는 끝나도
음악은 남아있다

고형욱의영화음악오디세이

고형욱 지음

사월의책

들어가며

어릴 적 기억에는 거짓이 없다. 어느 날 한가한 카페에 혼자 앉아 있었다. 실내에는 음악이 흐르고 있었다. 여자 손님 서넛이 자리에 앉으며 스피커에서 나오는 음악 얘기를 꺼내기 시작했다. "애, 이거 〈라스트 콘서트〉 아니니?" 하면서 영화 이야기가 시작되었다. 나도 모르게 귀를 기울였다. 고등학교 때 극장에서 눈물을 펑펑 쏟았다는 이야기, 누구랑 같이 봤다는 이야기, 그때 그 친구에 대한 궁금한 질문들이 오갔다. 대화를 나누는 동안 그들의 표정은 밝았다. 마치 고등학교 때로 되돌아간 것만 같았다. 그들이 나누는 대화를 들으면서 깨달은 게 있다. 다른 음악은 듣던 시절의 기억만을 되살려주지만, 영화음악은 그 영화를 봤던 순간과 장소, 같이 본 친구들에 대한 세세한 기억까지도 한순간에 떠오르게 한다는 사실을.

이제는 과거의 유물이 되어버린 비디오테이프와 요즘 출시된 DVD까지 수천 편을 소장하고 있지만, 일 때문에 보는 게 아니라면 영화는 꼭 극장에 가서 본다. 특히나 '옛날 영화'는 극장에서 볼 때 제맛이 난다. 어두침침한 극장 안에서 음악을 듣고 있으면, 과거에 꿈꾸던 기억과 환상들이 살아나곤 한다. 이 책에 쓴 영화들은 대부분 최근 2~3년 사이에 다시 본 작품들이다. 서울아트시네마에서, 충무로국제영화제에서, 아트하우스 모모에서 상영할 때마다 기대감에 차서 다시 보았다. 영상과 음악이 극장 안을 가득 채울 때, 어둠 속에서 혼자만의 즐거움을 만끽했다. 가끔씩 관객들의 표정을 살펴봤다. 근엄하게 앉아 있는 사람은 아무도 없었다. 어둠 속에서도 눈동자는 빛났고, 표정은 한결같이 밝았다. 이름 모르는 사람들과 함께 영화를 보면서, 우리는 옛날 영화에 대한 향수를 공유했다. 극장은 누구에게나 꿈의 공간임을 느낀다. 〈닥터 지바고〉 〈남과 여〉 〈바람과 함께 사라지다〉, 얼마나 아련한 제목들인가.

영화를 보면서 음악을 듣는 것보다 영화음악만 듣는 게 더 나을 때도 있다. 예전에는 어느 라디오 방송에나 영화음악 프로그램이 있었다. 어릴 때는 나 역시 애청자였다. 커서는 몇 번 출연을 했던 적도 있다. 당시 PD를 하던 양반을 얼마 전에 용산 DVD 가게에서 만나기도 했다. 아직도 영화라는 인연의 끈을 놓지 못하고 있다는 사실을 서로 확인하면서 웃음을 나눴다. 하지만 좋았던 옛 시절은 지나가버렸다. 이제는 영화음악만 따로 듣는 청취자들이 많지 않은지 대부분의 프로그램들이 폐지되어버렸다. 그때는 영화 외에 별다른 오락이 없어서 그랬던 걸까. 그렇게 많던 영화음악 애청자들은 다 어디로 가버린 것일까. 영화음악이 삶에 낭만을 들려주던 나날들을 잊어버린 것일까.

옛날에 본 영화를 다시 보면 기억하지 못했던 내용들을 발견하게 된다. 어릴 때 좋았던 영화가 지금 다시 보면 평범하게 느껴질 때도 있다. 그때마다 나이를 먹는 만큼 세상을 보는 시각도 바뀌어간다는 사실을 실감하게 된다. 그러나 음악은 다르다. 귀로 듣고 흘려버렸으리라고 생각했지만 오히려 영상보다도 훨씬 정확하게 귓가에 새겨져 있는 경우가 많다. 걸작 영화들은 영상이나 내용이 아니라 음악이라는 이미지로 고스란히 간직되어 있는 것이다. 〈닥터 지바고〉를 보다가 '라라의 테마'가 나오거나, 〈카사블랑카〉를 보다가 'As Time Goes By'를 들으면 오히려 옛날보다 더 마음이 움직인다. 나도 모르게 따라서 흥얼거리게 된다. 예전에는 영화가 걸작이라고 하면 부담을 갖거나 공부하는 자세로 볼 때가 많았지만, 이제는 편안하게 음악을 있는 그대로 들을 수 있는 것이다.

가끔 턴테이블 위에 LP 한 장을 올려놓는다. 그 위에 바늘을 건다. 천천히 레코드판이 돌아가기 시작한다. 눈을 감고 한 편의 영화음악을 듣다보면, 참으로 오랜 시간들이 켜켜이 쌓여 있음을 느낀다. 중학교 때부터 영화음악 앨범을 사기 시작해서 30년 넘게 레코드 가게를 들락거리고 있다. 이제는 멸종해버린 카세트테이프도 있고, 가끔씩 구입한 CD도 있다. LP로 듣는 영화음악에는 그 세월이 고스란히 남아 있다. 굳이 LP가 아니어도 좋다. 옛날 음악을 들으면서, 그 선율을 따라 흐르는 추억을 함께 나누고 싶다. 영화는 눈으로 볼 때만이 아니라 귀로 들을 때도 행복하다. 잊어버린 오래된 기억들이 이 책에 실린 영화음악들을 통해서 되살아나길 바란다. 음악이란 영상보다도 깊은 추억을 담고 있으니까.

차례

아날로그 영화는 영원하다 1950년대까지

나이 먹지 않는 영화들 1960년대

이토록 영화 같은 1970~80년대

영화는 계속되어야 한다 1990년대 이후

그리고 우리의 추억

아날로그 영화는 영원하다
1950년대까지

음악은 마법 같은 것

The Wizard Of Oz, 1939년
음악 해럴드 알런 | **작사** E. Y. 하버그 | **감독** 빅터 플레밍 | **제작** 머빈 르로이
원작 L. 프랭크 봄 | **주연** 주디 갈런드, 레이 볼저, 잭 헤일리

✚ 오즈의 마법사

모든 어른들에게 꿈을 되돌려줄 수 있는 영화가 있다면, 모든 아이들에게 꿈을 선물할 수 있는 영화가 있다면, 〈오즈의 마법사〉가 안성맞춤이 아닐까. 2008년 서울충무로국제영화제 기간 중에 신세계백화점 문화센터에서 이 영화를 상영했다. 필름으로 〈오즈의 마법사〉를 만나는 건 처음이었다. 고전 영화만이 갖고 있는 짙은 색감은 필름으로 볼 때 제대로 만끽할 수 있다. 엄마 손에 붙잡혀 끌려온 아이들은 지루함을 참지 못했다. 더군다나 시작부터 스크린에는 단조로운 흑백 화면만 흐르고 있던 터. 찡고, 까불고, 물어보고, 속닥거리고….

하지만 영화란, 그리고 음악이란 마법 같은 것. 도로시(주디 갈런드)가 봄날의 산들바람 같은 목소리로 부르는 「오버 더 레인보」Over The Rainbow가 들려오자 떠들썩하던 소리가 잠잠해진다. 드디어 아이들도 영화의 마법에 빠지기 시작한 것이다. 온 세상을 휩쓸어버릴 것 같은 돌풍이 불어 닥치고, 도로시는 회오리바람에 휩쓸려 하늘로 날아간다. 마을 전체가 바람에 날려간다. 도로시가 오즈의 나라에 떨어지는 순간, 화면은 갑자기 흑백에서 컬러로 탈바꿈한다. 그때부터 옛날 영화

를 처음 접하는 어린아이들조차 스크린에서 눈을 떼지 못하는 신나는 여행이 시작된다. 할아버지 할머니들이 수십 년 전에 떠났던 여행, 엄마 아빠가 오래전 두근거리며 맛보았던 여행에 드디어 아이들도 동참하게 된 것이다.

도로시는 노란 벽돌로 포장된 길yellow brick road을 따라서 착한 마녀를 찾아 길을 떠난다. 엘턴 존에게 영감을 주어 「Goodbye, Yellow Brick Road」를 작곡하게 만든 그 길이다. 길을 따라가면 오즈에 도착할 수 있다. 그러나 발을 디딜 때마다 처음 접하는 새로운 세상이 열린다. 이렇듯 〈오즈의 마법사〉는 관객들에게 무엇보다 꿈과 환상을 보여주는 영화다. 그 길 위에는 낯설고 신기한 것투성이다. 한 발자국씩 오즈를 향해 다가갈 때마다, 새로운 스테이지가 열리듯 우스꽝스러운 동행들을 만나게 된다. 그들 모두에게는 결함이 있다. 다들 한 가지씩 뭔가 모자라다. 허수아비는 뇌가 없고, 양철인간은 심장이 없다. 심지어 백수의 제왕 사자는 겁쟁이다. 그들은 마법사를 만나면 자신들에게 모자라는 부분을 얻을 수 있으리라 믿고 도로시와 함께 길을 떠난다. 그

:: 주인공들은 저마다 자신에게 모자란 것을 구하려 마법사를 찾아떠난다.
이들이 걷는 '노란 벽돌길'은 수많은 예술작품의 소재가 되었다.

들로서는 처음 떠나는 여행이자 모험이다. 아직까지 한 번도 모험을 시도하지 못하고 늘 안주하려고만 했기 때문에 그들은 결점에서 벗어날 수 없었던 것이다. 도로시와 함께 새로운 경험을 하면서 일행은 자신들이 원하던 것이 모두 자기 안에 잠들어 있었음을 깨닫는다. 그렇다. '구하는 자마다 얻을 것이요, 찾는 이가 찾을 것'(마태 7:8)이다.

「오버 더 레인보」에는 아슬아슬한 일화가 있다. 편집 전의 러시 필름을 본 MGM의 회장 루이스 B. 메이어(MGM, 즉 Metro-Goldwyn-Mayer의 그 '메이어'다)는 "왜 우리 스타가 촌티나는 시골농가 마당에서 노래를 불러야 하나?"라고 투덜거렸고, 한술 더 떠 「오버 더 레인보」가 질질 끄는 듯한 분위기를 만드는 바람에 영화가 느려터진 느낌이 난다고 불평했다. 리듬감을 전체적으로 처지게 만드는 원인이 이 노래에 있다고 생각한 것이다. 제작 총지휘를 맡았던 아서 프리드Arthur Freed는 시간을 벌어서 노래를 깔끔한 템포로 다시 다듬고, 회장을 설득해서 이 장면을 원상복구토록 한다. 「오버 더 레인보」 같은 명곡이 탄생하기 위해서 약간의 우여곡절쯤은 없을 수 없다. 이렇게 하여 아무런 걱정거리도 없는 동화 같은 세상으로 떠나고 싶은 도로시의 마음이 영화에 담기게 되었다.

도로시 역으로 더 어린 아역배우를 써야 한다는 의견도 분분했다. 당시 주디 갈런드는 16세, 원작에서의 도로시는 여덟 살이었기 때문이다. 아역스타 셜리 템플을 기용하자는 의견도 있었으나, 셜리는 20세기폭스와 계약된 상태였고 노래 실력도 부족했다. 셜리가 노래를 부르기에는 뮤지컬 영화로서 〈오즈의 마법사〉의 색깔이 너무 뚜렷했다. 결국 빼어난 재즈 스타일 가창력을 갖춘 주디 갈런드가 주연으로 캐스팅

되었다. 이때부터 그녀는 본격적인 뮤지컬 스타로서 발돋움해 나간다.

캔자스의 어느 시골, 귀여운 강아지 토토 때문에 자꾸 꾸중을 듣는 도로시에게 농장에서의 생활은 답답하기만 하다. 닭과 말, 강아지가 이리저리 돌아다니는 농장 앞마당. 먹구름 사이로 햇살이 살짝 비친다. 고민에 빠져 있던 도로시는 짚단에 기대어 먼 하늘을 바라보면서 노래를 부르기 시작한다. 누구나 어린 시절에는 도로시처럼 시도 때도 없이 공상에 빠져들곤 한다. 그런 아이의 마음처럼 「오버 더 레인보」의 노랫말에는 어딘가에 상상의 세계가 있을 것이라는 희망과 꿈이 들어 있다.

저 높이 무지개 너머 어딘가에…
파랑새들이 날아다니는 무지개 너머에는
한번쯤 꿈꾸던 일들이
실제로 이루어지는 곳이 있어요.

누구나 어릴 적에는 어른에게 혼이 나면 막연히 집에서 도망치고 싶다는 생각을 한다. 도로시도 그런 소녀다. 야단 맞지도 않고 언제나 레몬사탕을 먹을 수 있는 행복한 세상이 있을 거라고 믿는 나이다. 자신의 염원대로 도로시는 신비한 나라 오즈로 가게 되지만 결국 깨닫게 되는 것은 하나다. 이 세상에 집보다 더 편하고 행복한 곳은 없다는, 단순하지만 부정할 수 없는 진리 말이다. 도로시가 집으로 돌아오자 화면은 다시 흑백으로 바뀐다. 같은 흑백 화면이지만 오즈에 가기 전과 같은 흑백이 아니다. 여행을 통해 도로시가 부쩍 커버렸기 때문이다. 도로시는 모험을 통해 비로소 자신을 보호해주는 가족과 집의 소중함을 깨닫는다. '파랑새'를 찾아 떠났던 틸틸과 미틸의 모험담처럼.

영화음악 팬들에게 1939년은 중요한 해이다. 〈오즈의 마법사〉와 함께 〈바람과 함께 사라지다〉가 개봉한 해이기 때문이다. 이 해는 영화 역사 초창기의 가장 뛰어난 걸작 사운드트랙이 동시에 발표된 연도였다. 〈오즈의 마법사〉는 1939년은 물론, 그 이후에도 지속적으로 음반이 재발매되면서 인기를 끌었다. 초기에 나온 OST 앨범은 진정한 의미의 '오리지널' 사운드트랙은 아니었다. 주디 갈런드가 직접 노래를 부르긴 했지만 스튜디오에서 따로 녹음한 앨범이었기 때문이다. 지금은 원래의 마스터 필름에서 채록한 주디 갈런드의 목소리로 영화처럼 생생한 음악을 들을 수 있으니, 영화음악 팬들에게는 큰 행운이다. 눈을 감고 「오버 더 레인보」를 들어보라. 어느 사이엔가 우리를 어릴 적 상상의 세계로 데려가주리라.

✚ 〈오즈의 마법사〉는 2007년 『옵서버』가 선정한 50대 영화 사운드트랙에서 당당히 1위에 올랐으며, 『엔터테인먼트 위클리』가 선정한 100대 사운드트랙에서도 5위에 올랐다. 미국영화연구소(AFI, American Film Institute)에서는 '최고의 영화주제가 100곡'을 선정했는데, 「오버 더 레인보」가 당당히 1위를 차지했다. 마찬가지로 미국레코드산업협회(RIAA)에서 선정한 '20세기의 노래'에서도 1위에 올랐다. 20세기의 수많은 뮤지션들이 리바이벌해서 불렀다는 점에서도 이 곡은 명곡 중의 명곡이자 20세기 영화주제가의 전설적 작품이라고 할 수 있다. 참고로 AFI의 2위는 영화 〈카사블랑카〉의 「As Time Goes By」, '20세기의 노래' 2위는 빙 크로스비가 부른 「화이트 크리스마스」이다.

✚ 이 영화의 OST 앨범은 1939년뿐 아니라 56년, 95년에도 재차 나왔다. 〈오즈의 마법사〉의 음악은 그 주인공처럼 영원히 나이를 먹지 않는 것 같다.

✚ 주세페 토르나토레 감독도 〈오즈의 마법사〉의 팬이었는지 모른다. 빼어난 OST로 기억되는 그의 영화 〈시네마 천국〉에서 영화에 대한 꿈을 키우는 주인공의 이름과 〈오즈의 마법사〉에 나오는 강아지 이름은 우연하게도 같은 '토토'이다.

✚ 주디 갈런드는 주연을 맡았던 1954년 작 〈스타 탄생〉에서처럼 스스로도 뮤지컬 스타로서 성공가도를 달렸다. 그녀의 남편은 최고의 뮤지컬 영화감독 중 하나인 빈센트 미넬리, 그녀의 딸은 뮤지컬 영화 〈카바레〉에서 주연을 맡았던 라이자 미넬리이다.

✚ 2차 대전 당시 유럽 주둔 미군은 병사들의 사기를 진작하기 위해 「오버 더 레인보」를 힘차게 연주하곤 했다. 피 흘리는 전장에서는 대서양 너머의 조국이 무지개 너머에 있는 꿈의 나라처럼 여겨졌을 것이다.

✚ 도로시가 말한 대사 "토토야, 우리가 더 이상 캔자스에 있다는 느낌이 안 들어."(Toto, I've got a feeling we're not in Kansas anymore.)는 AFI 선정 '최고의 명대사 100' 중 4위에 올랐다. 그뿐 아니라 "집만한 곳은 없어."(There's no place like home)라는 대사도 23위로 선정되었다.

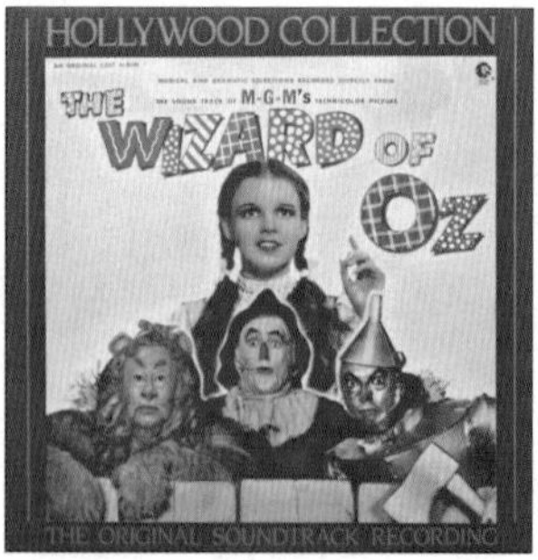

내일은 내일의 태양이 떠오른다

Gone With The Wind, 1939년
음악 맥스 스타이너 | **감독** 빅터 플레밍 | **제작** 데이비드 O. 셀즈닉 | **원작** 마거릿 미첼
주연 비비안 리, 클라크 게이블, 레슬리 하워드, 올리비아 드 하빌랜드

✚ 바람과 함께 사라지다

오래된 팝송은 우리로 하여금 그 노래를 즐겨 듣던 과거를 회상하게 하고 우리를 그 시절로 되돌려 보낸다. 영화음악은 더더욱 그러하다. 감동적인 영화음악은 시공간을 거슬러 영화를 보던 바로 그 극장, 바로 그 순간까지로 우리를 되돌아가게 만들기 때문이다. 감동의 순간을 눈앞에 생생하게 재현해준다는 점에 영화음악의 마력이 있다. 십대 시절 〈바람과 함께 사라지다〉를 극장에서 보면서 비비안 리의 모습에 도취되지 않았거나, 「타라의 테마」Tara's Theme를 콧노래로 따라 읊조려 보지 않은 여고생들이 얼마나 될까. 전 세계적으로 할리우드 영화의 거대한 스케일, 힘 그리고 감동을 선사했던 고전 걸작이 〈바람과 함께 사라지다〉이다. 남북전쟁이라는 시대적 배경 속에서 조지아 주의 대농장 '타라'의 장녀인 스칼렛 오하라(비비안 리)가 겪게 되는 사랑과 운명의 이야기. 잿더미가 된 전장에서 모든 것을 잃고도 꿋꿋하게 일어서는 스칼렛의 모습에 동화되지 않은 여성 관객이 누가 있을까.

〈바람과 함께 사라지다〉는 이전에는 미처 상상하지 못했던 거대한 영화다. 사상 초유의 제작비, 스크린을 가득 채운 엄청난 인원의 엑

스트라, 대규모로 재현해낸 애틀랜타의 대화재, 화려한 의상 등이 대형 화면에 담겼다. 이 영화로 비비안 리는 아카데미 여우주연상을, 흑인 유모로 나온 헤티 맥대니얼은 유색인종 최초로 여우조연상을 수상했다. 영화는 그 밖에도 작품상과 감독상을 비롯한 여덟 개의 오스카를 휩쓸면서 관객들을 열광시켰다. 과연 영화화가 가능할까 싶었던 마거릿 미첼의 대작을 스크린에 옮긴 것만으로도 화제였고, 누가 스칼렛 오하라 역을 따낼 것인가만으로도 뉴스가 되었던 작품이다.

「타라의 테마」가 오프닝 음악으로 울려 퍼지면 자연스럽게 미국 남부의 옛 정경이 펼쳐진다. 그 웅장함은 마치 대형 오페라의 서곡(序曲)을 듣는 듯한 느낌을 준다. 영화는 누구보다 먼저 당대의 거물 프로듀서였던 데이비드 O. 셀즈닉의 이름을 보여주면서 시작된다. 이 영화는 셀즈닉 표 영화인 것이다. 영화를 완성시키기 위해서 여러 감독들이 메가폰을 잡았다가 해고되었다. 감독 타이틀로는 결국 빅터 플레밍이 오르지만, 실제로는 조지 큐커와 샘 우드도 부분적으로 연출을 맡았다. 누구건 감독 한 사람만으로는 셀즈닉의 성에 차지 않았던 것이다. 당시 할리우드에서 가장 카리스마 넘치는 존재였던 셀즈닉다운 발상이라고 해도 과언이 아니다. 그는 감독이 아닌 프로듀서의 영화를 꿈꾸었다.

남부의 대저택이 햇살을 받아 하얗게 빛난다. 아름다운 정원과 초록빛 관상수들, 흑인 노예들이 목화를 따는 광경조차 평화로운 풍경의 일부가 된다. 바람결에 날리는 꽃잎, 호수 위에 떠 있는 조각배. 오프닝 시퀀스에서는 유난히도 하늘이 자주 보인다. 때로는 뭉게구름이 피어오른 파란 하늘, 때로는 석양으로 빨갛게 물든 저녁노을이다. 하늘

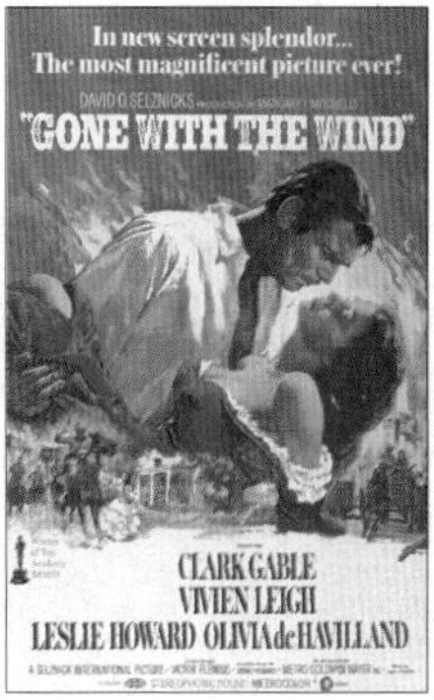

은 색채가 바뀌지만 언제나 변함없는 자연이다. 인간은 변하지만 자연은 그렇지 않다. 지평선 저 멀리까지 펼쳐진 하늘과 땅은 영원 그 자체다. 여기에 극적이면서 웅장한 분위기로 「타라의 테마」가 울려 퍼진다. 영화는 남부의 풍요로운 광경과 음악만으로도 벌써 관객들의 마음을 휘어잡는다.

셀즈닉과 맥스 스타이너는 이미 〈킹콩〉과 〈스타 탄생〉에서 함께 작업한 경험이 있다. 셀즈닉이 이번에도 스타이너에게 음악을 맡긴 것은 탄탄한 기본기와 극적인 느낌을 배가시키는 작곡 능력을 높이 샀기 때문이다. 정통적인 오케스트레이션에서 벗어나지 않으면서 사람들의 마음을 끌어당기는 드라마틱한 음악이야말로 스타이너를 영화음악의 초기 개척자이자 거장으로 만든 핵심이었다. 그는 〈바람과 함께 사라지다〉의 음악을 만들면서 단지 규모의 측면에만 초점을 맞추지는 않았다. 인물이 살아야 음악이 살고 영화도 산다고 믿었던 것이다. 그래서 스펙터클한 대형 화면에 어울리는 테마 음악인 동시에, 극중 인물들의

:: 영원한 연인의 초상으로 남은 레트와 스칼렛

캐릭터를 표현해낼 수 있는 음악이 되게끔 스코어들을 작곡했다. 그것은 기존 영화음악에서는 찾아볼 수 없는 시도였다. 스타이너는 바그너에게서 그 예를 찾았다. 바그너는 극중 인물들 개개인의 캐릭터에 맞는 음악을 통해 인물들의 느낌을 생생하게 살려내곤 했다. 덕분에 관객들은 더욱 쉽게 극에 빠져들 수 있었다. 〈바람과 함께 사라지다〉에서도 스타이너는 주요 배역마다 그들 각각과 동일시되는 음악을 붙임으로써 배역들의 개성이 또렷이 드러날 수 있게 했다. 그래서 영화 전체를 꿰는 음악은 웅장하지만, 인물마다 개성이 부각되고 장면마다 서정적인 터치로 감동을 전달할 수 있었던 것이다.

영화의 라스트 신을 떠올려보자. 스칼렛과 애슐리(레슬리 하워드)가 대화를 나누는 사이 두 사람을 불만스러운 투로 응시하던 레트 버틀러(클라크 게이블)는 사라져버린다. 레트를 찾아 집안을 헤매고 다니는 스칼렛. 마침내 저택 2층에서 레트를 찾아내지만 그는 무뚝뚝하게 짐을 싸고 있다. 스칼렛은 떠나지 말라고 간청하지만 레트는 손수건 한 장만 건네주고는 냉담하게 뒤도 돌아보지 않고 자욱한 안개 속으로 사라져버린다. 레트의 뒷모습을 하염없이 바라보던 스칼렛은 계단에 엎드려 흐느낀다. 그런 스칼렛의 귀에 아버지의 목소리가 환청처럼 들려온다. 그녀에게는 아직 지켜야 할 타라가 남아 있다. 레트가 떠난 후에야 스칼렛은 자신의 분신이나 다름없는 땅 타라가 아직 거기에 있음을 깨닫는다. 그렇다. 내일은 내일의 태양이 뜨는 것이다. 황혼처럼 붉은 하늘을 배경으로 거대한 고목과 스칼렛의 실루엣이 비치고, 멀리 저택이 보이는 가운데 마지막 피날레 음악이 화면에 흐른다. 마지막 순간까지 「타라의 테마」는 극적인 방식으로 사용된다. 관악기의 웅장한 소리에 이어 현악기가 합세하면서 장중하게 울려 퍼지던 음악은, 높은 음계로 드라마틱하게 올라가면서 스칼렛이 겪었던 파란만장한 삶을 들려준다. 「타라의 테마」는 장면마다 변주되어 나오지만 처음 시작되는 장면도 농장이요 마지막 끝나는 장면도 농장이다. 사람은 변하지만 땅은 변하지 않는다. 스타이너의 음악은 그런 진실을 일깨워준다.

맥스 스타이너는 영화에 들어가는 음악 전체를 네 달이라는 짧은 기간 동안에 모두 작곡했다. 하루 스무 시간씩 의사와 약의 도움을 받아가면서 잠도 없이 작업에 매달렸던 것이다. 그 음악들이 마음을 흔드는 감동을 선사한다. 요즘의 영화음악 팬들에게 〈바람과 함께 사라지다〉 OST 앨범은 지루할 수도 있다. 포크 또는 록 음악을 좋아하는 팬들에게 이 음악은 너무 클래시컬하기 때문이다. 그러나 맥스 스타이너의 음악은 충분히 정서적인 울림을 준다. 가슴을 설레게 만드는 고전적인 아름다움이 있다. 일찍이 단일 곡으로 히트한 영화음악들이 있었지만 배경음악만으로 이처럼 갈채를 이끌어낸 음악은 없었다. 낭만주의 작곡가가 다시 등장한 것 같았다. 웅장하면서도 캐릭터의 성격을 잘 살려낸 음악들은 타라와 스칼렛 오하라를 하나로 만들어준다. 〈바람과 함께 사라지다〉에서 맥스 스타이너는 하나의 테마 음악을 관객들에게 끊임없이 변주하여 들려줌으로써 귀를 서서히 익숙해지게 만들고, 영화가 끝날 즈음에는 뇌리에서 사라지지 않고 흥얼거리게 하는 뛰어난 영화음악의 본보기를 보여주고 있다.

✚ 오스트리아 빈 출신인 맥스 스타이너(독일식으로 '막스 슈타이너'로도 발음)는 16살 때 단돈 32달러만 들고 뉴욕으로 건너갔다. 그는 브로드웨이에서 활동하면서 조지 거슈윈, 제롬 컨 등과 교유했다. 1929년 할리우드로 건너간 그는 유럽에서 정통적인 음악 교육을 받은 경험을 영화에서 더욱 극적으로 활용했다. 어렸을 적부터 음악 신동으로 알려진 스타이너는 브람스로부터 피아노를 배웠고, 왕립 음악아카데미에서는 구스타프 말러를 사사하기도 했다. 이처럼 전설적인 거장들로부터 직접 음악을 배운 스타이너는 그들의 경향까지도 물려받았다. 스타이너의 음악들은 곡조가 아름다우면서 로맨틱한 스타일을 띠고 있으며, 화면과 어우러질 때는 눈물이 나올 만큼 감동적이고 극적이기도 하다. 그의 음악은 웅장하고 낭만적이면서 화려함까지 지녔기에 대중들에게 쉽게 어필했다. 이렇게 맥스 스타이너는 1930년대 할리우드에서 확고하게 자기 기반을 다져나갔다. 1933년 〈킹콩〉으로 자신의 이름을 알린 그는 1936년 〈밀고자〉로 아카데미 음악상을 수상했다.

✚ 비록 크레디트에는 감독 타이틀로 이름을 올리지 못했지만 부분 연출을 맡은 사람으로 조지 큐커와 샘 우드가 있다. 조지 큐커는 1954년 작 〈스타 탄생〉과 〈마이 페어 레이디〉 등을 연출했으며, 샘 우드는 〈타격왕〉(The Pride Of The Yankees)과 〈누구를 위하여 종은 울리나〉의 감독으로 명성을 떨쳤다.

✚ 스칼렛이 묻는다. "내가 어떻게 해야 하나요?"(What should I do?) 이때 레트가 답하는 대사 "솔직히 당신, 내 알 바 아니오."(Frankly, my dear, I don't give a damn.)는 AFI 선정 '최고의 명대사 100' 중 1위로 꼽혔다. 스칼렛의 대사 "결국 내일은 내일의 태양이 떠오를 테니까."(After all, tomorrow is another day.)도 31위에 올랐다.

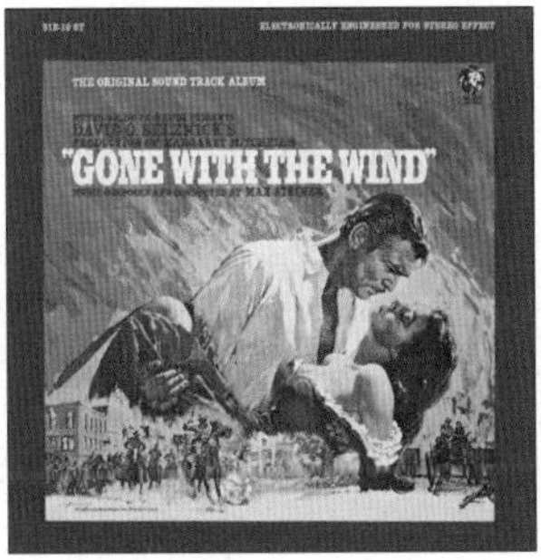

디즈니랜드, 클래식 음악을 만나다

Fantasia, 1940년

음악 스티븐 실락 | **감독** 새뮤얼 암스트롱 외 | **제작** 월트 디즈니

✚ 판타지아

〈백설공주〉의 대성공에 힘입어 월트 디즈니는 야심찬 계획을 실현에 옮길 수 있었다. 대 지휘자 레오폴드 스토코프스키Leopold Stokowski, 1882~1977와 미키마우스를 스크린에서 만나게 하는 일이었다. 스토코프스키는 필라델피아 오케스트라를 이끌고 있던 당대의 거장으로, 영화 〈오케스트라의 소녀〉에도 출연했으며 대중들에게 인기가 높았다. 미키마우스 역시 월트 디즈니가 가장 아끼는 귀여운 캐릭터였다. 과연 이 둘을 만나게 하는 게 1930년대라는 시점에서 가능한 상상이었을까. 도박 같은 일이었다. 그러나 있을 법하지 않은 꿈을 스크린에서 실현해내는 것이야말로 월트 디즈니가 가장 잘 하는 일이었다.

애초에 월트 디즈니는 단편 애니메이션을 만들려고 했다. 〈마법사의 제자〉The Sorcerer's Apprentice를 애니메이션으로 제작하면서 미키마우스를 등장시키려 했던 것이다. 디즈니는 완성도 높은 음악을 위해 스토코프스키를 섭외했다. 제안을 받은 스토코프스키는 오히려 몇 곡을 더 집어넣어서 장편으로 만들면 어떻겠느냐는 역제안을 한다. 그 아이디어를 받아들임으로써 역사적인 대장정이 시작된다. 바로 〈판타지아〉

프로젝트였다. 영화에서는 스토코프스키의 지휘로 총 여덟 곡의 클래식 음악이 연주된다. 미키가 등장하는 건 애초 계획했을 때처럼 세 번째 곡 「마법사의 제자」에서이다.

괴테의 시를 원전으로 삼은 「마법사의 제자」는 프랑스 작곡가 폴 뒤카Paul Dukas가 1897년에 작곡한 교향시이다. 미키는 물을 길어오는 심부름을 하고 있다. 마법사가 잠을 자러 가자 미키는 꾀를 낸다. 마법사의 모자를 쓰고 스승님 흉내를 내려는 것이다. 미키는 마술 빗자루에게 주문을 걸어서 물을 길어오게 한다. 원하던 대로 빗자루는 아무런 말도 없이 힘차게 물을 떠온다. 그런데 미키의 주문은 아직 완벽한 게 아니었다. 어깨너머로 귀동냥한 주문으로는 빗자루를 멈추게 할 수가 없었다. 빗자루가 주체할 수 없을 정도로 물을 길어오자, 당황한 미키는 빗자루를 부숴버린다. 피곤한 하루를 보낸 미키는 깜빡 잠이 드는데, 쪼개진 빗자루들은 여러 개로 나뉜 채로 여전히 물을 길어온다. 그러곤 아침이 된다. 마법사가 잠에서 깨어 내려와 보니 집안은 물바

다가 되어 엉망이다. 마법사는 모세처럼 물을 반으로 가르면서 집안에서 물을 빼낸다. 머쓱해진 미키는 구겨진 모자를 펴서 돌려주고, 빗자루도 건넨다. 처음에는 화를 내는 듯 눈을 부라리던 마법사와 제자 사이에 따뜻한 눈길이 오간다. 마법사가 다시 물통을 들고 나서 미키의 엉덩이를 걷어차자 미키는 무대에서 사라진다. 원작보다 훨씬 아기자기하고 따뜻한 이야기다. 음악의 줄거리를 따라서 미키가 귀여운 연기를 펼친다.

「마법사의 제자」는 작곡되기 전부터 줄거리가 구성되어 있는 작품이었다. 그래서 미키를 주인공으로 삼아 재미있는 단편 애니메이션 한 편을 만드는 데 어려움이 없었다. 미키는 귀엽고 앙증맞다. 음악에 맞춰 분주하게 돌아다닌다. 「마법사의 제자」가 끝나자 자기 연기를 마친 미키는 막간을 이용해서 지휘대에 서 있는 스토코프스키를 찾아간다. 이름을 불러도 대답하지 않자 연미복을 잡아당겨 관심을 끄는 미키. 그렇게 해서 대 지휘자와 애니메이션 캐릭터가 만나게 된다. 스토코프스키와 악수를 나눈 미키는 작별인사를 하고 잽싸게 연주회장을 빠져나간다.

차이코프스키의 「호두까기 인형」이 연주되는 장면에서는 음악에 맞춰 모든 사물들이 춤을 춘다. 처음에는 리듬에 맞추어 요정들이 춤을 선사한다. 음악은 모든 사물들을 의인화시킨다. 꽃들은 격렬한 러시아 민속무용을 추고, 버섯, 나뭇잎, 물고기들까지 그들의 모양과 어울리는 춤 스타일을 만들어낸다. 스트라빈스키의 「봄의 제전」이 연주되면서 태초의 지구가 생성되는 과정이 펼쳐진다. 스트라빈스키의 음악은 그렇게 지구가 형성되고, 물과 대지가 나누어지고, 양서류와 공룡들이 탄생하는 과정을 그려낸다. 〈판타지아〉의 「봄의 제전」 부분에서 묘사된 공룡들의 모습은 이후 영화에서 만들어진 공룡 이미지들의 원전이나 다름없다. 〈쥬라기 공원〉을 보면 그 유사성을 찾을 수 있다. 또한 이 시퀀스의 마지막 부분에 나오는, 행성과 행성이 일직선으로 늘어서는 움직임은 스탠리 큐브릭의 〈2001년 스페이스 오디세이〉의 장면과 흡사하다. 차이를 느낄 수 없을 만큼 닮은 우주의 이미지이다. 큐브릭도 〈판타지아〉를 보면서 음악과 영상을 일치시킬 생각을 품었던 것일까.

평론가들은 월트 디즈니가 클래식 음악까지 가르치려 든다며 반발했다. 개봉 당시에는 흥행 성적도 좋지 않았다. 그러나 2000년, 제작 60주년 기념으로 〈판타지아 2000〉이 재개봉되면서 영화는 화려하

게 부활한다. 이 애니메이션을 보고 있노라면 클래식 초심자들을 위한 친절한 가이드 같다는 생각이 든다. 각각의 곡들을 당시 유명한 음악 평론가이자 작곡가였던 딤스 테일러Deems Taylor가 차분하게 설명해준다. 그렇게 한 곡씩 들으면서 1940년이라고는 믿기 어려운 음악과 화면의 조화를 본다. 음악이 전하고자 하는 감정을 완벽하게 형상화하기 위해 노력했다는 사실, 이런 과정을 거치면서 오늘날 우리가 보는 비주얼 이미지들이 발전되어 온 것이다. 〈판타지아〉는 소리나 상상을 영상으로 어떻게 표현할 것인가 하는 고민이 낳은 산물이다. 진정한 '판타지'는 이런 것이 아닐까.

베토벤 교향곡 6번 「전원」도 사랑스럽다. 영상으로 인해 음악은 더욱 정감 있고 편하게 다가온다. 아기 유니콘들이 뛰어놀고, 아기 켄타우로스들이 뿔피리를 분다. 자애로운 올림포스 산의 품 아래에서 평화로운 전원 풍경이 펼쳐진다. 하늘에는 페가수스들이 날아다니고, 갓난 페가수스는 이제 나는 법을 배운다. 음악을 통해 자연의 맑은 공기를 느낀다. 계곡을 따라 흘러가는 냇물 소리를 듣는다. 젊은 켄타우로스 아가씨들은 시냇물에서 목욕을 즐긴다. 꼬마 큐피드들이 날아와 화장을 시켜주고, 모자를 씌워준다. 청년 켄타우로스들이 다가와 사랑의 꽃잎을 바치고 데이트를 신청한다. 이 장면은 디즈니 애니메이션에 나온 숱한 사랑 장면의 원형일 것이다. 남녀 커플들은 다양한 모습으로 사랑의 행복을 표현한다. 큐피드들이 나팔을 부는 장면은 베토벤의 음악을 영상으로 고스란히 일체화한다. 클래식 음악이 주는 청각적인 즐거움에 시각적인 면이 더해진다. 아침이 되자 켄타우로스들은 포도를 수확하고 와인을 만든다. 뚱뚱한 바쿠스가 유니콘을 타고 등장한다. 그리스 신화가 베토벤의 음악과 더불어 코믹하게 펼쳐진다. 벼락을 던지는 제우스, 황금마차를 타고 서쪽 하늘로 사라지는 아폴로, 초승달을 활 삼아 화살을 쏘는 아르테미스 등 올림포스의 신들과 함께 만들어내는 〈판타지아〉의 영상은 베토벤의 「전원」을 신화 속으로 이끈다. 태초의 아름다움과 평화가 그곳에 있다.

✚ 〈판타지아〉에서는 총 여덟 곡이 연주된다. 본문에 소개한 곡들 외에 바흐의 「토카타와 푸가 D단조」, 아밀카레 폰키엘리의 오페라 〈라 지오콘다〉에 나오는 「시간의 춤」, 무소르그스키의 교향시 「민둥산의 밤」, 그리고 슈베르트의 「아베 마리아」가 그것이다.

✚ 1930년대가 끝나면서 영화음악에는 세 가지 전형적인 스타일이 만들어진다. 〈오즈의 마법사〉와 같은 뮤지컬 스타일, 〈바람과 함께 사라지다〉처럼 오로지 영화에 쓸 목적으로 영화음악가가 메인 테마를 직접 작곡하는 경우, 〈판타지아〉처럼 기존의 유명 곡들을 한 영화 속에 모으는 경우이다. 지금까지 영화음악은 이 세 가지 범주에서 벗어난 경우가 거의 없다. 이미 1930년대에 모범적인 완성형들이 나온 것이다. 〈오즈의 마법사〉는 〈사운드 오브 뮤직〉이나 〈맘마미아!〉의 원조격인 영화다. 〈바람과 함께 사라지다〉는 〈스타워즈〉나 〈글래디에이터〉 같은 영화로 계승된다. 또한 〈판타지아〉가 기존의 클래식 곡들을 선별해 쓴 것처럼 〈트레인스포팅〉이나 〈펄프 픽션〉에서는 록 음악으로 장르만 바뀌어서 다양한 곡들이 담기게 된다. 이 가운데서도 〈판타지아〉는 독특한 사례로 기록된다. 일반적으로 영화음악은 장면을 위해 음악이 작곡되거나 기존의 음악들이 선별되어 쓰인다. 〈판타지아〉는 음악이 선행하고, 그 음악에 맞춰 장면을 만든 드문 케이스였다.

완전한 멜로

Casablanca, 1942년
음악 맥스 스타이너 | **감독** 마이클 커티즈 | **제작** 할 B. 월리스
주연 험프리 보가트, 잉그리드 버그먼

✚ 카사블랑카

〈카사블랑카〉를 처음 스크린으로 접한 곳은 신사동 사거리였다. 신사동도 한때는 극장들이 성업하던 시절이 있었다. 그 시절 신사동은 강남의 영화 중심이라 부를 만했다. 지금에야 여러 극장에서 동시 개봉하는 것이 당연하게 여겨지지만, 예전에는 사대문 안에 있는 대형 극장에서 단관 개봉하는 것이 상례였다. 그러다가 1990년대 초부터 이런 시스템이 바뀌기 시작한다. 전에는 피카디리, 단성사, 서울극장 같은 개봉관까지 가야 했지만, 90년대부터 강남 몇몇 극장에서 같은 날 같은 영화를 개봉하게 된 것이다. 이때 신사동은 잠시 '영화의 거리'로서 전성기를 누린다. 심지어 사거리에는 마릴린 먼로 동상까지 세워져 있었다. 치마가 바람에 젖혀 올려지는 〈7년 만의 외출〉의 한 장면. 2009년 가을쯤에는 연극 〈라이어〉를 보러 갔다가, 몹시 낯익은 공간이라 기억을 더듬어보니 과거의 오즈 극장이었다. 고전 영화들을 전문적으로 상영하던 곳. 지금은 젊은이들로 북적거리는 강남역과 코엑스몰로 극장들이 몰려가고 오즈 역시 연극 전용관으로 바뀌었지만, 오래전 이곳에서 본 몇 편의 영화들이 떠올랐다. 〈카사블랑카〉도 그 가운데

한 편이다. 이제는 극장도 동상도 자취를 감추었다. 그렇게 시간은 흐르고 풍경은 바뀐다. As time goes by….

2010년 3월, 이화여대 캠퍼스 안에 위치한 아트하우스 모모에 〈카사블랑카〉를 다시 보러 갔다. 누군가 이미 본 영화가 아니냐고 묻는다. 당연히 스크린으로, DVD로, 비디오로 여러 번 본 작품이다. 하지만 시간이 지났다. 이미 본 작품을 다시 접할 때마다 감정이 미묘하게 달라졌음을 느끼게 된다. 영화는 그대로이지만 감상자가 바뀐 것이다. 보았던 영화를 다시 본다는 것, 읽었던 소설을 다시 읽는다는 것은 자신에 대한 또 다른 경험이다. 적어도 〈카사블랑카〉 같은 고전이라면, 그 안에서 새롭게 맛볼 수 있는 다양한 디테일들이 있기 마련이다. 덕분에 내가 정서적으로 얼마나 많은 변화를 겪었는지 실감하게 된다.

그날 관객은 열 명 남짓이었다. 영화가 끝나고 불이 켜지자마자 관객들을 둘러보았다. 다들 행복한 표정이다. 그들의 마음속까지 들여다볼 수는 없지만, 기분이 좋아 보이는 것만은 사실이다. 표정들을 보니 덩달아 기분이 좋아진다. 어두운 공간 속에 비추어진 한 줄기 빛, 두 시간 동안 침묵 속에서의 공유, 그것이 영화다.

영사기가 돌아가고, 스크린에는 낡은 필름이 비춰진다. 처음에는 약간의 잡음과 스크래치 난 필름에서 내리는 비가 거슬린다. 옛날 영화에 빠져들기까지 거치게 되는 통과의례 중 하나다. 아무리 복원 작업을 많이 한다 해도 가끔은 이처럼 낡은 프린트를 접할 수밖에 없다. 뉴스릴 필름을 연상케 하는 성우의 목소리로 내레이션이 흐른다.

2차 대전 중 비시 정권 치하의 도시 카사블랑카. 나치의 압제를 피해 도주하는 이들이 주로 거쳐 가는 도시다. 게슈타포와 프랑스 괴

뢰정부의 경찰들, 이탈리아 경찰들이 서로 섞여 업무를 볼 정도로 전쟁의 혼란이 고스란히 반영되어 있는 곳이기도 하다. 사람들은 왜 북아프리카의 이 음험한 도시를 찾아오는가. 이곳은 유럽의 마지막 비상구, 미국행 비자를 구할 수 있는 유일한 도시다. 밤이 내리면 그들은 삼삼오오 카페 아메리캥Cafe Americain으로 모여든다. 아메리캥은 도무지 과거를 알 수 없는 냉소적인 미국인 릭 브레인(험프리 보가트)이 운영하는 술집이다. 거기서 사람들은 낮은 목소리로 밀담을 나누며 도시를 빠져나갈 방법을 찾는다.

가게 문이 열리면 피아노를 치며 노래를 부르고 있는 샘(둘리 윌슨)의 모습이 보인다. 그가 부르는 노래는 「It Had To Be You」(당신이었어야만 해요), 사랑의 운명을 암시하는 곡이다. 도망칠 수 없는 막장 같은 도시에서 사람들은 한잔 술에 위안을 찾고 도박을 하며 불안을 떨치려 한다. 그리고 저마다 비자를 구할 수 있는 방법을 찾으려 골몰한다. 이런 카사블랑카에 체코 레지스탕스 지도자인 빅토르 라즐로(폴 헨레이드)와 그의 아름다운 아내 일자(잉그리드 버그먼)가 또 한 쌍의 망명자로 들

:: 냉소적이지만 가슴에 뜨거움을 간직한 남자, 릭(험프리 보가트)

어온다. 그들을 기다리고 있는 것은 국경을 통과할 수 있는 통행권 두 장. 그러나 통행권을 건네주기로 한 남자 우가트는 이미 경찰에 잡혀 죽은 후이고, 우연히 통행권을 손에 쥐게 된 사람은 냉정한 카페 주인 릭이다.

카페에 들어온 일자는 오래전부터 알고 지내던 샘과 마주친다. 피아노 옆에 앉은 그녀는 샘에게 릭의 근황을 물어본다. 추억을 떠올리 듯 일자의 눈동자가 잠깐 빛난다. 그러나 샘은 일자의 눈을 피하며 대답을 꺼린다. 일자는 당연하다는 듯 표정을 바꿔 샘에게 부탁한다. "연주해줘요, 샘. 옛날 노래를." 하지만 샘은 그녀를 외면하고 난처한 표정으로 다른 곡을 연주한다. 일자는 다시 청한다. "연주해줘요, 샘. 「As Time Goes By」를." 잊어버렸다는 샘의 대답에 일자는 허밍으로 직접 멜로디를 불러가며 다시 부탁한다. 어쩔 수 없이 샘은 좋았던 옛날을 떠올리듯 미소를 머금고는 허공을 쳐다보며 노래 부르기 시작한다.

기억해야만 해요,
키스는 여전히 키스인 것을.
한숨은 단지 한숨인 것을.
근본은 그대로이죠.
시간이 아무리 흐른다 해도.

두 연인이 여전히 사랑한다고 말한다면,
당신은 믿어도 좋아요.
미래가 어떻게 변한다 해도,
세월이 아무리 흐른다 해도.

카페에 들어온 릭은 흐르는 노래를 알아채고는 화난 표정으로 샘에게 다가간다. "이 노래는 절대 부르지 말라고 했잖아!" 샘은 입을 다물면서 눈짓으로 옆 테이블을 가리킨다. 파리에서 사랑을 나누었으나 어쩔 수 없는 운명으로 헤어졌던 연인 릭과 일자는 위험한 도시 카사블랑카에서 이렇게 재회한다. 이제 샘은 노래를 그쳤지만, 두 주인공의 사연은 이미 두 소절에 다 표현되어 있다.

늦은 밤 카페 문을 닫은 후 혼자 술잔을 기울이던 릭은 샘에게 '그 곡'을 다시 연주해달라고 청한다. "그녀를 위해서도 연주하지 않았나. 그녀가 그것을 견딜 수 있다면 나도 견뎌." 「As Time Goes By」 멜로디를 따라 파리에서의 추억이 펼쳐진다. 독일군이 파리에 진주하기 전

날, 릭은 일자와 샴페인을 마시면서 샘의 연주를 함께 들었다. 광장에서는 게슈타포가 확성기로 내일 열릴 환영행사에 참석하라고 떠들어댄다. 내일이 되면 릭과 일자는 더 이상 예전과 같은 자유를 누릴 수 없게 된다. 두 사람은 기차를 타고 떠나기로 했지만, 폭우가 쏟아지는 기차역에 일자는 나타나지 않는다. 이유도 알지 못한 채 릭은 혼자 떠나야만 했다. 그렇게 사라진 사랑을 위험한 도시에서 다시 만난 것이다. 가슴 아픈 회상과 함께 담담하면서 슬픈 멜로디가 흐른다. 릭이 화를 이기지 못하고 주먹으로 테이블을 내려치는 순간, 문이 열리면서 일자가 들어온다. 통행권을 쥐고 있는 릭, 그것을 애타게 구하는 일자. 릭은 다시 사랑을 떠나보내야 하는 것일까. 「As Time Goes By」는 그 모든 사연을 담고, 과거와 현재의 아픔을 그려낸다. 아름다우나 슬프다. 지나가버린 사랑이란 그런 것이다.

〈카사블랑카〉는 할리우드 멜로드라마를 대표하는 작품이다보니 온갖 전설 같은 이야기들도 뒤따른다. 일자가 노래를 불러달라고 요청하는 장면에도 후일담이 있다. 이미 음악가로서 거장의 위치에 있던 맥스 스타이너는 이 장면을 자신이 직접 작곡한 노래로 대체하려고 했다. 아마도 스타이너의 당시 위상이라면 영화의 전체 음악을 다 장악하고 싶었을 것이다. 그런데 이미 잉그리드 버그먼이 다음 출연작인 〈누구를 위하여 종은 울리나〉를 찍기 위해 머리를 짧게 커트해버린 후였다. 그래서 카페에서 「As Time Goes By」를 연주하는 장면은 고스란히 보존될 수 있었다고 한다. 제작 당시에는 맥스 스타이너도 이 노래가 그렇게 히트하리라 예상치 못했다는 얘기다. 하지만 완전히 믿을 만한 정설은 아니다. 잘된 영화란 신화화되게 마련이고 후일담 역

:: 옛사랑과의 만남으로 갈등하는 일자(잉그리드 버그먼)

시 곁들여지는 법이니까. 스타이너의 의도가 어떠했건 실제로 영화에서는 「As Time Goes By」가 지나칠 정도로 많은 장면에 걸쳐 편곡되어 나온다. 노래는 두 사람의 안타까운 마음을 그려내고, 릭과 일자의 감정이 교감하는 것을 보여주며, 관객들의 마음에 아련함을 더한다. 영화 전반에서 사건이 발생하고 갈등이 일어날 때마다 「As Time Goes By」는 이야기를 이어주며 테마 음악으로서의 역할을 다한다.

많은 가수들이 이 노래를 리바이벌해서 불렀지만, 가장 가슴에 와 닿는 것은 영화 속에서 샘이 부르는 원곡이다. 그의 피아노 연주에는 귀를 더 기울이게 하는 무언가가 있다. 두 연인이 가장 행복했던 순간을 고스란히 지켜보았던 샘, 그는 사랑했으나 헤어져야 했던 두 주인공의 슬픔을 자신의 목소리에 담아낸다. 기억을 떠올리는 것조차 고통

:: 카사블랑카 공항의 안개 속에서 두 사람은 마지막 인사를 나눈다.
이 안개 속 장면은 영화 역사상 가장 유명한 이별 장면으로 남았다.

스러워 노래를 부르지 못하게 했던 릭의 심정이 거기에 담겨 있다. 두 연인의 과거를 잘 알고 있는 탓에 샘의 눈빛은 한층 더 허공을 향할 수밖에 없다. 노래 속에는 이런 감정들이 복합적으로 녹아 있다. 그러기에 영화를 보면서 「As Time Goes By」를 듣는 것과, 그저 스튜디오에서 녹음된 다른 가수들의 노래를 듣는 것은 다를 수밖에 없다. 흑인 피아니스트의 까만 살빛, 맑게 빛나는 하얀 눈동자가 그 느낌을 더욱 강하게 한다.

〈카사블랑카〉에서 「As Time Goes By」만큼이나 인상적인 음악으로는 맥스 스타이너가 편곡해서 연주하는 프랑스 국가 「라 마르세예즈」La Marseillaise가 있다. 「As Time Goes By」가 인물들의 감정을 대변해준다면, 「라 마르세예즈」는 독일에 침략당한 프랑스 땅이라는 상황을 설명해준다. 아니, 프랑스만이 아니다. 곡은 침략군 독일에 대항하는 모든 사람들의 감정을 연결시킨다. 메인타이틀이 나올 때도 이국적인 오프닝 음악에 이어 「라 마르세예즈」가 울려 퍼진다. 라스트 신, 자욱한 안개 속에서 리스본행 비행기가 이륙한 후 릭과 경찰서장 르노가 함께 걸어갈 때도 같은 곡이 연주된다. 그러나 가장 인상적인 연주는 릭의 카페 장면이다. 독일군들이 피아노를 치며 독일 군가를 부르자 빅토르는 못마땅한 표정으로 쳐다본다. 그러다 악단에게 다가가 「라 마르세예즈」를 연주해달라고 청한다. 멀리서 지켜보던 릭이 악단에게 연주해도 좋다는 눈빛을 보내자 우렁찬 연주가 시작된다. 연주와 함께 카페에 있던 모든 사람들이 노래를 합창한다. 사람들의 목소리가 고조되자 독일군들의 목소리는 사그라들고, 사람들은 나치에 대한 적대감과 프랑스에 대한 자부심으로 가슴이 벅차오른다. 카페 안에 울리는 「라 마르세예즈」 연주는 나아가 관객들의 가슴마저 뛰게 만든다. 극적인 긴장감과 함께, 전쟁 중의 프랑스령 카사블랑카라는 도시의 감각을 일깨워주는 것이다.

릭은 자신이 쥐고 있던 통행권을 빅토르와 일자에게 내준다. 세 사람은 어떤 식으로도 함께할 수 없는 운명임이 여기서 드러난다. 〈카사블랑카〉의 위대함은 어쩌면 릭이라는 비극적 캐릭터 때문에 더욱 커지는지도 모른다. 영화를 감상하다가 잠시 중세 기사들의 영웅담을 떠올린다. 아서 왕과 기네비어 왕비 그리고 랜슬롯 경의 이야기 말이다. 존경심에 뿌리를 둔 빅토르와 일자의 사랑, 거기엔 정신적인 무엇이 있다. 빅토르와 일자는 결코 키스하지 않으며, 뺨에 입술을 맞추는 정도가 전부다. 그에 비하면 릭과 일자가 나누는 키스에는 깊은 애정이 어려 있다. 두 사람은 진정으로 서로를 사랑하고 있는 것이다. 그럼에도 릭은 통행권을 주고 두 사람을 떠나보낸다. 릭과 일자는 '요즘 영화'의 주인공들이 아니다. 〈카사블랑카〉는 지금보다 더 숭고함을 중시했던 시절의 이야기다. 일자를 떠나보내는 릭은 중세의 기사다. 이별을 참아낼 수 있기에 릭의 사랑은 단순한 육체적 애정을 넘어 영원한 사랑의 차원으로 승화된다. 사랑하기 때문에 사랑하는 여인을 떠나보내고 위험한 도시에 홀로 남는 남자. 이것이 릭의 캐릭터가 위대함을 얻는 부분이며, 〈카사블랑카〉가 멜로드라마 그 이상의 차원에 도달하는 이유일 것이다.

✚ 「As Time Goes By」는 1931년 브로드웨이 뮤지컬 〈Everybody's Welcome〉에 처음 등장했던 노래다. 잊혀질 뻔했던 노래가 〈카사블랑카〉에 삽입되면서 모든 이들의 사랑을 받게 되었다. 빌리 홀리데이, 프랭크 시나트라, 토니 베넷, 칼리 사이먼 등 수많은 가수들이 이 노래를 리바이벌했다.

✚ 허버트 로스 감독이 연출한 작품으로 〈카사블랑카여 다시 한 번〉(Play It Again, Sam)이라는 영화가 있다. 원제만 봐도 알 수 있듯이 〈카사블랑카〉를 패러디한 영화인데, 시나리오의 원작자이자 주연을 맡은 우디 앨런이 험프리 보가트의 유령으로부터 여자관계에 대한 자문을 받는 장면이 나온다.

✚ 벨기에 출신 여성가수로 빅토르 라즐로(Victor Lazlo)가 있다. 본명은 소냐 드로니에(Sonia Dronier)인데, 〈카사블랑카〉의 등장인물 이름을 예명으로 쓴 경우다. 옛날 영화 같은 고혹적 분위기로 〈She〉 같은 앨범을 빅 히트시킨 바 있다.

✚ 릭이 얘기하는 "당신의 눈동자에 건배!"(Here's looking at you, kid.)는 AFI 선정 '최고의 명대사 100' 중 5위에 올랐다. 28위에 오른 대사는 일자가 얘기하는 "연주해줘요, 샘. 「As Time Goes By」를." 이다.

고흐와 로트렉이 뮤지컬을 만든다면

An American In Paris, 1951년
음악 조지 거슈윈 | **감독** 빈센트 미넬리 | **제작** 아서 프리드
주연 진 켈리, 레슬리 캐론, 오스카 레반트

✚ 파리의 아메리카인

2008년 2월 뮤지컬의 거장 〈빈센트 미넬리 회고전〉이 서울에서 열렸다. 주변 사람들과 작당하여 서울아트시네마로 이른바 '단체 관람'을 갔다. 모토는 "할리우드 황금기 뮤지컬을 맘껏 즐기자!"는 것. 빈센트 미넬리는 극영화도 찍었지만, 그의 재능이 유감없이 발휘된 장르는 역시 뮤지컬이다. 회고전에서는 〈파리의 아메리카인〉을 비롯하여 〈해적〉〈밴드 왜곤〉〈키스멧〉〈지지〉 등 다섯 편이 상영되었다. 일일이 스크린으로 챙겨 보자니 여간 바쁜 일이 아니었다. 하지만 비디오가 아닌 필름으로 뮤지컬을 만나는 기분이란 진짜 뮤지컬을 보는 듯 꿈과 환상의 세계를 만끽하는 느낌이었다. 진 켈리, 주디 갈런드, 프레드 아스테어, 시드 채리스, 하워드 킬, 레슬리 캐론, 모리스 슈발리에…. 춤과 음악에 관한 한 누구보다 재능이 넘치는 배우들의 목소리와 몸짓을 보는 것만으로도 시간은 꿈결같이 흘러갔다.

1950년대 할리우드 뮤지컬을 오늘날 다시 재현하기는 불가능하다. '스튜디오 시스템'이라는 과거의 영화(榮華) 속에서나 가능한 일이기 때문이다. 세상이 바뀌고 기술로 인해 만사가 편해지면서 영화도

디지털화 되어버렸다. 그러나 예전의 대형 스튜디오 세트들은 영화인들이 온갖 노력과 재능을 쏟아 만든 가상의 공간이자 '꿈의 공장'이었다. 장면들 하나하나에 모든 스태프들의 노고가 물씬 배어 있었다. 그리고 그런 노력들이 뮤지컬이라는 화려한 장르의 영화를 탄생시켰다.

〈파리의 아메리카인〉은 어찌 보면 평범하고 진부한 줄거리이다. 결말이 빤한 해피엔딩 사랑 이야기이다. 파리가 좋아서 눌러앉은 아마추어 화가 제리(진 켈리)는 낙천적인 성품이지만, 그림은 잘 팔리지 않는다. 그래도 매일 캔버스를 들고 몽마르트르 언덕으로 나간다. 그는 어느 날 우연히 만난 향수가게 아가씨 리사(레슬리 캐론)를 짝사랑하게 된다. 그런 제리에게 갑자기 돈 많은 미국 여인 마일로가 나타난다. 그를 후원하겠다며 그림과 함께 사랑까지 사려는 것이다. 게다가 리사에게도 그녀를 사랑하는 가수 앙리가 있는 터다. 남녀들은 이렇게 삼각관계를 넘어 사각관계로 얽히지만 결국 제리와 리사는 사랑에 빠진다. 이처럼 스토리는 극히 단순하며, 이에 대한 비판도 없지 않다. 그러나

:: 빈센트 미넬리 감독은 인상파 화가들의 색채를 넘어서는,
파리보다 더 파리다운 꿈의 공간을 만들어냈다.

뮤지컬에서 중요한 것은 스토리가 아니다. 뮤지컬의 즐거움은 단순한 줄거리마저 돋보이게 만드는 노래와 춤에서 온다.

항상 웃음을 잃지 않는 제리는 동네에서도 인기가 많다. 그가 나타나면 조용하던 골목도 활기차고 시끌벅적해진다. 동네 꼬마들은 늘 미제 껌이나 사탕을 쥐어주는 그를 따르지 않을 수 없다. 돈이 없어도 낭만이 있던 시절이다. 제리가 아이들을 모아놓고 가르치는 노래가 「I Got Rhythm」이다. 그는 자기 주변에 모인 아이들에게 영어도 가르쳐준다. 윈도우, 레이디 같은 쉬운 단어들도 있지만 발음이 까다로운 매사추세츠 같은 단어도 있다. 아이들을 자연스럽게 유도하여 녀석들이 "I got"이라고 외치면 하나씩 곡조를 붙여나간다. "I got rhythm, I got music, I got my girl. Who could ask for anything more?" 골목길에서 하얀 모자, 하얀 티셔츠, 하얀 바지를 입고 탭댄스를 추면서 흥겨운 노래를 부른다. 낙천적인 제리의 웃음에 따라 영화 속 아이들과 가게주인 아줌마들, 나아가 관객들까지도 즐거운 웃음을 짓게 된다. 아이들이 영어 단어들을 배우면서 리듬을 맞추듯이, 즐거운 노래를 따라 관객들도 영화 속으로 빨려 들어간다.

〈파리의 아메리카인〉은 할리우드 뮤지컬 중에서도 가장 시각적인 작품으로 꼽히는 영화다. 춤이 주인공인 작품이기 때문이다. 노래보다 춤 솜씨가 더 빼어났던 진 켈리의 장점을 한껏 살리고자 한 의도가 엿보인다. 영화 후반부에 제리가 환상에 빠져 추는 춤 시퀀스는 이 영화의 백미이다. 파리 시내 여러 곳을 누비면서 추는 집단 군무에서는 신사들, 아가씨들, 군인과 경찰들, 행인들이 진 켈리를 둘러싸고 거대한 무대를 만들어낸다. MGM 전성기의 할리우드 뮤지컬은 경이로운 세트의 예술이라고도 할 수 있다. 오늘날 우리가 테마파크에서 영화 속 환상을 맛보듯이, 세트는 뮤지컬의 환상을 완벽하게 창조해낸다.

영화를 찍은 곳은 파리가 아니지만 '꿈의 공장'은 더 파리다운 공간을 만들었다. 이 군무 시퀀스가 펼쳐지는 세트는 인상파 화가의 작품들을 밑그림 삼아 완성되었다. 인상파 화가들이 다채로운 빛으로 화폭에 담아냈던 파리를 영화 속에 그대로 옮긴 것이다. 세트 하나에 30명의 화가가 동원되었고, 그 많은 예술가들이 6주 동안 하루도 쉬지 않고 세트를 만들어냈다. 이렇게 만들어진 걸작 세트에는 파리의 환상이 고스란히 담기게 되었다. 도입부는 라울 뒤피의 〈콩코르드 광장〉을 모사했다. 가볍고 밝은 파란색, 연두색, 붉은색으로 화사하게 빛나는 그림이다. 그 밖에도 마네, 위트릴로, 루소, 고흐, 로트렉 같은 거장들의 그림이 이어지면서 세트는 화려한 댄스의 무대가 된다. 로트렉의 스케치가 배경으로 전환되면서 제리는 춤을 추기 시작한다. 로트렉이 그린 물랭 루주의 무희 역할은 리사가 맡는다. 제리는 사랑의 꿈을 꾸고, 환상을 느낀다. 〈파리의 아메리카인〉을 보고 있노라면 오르세 미술관의 인상파 걸작을 한꺼번에 접하는 것 같다.

18분에 달할 만큼 길고도 거대한 춤 시퀀스에 배경 음악으로 쓰인 곡은 동명의 교향곡 「파리의 아메리카인」이다. 헤밍웨이나 피츠제럴드, 혹은 헨리 제임스 같은 작가들은 파리에 체류하면서 강한 문화적 인상을 받았다. 20세기 초반 파리는 문화와 예술의 용광로였다. 모든 창조자들에게 영감을 안겨주던 문화의 수도였다. 1928년 조지 거슈윈도 파리로 간다. 그는 파리에 머문 후 미국으로 돌아오자마자 재즈의 어법을 바탕으로 「파리의 아메리카인」을 작곡한다. 이 교향곡은 도시적인 세련미가 특징이다. 화려한 도시를 처음 방문하여 놀라움을 감추지 못하는 촌뜨기의 모습을 보는 듯하다. 그가 거슈윈 본인이든 오늘날의 관광객이든 상관없다. 주인공은 호기심으로 가득 찬 눈망울을 하고 도시를 두리번거린다. 음악은 귀로 느낌을 전하고, 진 켈리는 춤으로 표현한다. 시각적 인상이 강한 음악이 춤과 만나면서 더욱 강렬한 인상을 준다. 「파리의 아메리카인」은 음악도 얼마든지 컬러풀할 수 있으며, 마치 눈앞에서 보듯 입체적일 수 있음을 보여주는 곡이다. 악기 외에도 자동차 경적 같은 소리까지 효과적으로 사용해서 분주한 파리의 풍경을 만들어낸다. 거슈윈이 작곡한 「파리의 아메리카인」은 재즈라는 형식을 교향곡으로 발전시킨 대표적인 사례이다. 빈센트 미넬리는 진 켈리와 함께 예술의 도시 파리의 인상을 뮤지컬로 생생하게 살려낸다.

✚ 당시 스무 살이던 레슬리 캐론(Leslie Caron)은 〈파리의 아메리카인〉으로 화려하게 스크린에 데뷔한다. 프랑스 태생인 그녀는 진 켈리(Gene Kelly)에게 발탁되어 데뷔작에서부터 주연을 맡게 된다. 레슬리 캐론은 깜찍하고 발랄하며 요정 같기도 한 이미지를 풍긴다. 원래 명문 파리음악원 출신의 발레리나였던 레슬리는 영화에 깜짝 데뷔하면서 운명이 바뀐다. 1950년대 뮤지컬의 새로운 스타가 탄생하는 순간이었다. 몇 년 후 다시 파리를 배경으로 찍은 뮤지컬 〈지지〉를 비롯하여 〈릴리〉 〈키다리 아저씨〉 등에서 그녀는 음악적 재능을 맘껏 발휘한다. 전성기 할리우드 뮤지컬은 언제든 재능 있는 새로운 얼굴을 받아들일 준비가 되어 있었다. 레슬리 캐론은 은퇴 전까지 45편의 영화에 출연하고, 1989년에는 베를린국제영화제 심사위원장을 맡는 등 영화계에 뚜렷한 족적을 남겼다.

✚ 피아니스트이자 작곡가이기도 했던 오스카 레반트(Oscar Levant)도 이 영화에서 자신의 재능을 유감없이 발휘한다. 특히 거슈윈 작곡의 「피아노 협주곡 F장조」를 연주하는 장면 역시 대단히 화려하고 시각적이다. 레반트는 스스로 피아노 협연자로 나와 열정적인 연주를 펼치는데, 그 지휘자도 레반트 자신이다. 바이올린 등 모든 악기를 혼자 연주하는가 하면, 연주가 끝난 후 "브라보!"를 외치며 박수를 치는 관객까지 오스카 레반트이다. 하나의 장면 전체가 레반트 혼자서 벌이는 원맨쇼인 것이다. 독일 표현주의 영화처럼 길게 늘어진 그림자, 무언가 공허해 보이는 분위기는 오스카 레반트가 막연하게 자신이 뛰어난 연주자가 되기를 바라는 영화 속 공상 때문에 벌어진 일이다.

✚ 진 켈리는 카메라 뒤에서 모든 장면을 지켜보면서 빈센트 미넬리 감독을 도왔다. 아이디어를 내고, 안무를 지도하고, 디테일들을 살피면서 직접적으로 영화를 진두지휘했다. 여기서 쌓은 연출 경험은 이듬해 스탠리 도넨과 공동 연출로 〈사랑은 비를 타고〉를 만들면서 더욱 발전된 모습으로 나타난다.

미국 대통령들이 권한 영화

High Noon, 1952년
음악 디미트리 티옴킨 | **감독** 프레드 진네만 | **제작** 스탠리 크레이머, 칼 포먼
각본 칼 포먼 | **주연** 게리 쿠퍼, 그레이스 켈리

✚ 하이 눈

지금은 서부영화라는 장르 자체가 쇠퇴해버렸지만 서부극은 과거 할리우드를 대표하는 장르였다. '웨스턴'의 전성시대에 십대를 보낸 남자치고 총잡이 흉내를 내보지 않은 사람은 없을 것이다. 존 웨인, 헨리 폰다, 알란 래드, 버트 랭커스터, 커크 더글러스 등 쟁쟁한 스타들이 자신의 분신과도 같은 건맨 역을 연기했다. 알란 래드 하면 '셰인'이 떠오르고, 헨리 폰다와 버트 랭커스터는 서로 다른 스타일로 '와이어트 어프'를 연기했다. 그리고 게리 쿠퍼 하면 〈하이 눈〉의 보안관 '윌 케인'이었다.

그러나 1950년대를 관통하면서 웨스턴은 쇠락하고 영웅들은 사라진다. 그 과정에서 서부극은 현실적인 이야기들을 담기 시작했다. 〈수색자〉 〈황야의 7인〉 〈리버티 밸런스를 쏜 사나이〉 같은 서부극은 더 이상 영웅들의 이야기가 아니었다. 감독들은 서부의 낭만이 아닌 현실을 그려내려 했다. 게다가 뒤를 이어 이탈리아에서 기이한 서부극이 온다. 세르지오 레오네가 창안해낸 마카로니 웨스턴, 〈황야의 무법자〉 시리즈였다. 프랑코 네로의 〈장고〉와 테렌스 힐의 〈튜니티〉 시리즈 등

은 대단한 인기를 끌었다. 그러나 서부극은 서서히 막을 내리고 있었다. 결국 2005년에 이르면 클린트 이스트우드가 〈용서받지 못한 자〉를 통해 서부 사나이들의 신화를 전면적으로 부정하기에 이른다. 서부극은 그렇게 사라져갔다.

정통 서부극은 영웅담이었다. 영화 속 총잡이들의 모습이 실제로는 허구였다 해도 거기에는 낭만이 있었다. 또한 남성 영화로서 끼친 영향도 무시할 수 없다. 관객들은 서부 영웅들을 통해서 사나이다운 기개를 발견하곤 했다. 거기에는 멋이 있었다. 보안관의 가슴에 달린 별은 무엇보다 정의를 상징했고, 무법이 난무하는 황야에서 어떻게 정의를 수호할 것인가가 늘 문제였다. 〈하이 눈〉은 그런 책무를 짊어진 고독한 보안관 윌 케인의 이야기이다.

걸작 서부극들은 드라마 자체만큼이나 음악도 인상적이었다. 서부영화 테마음악들만 모아서 음반으로 발매하는 경우도 허다했다. 가장 인상적이고 다양한 웨스턴 뮤직을 남긴 작곡가로는 디미트리 티옴킨을 꼽을 수 있다. 그가 음악을 맡은 영화들 중에서 특히 〈하이 눈〉의 테마는 오래도록 기억에 남는다. 음악만이 아니다. 〈하이 눈〉은 미국인들에게 깊은 정신적 영향을 준 영화로도 기록될 만하다. 역대 대통령들마다 이 영화를 즐겨 보았고, 후임 대통령에게 〈하이 눈〉을 보도록 권하곤 했다. 특별히 〈하이 눈〉이었던 것은 무슨 이유에서일까. 무엇보다 보안관 윌 케인의 캐릭터 때문이었다. 윌 케인 앞에 위기가 닥친다. 아무도 도와주는 사람은 없다. 그러나 그는 의무감 때문에 마을을 지킨다. 윌 케인은 막 결혼식을 올렸다. 보안관 직도 은퇴했다. 마을을 떠나 혼자 행복하게 지낼 수도 있는 입장이지만, 그는 마을을 지켜야 하는 공적인 책무를 애써 떠맡는다. 그의 캐릭터는 홀로 마지막

까지 모든 책임을 짊어져야 하는 대통령이라는 직책을 대변한다. 죽음이 두렵지만 보안관이기 때문에 정의를 위해서 총을 들어야 한다. 이것이야말로 세계의 보안관인 미국 대통령의 의무 아닌가?

〈하이 눈〉은 주제가만으로도 웨스턴 무비의 전설이 된 영화다. 물론 이전에도 서부를 배경으로 한 테마곡들은 여럿 있었다. 1946년 명장 존 포드 감독이 만들고 헨리 폰다가 주연한 와이어트 어프의 이야기는 우리나라에 〈황야의 결투〉로 소개되었지만 원제는 주제가와 같은 제목인 「My Darling Clementine」이었다. 이 곡은 이미 잘 알려져 있던 민요로서, 영화 전체에 짙은 서정성을 입혀주는 역할을 했다. 귀에 익은 멜로디를 사용함으로써 서부극에 고풍스러움과 함께 회고적인 느낌이 배이게 만든 것이다. 반면 디미트리 티옴킨은 〈하이 눈〉을 위해서 특별히 「Do Not Forsake Me, Oh My Darling」을 작곡한다. 이 곡은 영화 속에서 노래로도 나오지만, 극 전반에 삽입되어 드라마를 전개해주는 보조적 역할을 한다. 노래 가사는 윌 케인의 입장과 상황을 대변하고, 캐릭터를 요약해준다. "내게 어떤 운명이 기다리는지 몰라요. 내가 아는 건 용기를 가져야 한다는 것이죠." 가사가 말해주듯 영화 전체의 흐름을 설명해주고 도입 역할을 맡는 것이다. 또한 "오 나의 사랑, 나를 저버리지 말아요."라는 제목처럼 이 주제곡은 연가로도 훌륭한 역할을 한다. 그래서 이 노래는 「하이 눈의 발라드」The Ballad Of High Noon라는 이름으로 불리기도 한다.

영화가 시작되면 멀리 황야가 보이고 크레디트 타이틀이 떠오른다. 텍스 리터의 묵직한 목소리로 컨트리풍의 노래가 담담하게 흘러나온다. 주제가 「Do Not Forsake Me, Oh My Darling」이다. 멀리서 들려오는 기차의 기적소리가 단조로운 리듬을 맞춘다. 오프닝 신은 악당들이 모이는 장면이다. 나중에 〈석양의 무법자〉The Good, The Bad And The Ugly에서 '나쁜 놈'the bad 역을 맡게 되는 젊은 시절의 리 반 클리프가 기다리고 있는 곳으로 총잡이들이 하나씩 모여든다. 노래가 나오는 동안 악기 연주 소리는 거의 들리지 않고 텍스 리터의 목소리만 강조된다. 기타나 아코디언 소리조차 묵직한 목소리에 묻혀 거의 들리지 않는다. 확실히 텍스 리터가 부르는 노래는 윌 케인의 심정을 대변하는 장치이다. 이 노래처럼 악기 소리를 자제하고 목소리만 강조한 연주는 당시 할리우드 영화음악들이 공통적으로 활용하던 방식이었다. 자질구레한 배경음악을 빼고 굵직한 선의 목소리만 남김으로써 주인공의 내면을 한층 진하게 드러내는 것이다. 「Do Not Forsake Me, Oh My Darling」은 윌 케인이 처한 딜레마를 한 곡의 노래에 담아냄으로써 서부영화 역사상 가장 유명한 주제가의 하나로 남는다. 주제가는 오프닝 신에서는 노래 형식으로 관객들의 귀를 익숙하게 만든 다음, 장면이 진행되면 멜로디로 변주되면서 영화 전체를 이끌어간다.

영화의 러닝 타임은 85분이다. 영화 속에서의 시간 경과와 거의 비슷하다. 10시 35분에 윌과 에이미(그레이스 켈리)의 결혼식이 진행된다. 같은 시간에 악당들은 마을을 지나 역으로 간다. 역에는 감옥에서 막 풀려난 우두머리 프랭크 밀러가 도착하기로 되어 있다. 동시간대의 교회, 술집, 이발소 등에서는 사람들의 걱정스런 반응이 비춰진다. 이렇게 시작된 영화는 정오가 약간 지난 즈음, 짧지만 긴박한 결투가 끝날 때까지 진행된다.

결혼과 함께 보안관으로서 윌의 의무도 끝난다. 그러나 악당들이 마을로 온다는 소식을 듣고 윌은 그곳에 남기로 결심한다. 5년 전 자신이 잡아넣은 프랭크가 복수를 하러 온다는 것을 알기 때문이지만,

:: 성오가 오기만을 기다리는 악당들. 오른쪽에 리 반 클리프의 초기 모습이 보인다.

해들리빌 마을이 예전의 혼탁했던 모습으로 되돌아가게 둘 수 없어서이기도 하다. 마차를 타고 떠나던 윌이 마을로 말을 돌릴 때, 주제곡 「Do Not Forsake Me, Oh My Darling」의 멜로디가 다시 흐른다. 윌은 아내에게 상황을 설명하지 않지만, 음악이 대신해서 관객들에게 설명해준다. 마을 사람들은 이런저런 이유를 들면서 보안관 돕기를 꺼린다. 5년 전, 악당들을 처치함으로서 마을에 평화가 왔던 기억을 이미 잊은 것이다. 다시 위기가 닥쳤지만 사람들은 모두 발뺌할 뿐이다. 윌은 이런 마을을 왜 지켜야 하는지를 고민한다. 만나는 사람들마다 그에게 떠나라고 말한다. 승산 없는 싸움이기 때문이다. 그가 도움을 청하러 교회로 갈 때도, 혼자 고민하며 마을을 걸어갈 때도 주제곡이 반복해서 흐른다. 음악과 함께 윌 케인의 갈등 역시 깊어간다.

일반적으로 서부극의 주인공이 겨우 네 명밖에 되지 않는 악당들을 놓고 이처럼 심각한 갈등에 빠지는 경우란 드물다. 최후의 결투를 앞둔 〈OK 목장의 결투〉조차 활극적인 분위기가 넘친다. 와이어트 어프와 닥 할러데이 역시 목숨을 걸고 클랜턴 일가와 싸우러 가지만, 그들에게서 윌 케인과 같은 고뇌와 갈등을 느끼기는 어렵다. 주인공이라면, 보안관이라면 결코 지지 않는 존재라는 믿음을 주어야 하기 때문이다. 그렇기 때문에 〈하이 눈〉의 윌 케인은 인간적이다. 그는 두렵다. 아무도 그가 살아남는다고 생각하지 않는다. 그러나 그는 떠날 수 없다. 자신이 벌인 일을 마무리해야 하기 때문이다. 그에게는 여전히 보안관으로서의 의무가 남아 있는 것이다.

클로즈업으로 잡은 시계바늘은 정오를 향해 다가간다. 윌 케인은 사무실에 앉아 편지를 쓴다. 답답해하던 아내 에이미는 혼자 떠나기 위해 역으로 간다. 무법자 세 사람은 역에서 우두머리를 기다리고

:: 마지막 남은 악당을 기다리는 윌 케인

있다. 윌 케인 때문에 감옥에 갔다가 일주일 전에 출옥한 악당 프랭크가 오고 있는 것이다. 시계는 정오를 알린다. 기적소리가 울리고 악당들은 서로를 바라보며 미소 짓는다. 마을사람들은 교회에서 기도를 하고, 술집과 집안에 모여 앉아 심각한 표정으로 서로 쳐다본다. 사람들은 용기가 없다. 아무런 말도 행동도 할 수 없다. 그저 안일하게 모든 것이 별일 없이 지나가기만을 바랄 뿐이다. 거리엔 적막만이 감돈다. 카메라가 크레인을 타고 공중으로 이동하면 넓은 마을에는 케인 혼자만 보인다.

다시 텍스 리터의 목소리로 주제가가 나오기 시작한다. 목소리가 사그라들면 음악은 오케스트레이션으로 긴장감 넘치게 변주된다. 악당들이 한 명씩 죽고, 마지막 남은 프랭크는 에이미를 인질로 잡고 윌 케인을 협박한다. 주제곡은 이제 비장감을 표현한다. 에이미가 도망치려고 몸을 빼는 사이 윌의 총이 불을 뿜는다. 프랭크가 쓰러지면서 음악도 평화를 되찾는다. 사람들이 전부 거리로 몰려나오고, 윌 케인은 아내와 함께 마차에 올라 마을을 떠난다. 오프닝과 마찬가지로 텍스 리터의 목소리가 울려 퍼진다. 「Do Not Forsake Me, Oh My Darling」은 윌 케인의 고민과 이야기를 변함없이 노래한다. 낭만적이고도 비장하게.

✚ AFI에서 '최고의 영화음악 25곡'을 선정했을 때 포함된 서부영화 주제곡은 3편이었다. 〈황야의 7인〉〈서부 개척사〉 그리고 10위에 랭크된 〈하이 눈〉이다.

✚ 〈하이 눈〉에서 윌 케인의 아내 에이미는 퀘이커 교도로 나온다. 싸움 자체를 거부하는 교리를 가지고 있기 때문에 그녀는 어떻게든 남편을 설득해서 결투를 피하려 한다. 이런 상황은 윌 케인의 내적 갈등과도 연관된다. 윌리엄 와일러(William Wyler) 감독의 1956년작 〈우정 어린 설복〉에서는 〈하이 눈〉과 반대로 게리 쿠퍼가 퀘이커 교도 역을 연기한다.

✚ 〈하이 눈〉은 그레이스 켈리의 실질적인 영화 데뷔작이다. 이듬해 존 포드 감독의 〈모감보〉에 출연한 뒤부터 그녀는 본격적인 스타의 길을 걷게 된다. 1954년에는 알프레드 히치콕 감독에게 발탁되어 두 편의 영화를 함께 찍는데, 〈다이얼 M을 돌려라〉와 〈이창〉(裏窓, Rear Window)이 그것이다. 같은 해 빙 크로스비와 함께 출연한 〈갈채〉(The Country Girl)로 아카데미 여우주연상을 수상했다.

✚ 〈하이 눈〉의 흥행 예측은 비관적이었다. 그러나 개봉 몇 달 전 텍스 리터가 부른 「Do Not Forsake Me, Oh My Darling」이 먼저 음반으로 발매되어 히트하면서 영화도 입소문이 나기 시작했다. 주제곡의 성공에 힘입어 영화도 흥행하게 된 것이다. 이전에는 영화음악이 영화에 부수적인 것이었으나 〈하이 눈〉에서는 처음으로 주제곡이 흥행을 주도해 나갔다. 〈하이 눈〉 이후 영화 개봉 이전에 사운드트랙 앨범을 먼저 내놓는 게 하나의 흥행 전략으로 자리 잡게 된다.

폭우가 쏟아져도 즐거운 뮤지컬

Singin' In The Rain, 1952년
음악 나시오 허브 브라운 | **감독** 진 켈리, 스탠리 도넨 | **제작** 아서 프리드
각본 아돌프 그린, 베티 콤든 | **주연** 진 켈리, 도널드 오코너, 데비 레이놀즈, 잔 하겐

✚ 사랑은 비를 타고

비가 내리는 날이면 가장 먼저 떠오르는 영화는 무엇일까. 비가 떨어지면 가장 먼저 생각나는 노래는 무엇일까. 영화 팬들이라면 아마도 〈사랑은 비를 타고〉와 그 주제가 「Singin' In The Rain」을 연상하지 않을까. 충만한 사랑과 행복에 겨워 진 켈리가 부르는 노래, 궂은 날씨에도 미래에 대한 희망으로 가득 찬 노래, 경쾌한 리듬에 맞춰 빗속을 달리고 싶게 만드는 노래.

> 비를 맞으며 노래하네.
> 이 놀라운 느낌, 난 정말 행복해.
> 마음속에는 햇살이 가득하고,
> 난 사랑에 빠질 것 같아.

돈 록우드(진 켈리)는 사랑하는 캐시(데비 레이놀즈)를 집에 바래다준다. 돌아서니 한두 방울씩 비가 떨어진다. 빗방울만 봐도 돈의 만면에 웃음이 피어오른다. 달이 떠 있었다면 달을 보고도 웃었을 것이다. 돈

은 비가 쏟아지는 거리에서 행복한 미소를 지으며 노래 부르고 춤추기 시작한다. 우산을 들고 흥겹게 걸어가자 장대비가 내린다. 돈은 가로등을 부둥켜안은 채 회전하고, 생뚱스러운 표정으로 쳐다보는 행인들과 인사를 나눈다. 사람들이 이상한 눈초리로 바라보아도 사랑에 빠진 그에게는 모든 게 그저 즐겁기만 할 뿐이다. 돈은 우산을 뱅글뱅글 돌리면서 활기차게 걷고, 고여 있는 물 위에서 탐방거린다. 사랑에 눈도 멀었고 이성도 마비되었다. 하지만 그게 무슨 상관이랴. 사랑에 빠지니 사나운 빗속에서도 즐겁기만 한 것을. 영화를 보지 않은 사람도 이 장면만큼은 어디선가 보았을 법한 뮤지컬의 명장면이다. 보는 이로 하여금 쏟아지는 비를 맞으면서 춤추고 노래 부르고 싶게 만드는, 중독성 강한 음악으로 가득한 장면이다.

누구든 내게 가장 훌륭한 뮤지컬 영화 한 편만 꼽아보라면 나는 주저하지 않고 〈사랑은 비를 타고〉라는 제목을 말할 것이다. 이 영화를 처음 본 것은 1983년 가을이었다. 추석 즈음에 TV에서 방영했던 기억이 난다. 얼마나 재미있던지 자정이 넘어 영화가 끝난 다음에도 뜬 눈으로 밤을 꼬박 새우고 말았다. 미래에 대한 꿈이 가득했던 시절이었고, 할리우드 뮤지컬에 대한 환상으로 가슴이 뛰던 시절이었다.

이후에도 비디오로, LD(레이저디스크)로, DVD로 매체가 진화할 때마다 〈사랑은 비를 타고〉를 사들였다. 그러나 이 모든 방법으로 영화를 보았어도 극장에서 만날 기회는 좀처럼 오지 않았다. 사운드트랙은 몇 번이나 들었을까. 아마도 LP 몇 장이 반질거릴 때까지 들었을 것이다. 그렇게 들으니 노래 전체를 몽땅 외울 지경이었다. 그럼에도 필름으로 보면 과연 어떤 느낌일까 하는 기대감은 항상 어딘가 한 구석에 숨어 있었다. 드디어 극장에서 노래를 따라 부를 기회가 왔다. 간절함으로 기다리다 보면 기회란 꼭 오는 모양이다. 2008년 서울충무로국제영화제 프로그램 중에 〈사랑은 비를 타고〉가 끼여 있었다. 게다가 무료입장! 영화가 상영되는 신세계백화점 문화센터로 갔다. 공짜 상영이니 사람들이 몰려오지 않을까 하는 조바심에 일찍부터 움직였다. 자원봉사자들은 분명 티켓이 남을 테니 걱정 말라고 했지만, 혹시나 하는 마음에 꼭 봐야 한다, 얼굴 기억해둬라, 신신당부하고 커피 한 잔을 마시며 기다렸다. 그렇게 한참동안 로비에서 서성이다 극장 안으로 들어갔다. 불이 꺼지고 영화가 시작되었다. 나는 벼르던 대로 어둠 속에서 노래를 따라 부르며 과거로 되돌아갔다.

영화의 배경은 1920년대, 무성영화에서 유성영화로 넘어가던 격변기다. 최초의 유성영화 〈재즈 싱어〉가 대성공을 거두면서 모든 스튜디오들이 너나없이 '토키' 영화를 찍기 시작한다. 녹음 기술도 아직 엉망인데다, 갑자기 모든 게 바뀌어버린 상황 때문에 우스꽝스러운 에피소드들이 난무한다. 흔히 '광란의 20년대' '포효하는 20년대'라고

:: 영화 역사상 1인 독무로 가장 유명한 장면

표현할 만큼 대중문화가 변화를 겪던 시기다.

지방 보드빌(vaudeville: 노래, 만담, 춤을 섞어 공연하는 소규모 버라이어티 쇼) 무대에서 노래하고 연주하고 춤을 추던 재주꾼 콤비 돈 록우드와 코스모(도널드 오코너)는 절친한 친구 사이이다. 둘은 성공을 좇아 할리우드로 온다. 그러나 언제나 떨어지는 건 단역에다 위험한 스턴트 연기뿐이다. 스턴트맨 역할을 도맡아 하던 돈은 곧 감독의 눈에 띈다. 위험한 동작 연기를 애써 맡으려는 사람이 없는 덕분이다. 돈은 자신의 장기를 살려 활극 스타로 성장한다. 그리고 이미 스타였던 리나 레이몬트(잔 하겐)와 짝을 이루어 무성영화의 인기 커플이 된다. 리나는 무성영화에 어울리는 빼어난 미모를 가졌지만, 목소리가 최악이라 유성영화에는 적응할 수가 없다. 그녀의 목소리는 찢어지고 유리를 긁어대는 것 같다. 그러나 인기 절정의 스타인 리 나는 자신의 단점을 깨닫지 못한다. 심각한 공주병으로 모든 관객들이 우러러 보는 것에 취해 있는 것이다. 어쩔 수 없이 배우 지망생인 캐시가 그녀의 목소리를 대신 더빙해준다. 리나의 실제 목소리를 모르는 관객이나 기자들은 스크린에서 나오는 꾀꼬리 같은 목소리에 박수를 보낸다. 영화는 이렇게 꼬여버린 상황을 유쾌하게 풀어나간다.

〈사랑은 비를 타고〉는 영화 내내, 그리고 사운드트랙을 듣는 내내 유쾌하고 즐거운 노래들의 향연이 펼쳐진다. 도널드 오코너가 부르는 「Make 'Em Laugh」는 뮤지컬 역사상 가장 유쾌한 노래 중 하나다. 이 원맨쇼에는 진정한 엔터테이너의 모습이 담겨 있다. 기분이 울적한 상태인 돈을 위해 코스모는 "쇼는 계속되어야 해!"라고 외치면서 노래를 부르기 시작한다. 피아노에 올라가 자유자재로 신기에 가까운 연주를 하다가 혼자 우스꽝스러운 춤을 추고, 한창 공사 중인 세트장에서

곡예를 하듯이 날렵하게 돌아다닌다. 마네킹과 함께 춤을 추고, 공중제비를 돌고, 벽에 부딪혀 인상을 우그러뜨리고, 혼자 좌충우돌하면서 부르는 노래다. 「Make 'Em Laugh」를 보고 들으면서 즐거워지지 않을 관객이 있을까. 이것이 바로 뮤지컬의 매력이다.

결국 리나가 맡았던 모든 역의 목소리 연기를 한 것이 캐시였고, 실제로 캐시가 뛰어난 노래 솜씨를 지닌 배우임이 모두에게 알려진다. 이제 돈과 코스모, 캐시의 인생은 행복해질 일만 남았다. 그들은 즐거운 마음을 담아 관객들에게 축하의 인사로 「Good Morning」을 부른다. 이 노래는 사랑의 삼중창이다. 돈과 코스모의 탭댄스, 활기차고 밝은 목소리의 캐시가 만들어내는 기쁨의 찬가이기도 하다. 봉 주르!

부에노스 디아스! 본 조르노! 갖가지 나라 말로 인사하면서, 영화를 보는 모든 이들에게도 영화의 끝을 알리듯 마지막으로 행복한 인사를 보낸다. 〈사랑은 비를 타고〉를 보고 있노라면 날씨를 잊게 되고, 걱정과 상념을 떨치게 된다. 아무리 궂은 날씨라도 영화 한 편으로 즐거움을 선사받을 수 있다는 데 고마워하며.

✚ 〈사랑은 비를 타고〉는 유쾌한 뮤지컬이지만, 작품성 측면에서도 탁월한 영화이다. 영국의 영화 전문지 『사이트 앤 사운드』(Sight & Sound)는 1952년부터 매 10년마다 최고 걸작 10편씩을 선정하는데, 〈사랑은 비를 타고〉는 베스트 10에 두 번이나 올랐을 정도로 평단의 인정을 받는 영화이기도 하다.

✚ 〈사랑은 비를 타고〉의 삽입곡들은 AFI 선정 '최고의 영화주제가 100곡' 중에도 이례적으로 세 곡이나 뽑혔다. 3위에 오른 「Singin' In The Rain」을 비롯해서 「Make 'Em Laugh」, 「Good Morning」이 그 주인공이다.

✚ 영화 역사상 최악의 목소리인 듯 그려지는 잔 하겐의 노래 실력은 실제로 꽤 훌륭했다고 한다. 영화에서 잔 하겐, 즉 '리나'를 대신해 스크린 뒤에서 노래 부르는 캐시(데비 레이놀즈)의 목소리를 실제 더빙한 것이 잔이었으니, 현실에서는 완전히 반대였던 셈이다.

✚ 스탠리 큐브릭은 〈시계태엽 오렌지〉에서 「Singin' In The Rain」을 차용한다. 큐브릭의 상상력은 이 노래로 하여금 폭력성을 부추기게 만든다.

짐승처럼 취급받던 남자의 사랑

La Strada, 1954년
음악 니노 로타 | **감독** 페데리코 펠리니 | **제작** 디노 데 라우렌티스, 카를로 폰티
주연 줄리에타 마시나, 안소니 퀸, 리처드 베이스하트

✚ 길

제목만 들어도 오래된 슬픔을 간직한 영화처럼 느껴진다. 이전 세대부터 구전으로 전해 내려온 설화 같다. 순수한 영혼과 사랑 그리고 고독에 관한 이야기. 오래된 이 흑백영화의 내용을 아직까지 세세하게 기억하는 사람은 많지 않다. 그러나 막연하면서도 깊은 인상은 누구나 가슴에 담고 있는 듯하다. 주변 사람들과 이야기를 나누다보면 대부분 〈길〉에 대해서는 단편적인 기억만 가지고 있을 뿐이다. 하지만 영화를 보지 않은 사람들도 무척이나 슬픈 이야기라는 사실만큼은 알고 있다. 이처럼 세상에는 사람들의 기억 속에 자연스럽게 숨어 있는 영화들이 몇몇 있다. 〈길〉은 그 가운데서도 첫째로 꼽을 만하다. 야수 같은 인간 잠파노, 어수룩하고 순진무구한 영혼 젤소미나, 공기 중에 애절하게 퍼지는 니노 로타의 테마 음악, 아련한 트럼펫 소리…. 이런 기억의 조각들이 모여서 일종의 신화를 만들어낸다. 그래서 〈광식이 동생 광태〉 같은 영화에서도 〈길〉을 보며 우는 장면이 나오게 되었을 것이다.

허공에 흩어지는 음악에 몸을 맡긴 채 〈길〉을 다시 본다. 이탈리아 동쪽의 어느 바닷가, 펠리니의 잠재의식의 근원이랄 수 있는 고향

리미니 근처의 바다이다. 과연 잠파노(안소니 퀸)는 젤소미나(줄리에타 마시나)의 표현대로 아무 생각도 없는 짐승 같은 존재였을까. 오히려 가장 고독한 인간이 아니었을까. 그에게는 대화를 나눌 상대도, 대화를 나눌 이야깃거리도 없었다. 잠파노는 슬픔도, 슬픔을 표현하는 방법도 몰랐다. 그저 우둔하고 육욕이 넘치는 정력적인 남자였을 뿐. 차력사 노릇을 하며 이름 모를 낯선 도시를 떠돌던 잠파노가 다른 인간이 될 기회란 애당초 없었다. 그의 삶은 끝없이 펼쳐진 길을 떠돌았다. 하루하루를 길 위에서 보내는 고된 여정 속에서 사랑은 불가능한 것이었는지 모른다.

'잠파노'라는 캐릭터는 페데리코 펠리니에게 처음으로 여자라는 존재를 알게 해준 고향동네의 가축도살자에게서 따왔다고 한다. 동네에서 처녀들이란 처녀는 전부 침대로 끌고 갔다는 소문이 돌던 놈팡이였다. 그러다 결국 백치 여자를 임신시키게 되면서 마을을 떠났다고 한다. 펠리니의 기억 속에 남아 있는 한 남자는 〈길〉에서 '잠파노'라는 캐릭터로 되살아난다. 펠리니의 고향 리미니는 이탈리아 동해안에 위치한 소도시다. 그곳은 〈길〉의 마지막 장면에서 잠파노가 쓰러진 바닷가이기도 하며, 〈아마르코르드〉에서 거대한 여객선 불빛을 보던 곳이기도 하다. 〈달콤한 인생〉의 바다에서 괴기한 생명체가 발견되듯, 펠리니에게 고향과 바다는 영원한 이야기의 근원이다.

니노 로타의 음악은 펠리니의 영상을 완성해준다. 〈길〉을 본 사람이라면 누가 테마 음악을 잊을 수가 있을까. 우수에 젖은 트럼펫 소리와 멜로디가 머릿속에서 떠나지 않는다. 「젤소미나의 노래」라는 부제처럼 음악은 젤소미나와 동일한 존재다. 그녀의 기분에 따라 음악도 약간씩 변화한다. 때로는 밝고, 때로는 애절하다. 무언가를 동경하고

갈구하는 분위기로 바뀌기도 한다. 길 위에서 그녀는 무엇을 찾고 있던 것일까. 정신이 온전치 않은 백치였지만 길을 나선 후 막연하나마 자신의 삶을 찾아나가는 젤소미나의 꿈이 이 테마 음악에 담겨 있다. 음악은 젤소미나의 트럼펫을 통해, 혹은 마토(Il Matto: '바보'라는 뜻으로, 리처드 베이스하트가 연기)의 미니 바이올린 선율로 반복되며 흐른다.

젤소미나와 마토는 음악을 통해 공감한다. 진지한 대화를 나누지 않아도 둘은 서로에게 호감을 느낀다. 그들은 각자 상처를 안고 있다. 그러나 잠파노에게 젤소미나는 광대일 뿐이다. 감정이나 생각을 가질 필요가 없다. 사람들을 웃기고 돈만 받을 수 있으면 된다. 잠파노는 젤소미나가 다른 사람들처럼 고민하고 갈등하는 게 화가 날 뿐이다. 젤소미나를 바라보는 서로 다른 시각 때문에 잠파노와 마토는 늘 반목한다. 마토는 끊임없이 그를 곯려대고, 잠파노는 짐승처럼 그를 쫓아다닌다. 결국 마토는 난폭한 잠파노와의 다툼 끝에 죽임을 당하고, 젤소미나는 외딴 마을에 버려진다. 잠파노는 두 사람의 존재를 외면하고 혼자만의 '다른 길'로 도망쳐버린다.

몇 년이라는 세월이 흐른다. 잠파노는 곡예단과 함께 낯선 마을로 간다. 어쩌면 자신이 지나쳤던 곳일지도 모른다. 아이스크림을 한 입 깨물면서 거리를 걸어가고 있는데 어디선가 낯익은 멜로디가 들려온다. 빨래를 널던 동네 여인이 귀에 익은 곡조를 흥얼거리고 있다. 젤소미나가 즐겨 부르고 연주하던 그 멜로디다. 잠파노는 여인의 회상을 통해 젤소미나가 죽었다는 사실을 알게 된다. 그는 절망하고, 파도가 밀려오는 밤바다에 힘없이 쓰러진다. 관객들은 짐승 같은 자로만 여기던 잠파노의 양심과 그의 마음속에 남아 있는 젤소미나에 대한 감정을 그제야 깨닫게 된다.

〈길〉은 인간의 고독에 관한 영화다. 선한 심성을 지닌 젤소미나는 타인과의 관계를 통해서 사랑을 느끼고자 한다. 잠파노든 마토든, 혹은 길거리에서 만난 수녀든 어느 누구라도 좋다. 젤소미나의 사랑은 인간에 대한 사랑이다. 그러나 사랑을 나누기는 쉽지 않다. 사람들 마음속 아주 깊은 곳에는 근원적 고독이 있기 때문이다. 특별한 만남이나 축제, 혹은 정치적인 행위를 한다고 해서 본원적인 고독에서 빠져나올 수 있는 것은 아니다. 인간과 인간의 진정한 만남을 통해서만 우리는 고독에서 벗어나고 치유될 수 있다. 잠파노가 언제나 끊어버리고 싶었지만 끊지 못한 사슬이 여기 있었던 것이다.

니노 로타의 음악과 페데리코 펠리니의 영상은 서로를 보완해준다. 로타의 음악 덕분에 펠리니의 영상은 훨씬 더 강렬한 서정적 느낌을 전달할 수 있었다. 커트 하나하나는 강렬하지 않다 해도, 커트들이 연결된 신 전체에 음악이 일관된 인상을 부여해주기 때문이다. 이 음악가와 감독은 〈백인 추장〉에서 처음 작업을 같이 한 후, 〈길〉을 거

:: 〈길〉은 고독에 관한 영화다.
젤소미나, 잠파노, 마토는 고독을 마주한 인간의 모습을 보여준다.

쳐 〈달콤한 인생〉〈8과 1/2〉 등 거의 모든 영화에서 호흡을 맞추었다. 니노 로타가 〈태양은 가득히〉나 〈대부〉 같은 다른 걸작 영화들의 음악을 여럿 작곡했다고 해도 펠리니와는 결코 떼어놓고 생각할 수 없다. 〈길〉은 두 거장의 존재와, 그들의 영화와 음악을 동시에 전 세계에 알린 작품이다. 이탈리아 영화와 그 음악이 살아 있음을 전하며.

〈길〉의 주인공은 안소니 퀸과 줄리에타 마시나이지만, 「젤소미나의 테마」를 들으면 음악의 존재감도 주인공들만큼이나 뚜렷함을 느낄 수 있다. 로타가 작곡한 음악을 피아노로 들려주면 펠리니는 음악을 들으면서 방향을 제시하고 의견을 내놓는 식으로 공동 작업을 했다고 한다. 그리고 펠리니는 다시 그 음악들을 틀어놓고 배우들에게 연기를 지시하곤 했다. 로타는 음악이 영화를 위해 순수하게 기능적인 역할을 하도록 작곡했다. 음악을 두드러지게 강조하거나 자기 과시를 위해 작곡을 하는 따위의 주제넘은 행동은 하지 않았다. 음악이 영화의 중심이 아니라 주변 요소이자 환경임을 잘 알고 있었던 것이다. 로타의 철학에 따르면, 음악은 배경이 되어 영상과 정서를 받쳐주고 주인공이 두드러지도록 돕는 장치일 뿐이다. 그럼에도 로타의 음악은 아주 드물게나마 주인공처럼 앞으로 나설 때가 있다. 그것이 바로 니노 로타가 〈길〉에서 들려준 「젤소미나의 테마」 같은 경우이다.

✚ 〈길〉은 1956년 아카데미 외국어영화상을 받았다. 이외에도 베니스 영화제, 뉴욕비평가 협회 상 등을 수상했다. 하지만 이 상들은 그저 눈에 띄는 훈장일 뿐이다. 수상 여부를 떠나서 영화를 보고난 후의 슬픔 어린 감정은 그 기록들보다 더 오래 뇌리에 남아 있으니 말이다.

✚ 〈길〉과 마찬가지로 페데리코 펠리니 감독이 연출하고 줄리에타 마시나가 주연을 맡은 영화로 〈영혼의 줄리엣〉이 있다. 음악을 맡은 사람 역시 니노 로타이다. 그들이 만들어내는 영상과 음악은 현실을 보여준다. 하지만 현실과는 약간 다른 모습, 꿈결 같은 느낌이다. 이야기 또한 논리적이기보다는 시적인 아름다움을 지니고 있다. 펠리니의 부인이기도 한 줄리에타 마시나의 연기는 어떤 배우의 연기에서도 접하지 못했던 독특한 것이다. 천진난만한 눈빛, 약간 모자라고 순진한 표정, 처음 보는 남의 말이라도 무조건 철석같이 믿어버릴 것만 같은 여자. 지금은 비참한 고통을 겪고 있지만, 언젠가는 밝은 미래를 맞이할 것처럼 느껴지는 묘한 캐릭터이다.

사랑은 사월의 장미 같은 것

Love Is A Many-Splendored Thing, 1955년
음악 알프레드 뉴먼 | **감독** 헨리 킹 | **주연** 윌리엄 홀든, 제니퍼 존스

✚ 모정

하늘에서 내려다본 홍콩. 지금은 그림엽서에서나 볼 수 있는 1950년대의 옛 풍경이 아름답다. 구룡 반도와 홍콩 아일랜드 사이에 떠 있는 수많은 조각배들, 햇살을 받아 빛을 반사하는 바다, 오밀조밀 모여 있는 건물들이 홍콩의 풍경을 이룬다. 고전적인 사랑의 테마로 유명한 알프레드 뉴먼의 「Love Is A Many-Splendored Thing」이 화면에서 흘러나온다. 이어서 복잡한 침사추이 도심을 뚫고 앰뷸런스 한 대가 닥터 한수인Dr. Han Suyin(제니퍼 존스)이 일하는 빅토리아 병원을 향해 질주한다. 고풍스런 병원 건물(실제로는 홍콩 섬 언덕 위에 자리 잡은 외신기자 클럽)과, 그곳에서 바라보는 홍콩 앞바다와 시가지 풍경이 시작부터 관객을 사로잡는다.

한수인의 자전적 소설을 영화화한 〈모정〉은 아름답지만 슬픈 사랑 이야기이다. 동서양 관객 모두 이 영화의 결말에 슬퍼했으리라. 그러나 제목에서 엿보이는 동서양의 시각은 너무나 다르다. 원제는 사랑에 대해 긍정적이다. 영화 〈화양연화〉(花樣年華)의 제목처럼 가장 기쁘고 행복하게 빛나는 순간을 가리키는 듯하다. 그러나 일본과 우리나라에

서 붙인 한자 제목은 다르다. '모정'(慕情)이라는 제목은 그리움과 슬픔의 뜻을 내포하고 있다. 사랑에 대한 동서양의 감정 차이가 이처럼 다른 느낌의 제목으로 나타난다.

중국인 아버지와 영국인 어머니 사이에서 태어난 여의사 수인은 사랑으로 환자들을 보살핀다. 공산화된 중국에서 피난민들이 하루에도 3천 명이 넘게 홍콩으로 몰려드는 혼란의 시기이다. 굶주리고 가난한 이민자들은 어쨌거나 아버지의 나라에서 오는 것이다. 환자들을 진료하느라 늘 피곤에 지친 수인은 기분전환 삼아 파티에 간다. 그곳에서 우연히 기자인 마크 엘리엇(윌리엄 홀든)과 마주친다. 마크는 수인을 저녁식사에 초대하고, 두 사람의 운명적 만남이 시작된다. 그러나 주변의 모든 사람들이 두 사람을 놓고 수군거린다. 수인은 남편이 공산군에 사살당해 혼자이지만, 마크는 유부남이기 때문이다. 아니, 그보다는 혼혈에 대한 사회적 편견 때문이다. 홍콩의 좁은 외국인 사회에서 두 사람의 사랑은 가십거리가 될 수밖에 없다.

:: 사랑은 비록 비극으로 끝날지라도 행복한 추억으로 남는다.

2차 대전이 끝나고 중국 공산화가 가속화되던 1949년, 어수선한 정치적 상황 속에서도 마크와 수인의 사랑은 무르익어간다. 그러나 두 연인을 바라보는 주변 시선은 혼혈에 대한 차별의 정도를 넘어 싸늘하기까지 하다. 하지만 어찌 하랴. 두 사람은 이미 사랑에 빠져버린 것을. 선상 레스토랑에 앉아 폭죽 터지는 소리를 들을 때도, 리펄스 베이로 나가서 수영을 할 때도, 친구 집에서 라디오를 틀어놓고 춤을 출 때도 테마 음악이 등장한다. 테마 음악이 끊임없이 반복되지만, 알프레드 뉴먼은 두 사람의 감정에 맞추어 이 사랑의 테마를 점층적으로 발전시켜 들려준다. 사랑의 느낌을 공감시켜 주는 데 있어 음악처럼 쉬운 수단이 또 있을까. 영화 제목과 동명의 타이틀 곡 「Love Is A Many-Splendored Thing」은 이렇듯 영화 전체를 지배하면서 흐른다.

영화의 이미지들과 주인공들의 감정과 음악의 선율은 하나로 합쳐진다. 그러나 사랑이 커질수록 현실은 만만치가 않다. 수인 주변의 반대는 물론이고, 별거 중인 마크의 아내도 이혼 서류에 도장을 찍어주지 않는다. 하지만 두 사람은 현실을 무시하고 격정적인 사랑을 나눈다. 음악도 두 사람의 감정과 함께 진행된다. 때로는 앞서고, 때로는 따라가면서 드라마에 사랑의 기운을 불어넣는다.

갑자기 한국전쟁이 터졌다는 소식을 들은 마크는 서울행 비행기를 예약한다. 종군기자로서 위험한 전장으로 떠나야만 하는 것이다. 돌아올 날을 기약할 수 없는 이별이다. 비행기를 타기 직전 두 사람은 추억의 장소에서 만난다. 병원 뒤에 고목이 있는 언덕이다. 홍콩의 아름다운 전경이 훤히 내려다보이는 장소. 새들이 날아다니는 모습을 바라보며 다시 태어나면 자유로운 새가 되자고 말할 때 테마 음악이 강렬하게 울려 퍼진다. 거대한 나무만이 헤어지는 두 사람을 담담하게 지켜본다. 마크와 수인이 보내는 연서들이 한국과 홍콩 사이를 오간다. 그들이 할 수 있는 일이라고는 편지를 쓰는 것 외에는 없다. 그러던 어느 날, 친구가 가져온 신문에 마크의 사망 기사가 실린다. 수인은 혼자 언덕으로 걸어 올라간다. 그녀는 마크의 죽음을 받아들일 수가 없다. 혹시나 마크가 돌아오지 않았을까 하는 부질없는 희망을 가져본다. 잠깐, 언덕 위에 마크의 환영이 보인다. 그러나 다시 보면 그 언덕에는 나무 이외에는 아무것도 서 있지 않다. 사랑하는 이는 죽었지만 그녀의 가슴속에 사랑은 영원히 남는다. 수인이 울먹일 때 행운을 상징하는 나비가 나무에 잠시 앉았다가 날아간다. 그렇게 사랑도 행복도 날아가버린다. 슬픔을 가슴에 안은 채 언덕을 걷는 수인을 보며 영화는 끝을 맺는다. 합창단의 음성으로 노래가 시작된다.

사랑이란 눈부시게 빛나는 것,
사월의 장미 같은 거죠.
그건 오로지 이른 봄에만 피어납니다.
사랑이란 주는 것이 자연스러운 것,
살아가는 이유입니다.
평범한 이조차 왕으로 만드는 금관 같은 거죠.

바람 부는 높은 언덕에서 어느 날,
안개 자욱한 아침에 연인은 입맞춤했죠.
세상은 변함없이 그대로였지만,
당신의 손가락은 나의 고요한 가슴을 건드리고
노래하는 법을 가르쳐주었어요.
그래요, 사랑이란 참으로 눈부시게 빛나는 거죠.

알프레드 뉴먼이 작곡한 테마 음악은 몹시도 아름답고 격정적이다. 제목 그대로 사랑을 느끼는 찬란한 순간의 희열 그 자체를 음악으로 그려낸 듯하다. 오케스트라의 풍성한 음향과, 현악기들로 시작되는 강렬한 도입부로 가슴에 품은 사랑의 감정이 벅차게 터져 나온다. 그러면서도 사랑의 기쁨은 더없이 아름답게 묘사된다. 알프레드 뉴먼은 「Love Is A Many-Splendored Thing」으로 아카데미 음악상과 주제가상을 휩쓸었다. 지속적으로 반복되던 멜로디는 영화가 끝난 후에도 귀에서 떠나지 않는다. 그만큼 매혹적이며 감정으로 충만한 테마 음악이다. 〈모정〉은 사랑이라는 주제와 그에 대한 음악적 표현이 얼마만큼 완벽하게 일치될 수 있는지를 잘 보여주는 작품이다.

✚ 「Love Is A Many-Splendored Thing」의 노랫말은 사랑의 시처럼 아름답다. 새미 페인(Sammy Fain) 작곡에 폴 F. 웹스터(Paul Francis Webster)가 가사를 썼다. 영화 주제가로는 처음 빌보드 팝차트 1위에 오를 만큼 이 곡에 대한 반응은 열광적이었다. 영화는 비극적으로 끝나지만 노래는 영원한 사랑의 연가로 많은 가수들이 리바이벌해서 불렀다. 원곡은 20세기폭스 합창단이 불렀지만, 원래는 포에이스(Four Aces)가 녹음했다가 완성 단계에서 변경된 일화가 있다. 포에이스 외에도 이런 노래의 전문인 앤디 윌리엄스, 잉글버트 험퍼딩크, 배리 매닐로우, 심지어 비틀스의 링고 스타까지 각자의 앨범에 이 노래를 수록했다. 또한 존 트라볼타와 올리비아 뉴튼존이 주연을 맡았던 〈그리스〉(Grease)에도 이 음악이 나온다. 1950년대라는 시간 배경에 어울리듯 음악은 이 영화에서도 강렬한 사랑의 느낌을 전달한다.

✚ 윌리엄 홀든은 〈모정〉을 찍기 한 해 전인 1954년에 한국전쟁을 배경으로 한 〈도곡리 다리〉(The Bridges At Toko-Ri)에도 출연, 연이어 한국전쟁과 관련된 작품에 나온 인연이 있다. 또 〈콰이강의 다리〉에서는 다리를 폭파하기 위해 가던 도중 일본군 순찰조와 마주치는 장면이 나오는데, 그 장면에서 갑자기 우리말이 나온다. 아마도 징용된 학도병이었던 모양이다. 그가 출연한 1950년대 영화들은 우리나라와 사뭇 인연이 많다.

'왕'과 함께 댄스를!

The King And I, 1956년
음악 리처드 로저스 | **감독** 월터 랭 | **주연** 율 브리너, 데보라 커

✚ 왕과 나

어릴 적, 아이들이 다 같이 즐겨 쓰던 표현이 하나 있었다. 콧수염을 기르면 찰스 브론슨, 머리를 빡빡 깎으면 율 브리너라고 이름 붙이던 일이다. 둘의 인상이 어찌나 강했던지 심지어 코미디언 남보원 같은 이는 일부러 수염을 길러 찰스 브론슨 흉내를 낼 정도였다. 두 배우가 처음으로 함께 출연한 작품은 〈황야의 7인〉이다. 율 브리너는 이미 머리를 반들반들 깎고 있었지만, 찰스 브론슨의 콧수염은 아직 그의 트레이드 마크로 자리 잡기 전이다. 브론슨의 콧수염과 브리너의 삭발머리는 얼마나 인상적이었던가. 꼬맹이들조차 '콧수염'이니 '까까머리'니 하며 떠들어댄 것은 그만큼 둘의 카리스마가 그 시절 사람들에게 강렬했다는 얘기다. 율 브리너의 그런 인상을 처음 만들어준 영화가 〈왕과 나〉이다. 브리너가 맡은 시암(타이의 옛 이름) 왕 역할은 그의 분신이나 다름없었다.

〈왕과 나〉를 필름으로 다시 본 것은 2008년 서울충무로국제영화제 때였다. 지금은 복합상영관으로 바뀐 중앙시네마로 영화를 보러 갔다. 이미 본 영화를 시간을 내서 시내까지 나가 다시 본다는 게 쉬운

일은 아니다. 하지만 영화로 인해 옛 추억이 생각나고, 그와 관련된 다른 기억들까지 맞물려 떠오르는 것은 꽤나 즐거운 경험이다. 〈왕과 나〉를 보러 집을 나설 때만 해도 그런 기대감이 여전했다. 그러나 그날의 상황은 정말이지 최악이었다. 극장은 도떼기시장과 다름없었다. 너덧 명이 함께 온 중년 아줌마들의 수다는 '묻지마' 관광버스를 방불케 했고, 핸드폰 벨 소리에서는 니나노 타령이 시끄럽게 울려댔으며, 주변을 무시하는 통화 목소리는 혼을 빼놓았다. 게다가 단체관람으로 온 중학생들은 시도 때도 없이 들락거리며 정신을 사납게 했다. 1980년대 초까지만 해도 이런 풍경이 그리 낯선 것은 아니다. 하지만 2008년의 극장에서라니! 오래 전에 본 〈왕과 나〉를 다시 보며 옛 낭만에 빠지고 싶었던 마음은 아줌마들과 중학생들에 의해 산산조각 나고 말았다. 하지만 그 와중에도 율 브리너의 연기는 빛을 발하고 있었다.

율 브리너가 빠진 〈왕과 나〉는 상상조차 할 수 없다. 뮤지컬에서든 영화에서든 시암 왕은 브리너 자신의 페르소나나 다름없다. 몇몇 TV시리즈와 영화에서 단역을 전전하던 그는 단 한 편의 뮤지컬로 하

:: 율 브리너의 박력넘치는 연기는 언제 보아도 압권이다.

루아침에 스타가 된다. 뮤지컬 〈왕과 나〉에 캐스팅되기 전까지 율 브리너에게는 보잘것없는 배역만 돌아올 뿐이었다. 과거 이력도 잘 알려져 있지 않았고, 지나치게 이국적인 마스크 때문에 맡을 수 있는 배역에도 한계가 있던 터였다. 그러다가 자신의 운명을 바꾸어줄 뮤지컬을 만나게 되니, 그 작품이 〈왕과 나〉이다. 아니, 작품부터가 율 브리너라는 배우를 염두에 두고 쓴 게 아닌가 할 정도로 그는 시암 왕 역에 딱 들어맞았다. 〈왕과 나〉는 브로드웨이에서 대성공을 거두었고, 이어서 할리우드 메이저급 영화로 만들어졌으며, 주연을 맡은 율 브리너는 거물급 경쟁자인 커크 더글러스와 제임스 딘을 제치고 아카데미 남우주연상을 거머쥐는 성공 신화를 만들어냈다.

시암 왕국의 통치자 몽쿳 왕은 왕자와 공주들을 가르치기 위해 서양 가정교사를 초빙한다. 그렇게 해서 안나는 어린 아들과 함께 배를 타고 긴 여행 끝에 이국적인 도시 방콕에 도착한다. 두 사람은 영국과 완전히 다른 풍습에 당혹해한다. 그렇지만 두려운 속내를 들키지 않기 위해 듀엣으로 「Whistle A Happy Tune」을 부르며 즐거운 척한다. 왕의 궁전에만 15명이 넘는 어린 왕자와 공주들이 있다. 일부다처제의 남성중심적인 사회에서 왕의 말은 곧 법이나 다름없다. 동서양의 문화적 충돌이 일어난다. 자존심 강한 안나는 사사건건 왕과 부딪친다. 왕은 자신이 절대적이지만 세상이 변하고 있으며 서구 문명을 받아들여야 한다는 사실도 깨닫고 있다. 왕은 영국에서 온 외교사절들에게 자신이 야만적으로 비쳐지지 않기를 내심 바라고 있다. 그래서 서양식 매너를 배우고, 파티를 주도한다. 그렇게 왕은 자신과 나라를 변화시키기 위해 노력을 기울이지만 그만 건강이 악화되고 만다.

〈왕과 나〉의 클라이맥스를 장식하는 노래는 주제가인 「Shall We Dance?」이다. 왕궁에서 안나가 노래 부르는 모습을 바라보던 왕이 그녀의 노래를 따라 부른다. 종종 다투곤 했지만 그것은 본심이 아니었다. 왕은 어떻게든 다른 문화를 받아들이려고 노력했던 것이다. 두 사람은 스텝을 밟으면서 박자를 맞춘다. "원, 투, 쓰리, 앤드, 원투쓰리 앤드." 하지만 서양 리듬에 익숙지 않은 왕은 '앤드'를 빼먹으면서 자꾸 박자를 놓친다. 스텝을 놓치는 어설픈 동작은 관객들을 미소 짓게 만든다. 점차 리듬을 타기 시작한 왕과 안나는 거대한 홀을 빙글빙글 돌면서 마지막 춤을 춘다. 남녀 사이의 사랑이라기보다는 인간적 애정이 넘치는 춤이다. 「Shall We Dance?」는 누구나 금세 따라 부를 수 있을 만큼 쉬우면서 인상적인 노래다. "우리 춤을 출까요? 빛나는 음악의 구름 위에서 우리 날아 볼까요? 우리 춤을 출까요? 아니면 '잘 자요'라고, '잘 가요'라고 말할까요?" 잘 만든 뮤지컬이란 이런 것이다. 한 편을 보고 나면 머릿속에 오래도록 각인되는 노래가 적어도 하나쯤은 있다. 브로드웨이 또는 할리우드 역사에 길이 남는 걸작 뮤지컬들은 그런 힘이 있으며, 〈왕과 나〉 역시 그 반열에서 빠질 수 없는 작품이다.

✚ 〈사운드 오브 뮤직〉〈남태평양〉 등을 함께 만든 뮤지컬의 명콤비 리처드 로저스와 오스카 해머슈타인 2세(Oscar Hammerstein II)가 공동으로 작업한 여섯 번째 작품이 〈왕과 나〉이다. 의외의 캐스팅을 할 수밖에 없었는데, 남자주인공이 시암의 왕이므로 동양적인 마스크와 이국적인 분위기를 갖추어야만 하는 상황이었기 때문이다. 주연 배우를 찾기 위해 고심하고 있을 때 로저스와 해머슈타인 콤비의 뮤지컬에서 주연을 맡았던 당대 최고의 뮤지컬 배우 매리 마틴이 율 브리너를 추천한다. 오디션은 성공적이었고 브리너는 주연에 캐스팅된다. 하지만 무대의 중심은 왕이 아니라 '나'였다. 당시 53세의 나이였던 뮤지컬 스타 거트루드 로렌스(Gertrude Lawrence)가 주인공이었고, 율 브리너가 맡은 왕은 그녀를 보조하는 역할이었다. 그러나 1951년 3월 29일 브로드웨이 세인트제임스 극장에서 초연되자마자 반응은 기대 이상이었다. 신인배우 율 브리너에 대한 관객들의 호응이 엄청났던 것이다. 이국적인 동양의 왕 역할과 그의 이미지는 절묘하게 어울렸고, 캐릭터는 무대에서 살아 숨쉬고 있었다. 이때부터 '왕'은 율 브리너를 상징하는 캐릭터가 된다. 공연은 무려 1,246회에 달할 정도로 대성황을 이루었고, 20세기폭스에서 영화 판권을 사들인다. 연출을 맡은 월터 랭 감독은 브리너 이외의 배우는 아예 생각할 수도 없었다. '왕'의 캐릭터는 절대적으로 율 브리너의 것이었다.

✚ 수오 마사유키(周防正行)의 1996년 작 〈쉘 위 댄스〉는 〈왕과 나〉에 대한 오마주이다. 한번쯤 라틴이나 모던 댄스를 배우면 어떨까 싶은 생각이 들게 하는 영화다. 2004년 리처드 기어 주연의 할리우드 영화로 리메이크되기도 했다.

✚ 〈왕과 나〉는 안나 레노웬즈(Anna Leonowens)의 자전적 이야기를 마거릿 랜든(Margaret Landon)이 『Anna and the King of Siam』(1944)이라는 제목으로 소설화한 원작에 바탕을 두고 있다. 1999년에는 조디 포스터와 주윤발 주연의 〈애나 앤드 킹〉으로 리메이크되기도 했는데, 주윤발의 연기와 카리스마가 돋보이긴 했지만 율 브리너의 연기가 워낙 깊이 각인되어 있어서 그다지 인상적이지는 못했다.

재즈를 캐스팅한 영화

Ascenseur Pour L'echafaud, 1958년
음악 마일스 데이비스 | **감독** 루이 말 | **촬영** 앙리 드카에 | **주연** 잔 모로, 모리스 로네

✚ 사형대의 엘리베이터

〈사형대의 엘리베이터〉 전편에 깔리는 마일스 데이비스의 음악은 "세상에서 가장 고독한 트럼펫 소리"라는 평가를 받는다. 마일스의 트럼펫 소리는 시종일관 공허한 느낌으로 어둠을 가른다. 어둠을 뚫고 지나가는 것은 빛이 아니라 소리다. 그러나 무언가 눈에 보일 듯한 흔적을 남긴다. 트럼펫은 어둠에 단층들을 만들고, 그것들은 서로 겹쳐지면서 영상에 독특한 정조를 불어넣는다. 필름 누아르 영화인 〈사형대의 엘리베이터〉에서 그려지는 파리는 지극히 음울하고 어두운 도시다. 우리가 알고 있는 한낮의 파리가 아니다. 고딕풍 교회, 로코코풍 탁자, 인상파 화가들의 그림으로 꾸며진 세계가 아니다. 밤비가 부슬부슬 기분 나쁘게 내리고, 바에 앉은 인간들은 비밀스러운 음모를 꾸민다. 금세라도 누군가 눈앞에서 총을 꺼내들 것 같은 뒷골목 같은 공간이다. 이런 공간에 트럼펫 소리가 퍼져나간다. 마일스의 재즈는 농밀한 어둠 속에 침잠해 있는 도시 파리와 섬뜩할 만큼 닮은꼴을 이룬다. 〈사형대의 엘리베이터〉는 영상과 재즈의 조화가 어떤 경지에까지 이를 수 있는가를 명확히 보여주는 영화다. 유혹과 불안, 긴장감 넘치는 이야기

와 하드밥 스타일 재즈는 맛깔 나는 궁합을 이룬다. 영화와 재즈는 음산하게, 그러나 절묘하게 만나서 잊을 수 없는 인상을 남긴다.

프랑스는 일본과 더불어 미국에서 이미 한물가고 있던 재즈를 화려하게 부활시킨 나라다. 마일스 데이비스의 재즈와 루이 말의 영화는 극히 우연히 만났다. 그러나 재즈에 열광하던 나라 프랑스의 영화임을 감안하면 필연적인 만남이나 다름없다. 그 뒷이야기에는 장 폴 라프노 Jean-Paul Rappeneau라는, 영화계에 갓 입문해서 루이 말의 여러 업무와 연출 등을 뒤치다꺼리하던 인물이 있었다. 재즈광이던 그는 1957년 로제 바딤Roger Vadim 감독이 〈절대 몰라〉Sait-On Jamais를 찍으면서 당시 각광을 받던 재즈 쿼텟 MJQModern Jazz Quartet에게 음악을 맡겼던 것에 깊은 인상을 받았다. 그는 재즈를 영화음악으로 쓰는 데 대해 여러모로 고민을 해보았다. 결국 라프노는 자신이 좋아하는 뮤지션 마일스 데이비스가 음악을 맡는 아이디어를 냈다. 연락해보니 마침 마일스는 그해 11월 파리에 있는 유명 재즈클럽 '생제르맹'에서의 연주가 예정되어 있었다. 라프노는 파리에 도착한 마일스를 루이 말 감독에게 소개했고, 그 자리에서 마일스는 음악을 맡기로 수락한다.

마일스 데이비스가 유일하게 요청한 건 미리 영화를 보여 달라는 것밖에 없었다. 녹음 일정을 잡기 전에 그는 자기만의 시사회를 가졌다. 그러고는 12월 4일 아무런 준비도 하지 않은 채 네 명의 뮤지션만을 데리고 '르 포스트 파리지앵' 스튜디오로 들어갔다. 영화의 분위기를 파악하고 있던 마일스는 즉흥적인 연주를 하면서 트럼펫을 불었다. 나머지 주자들도 음악으로 화답했다. 재즈가 지닌 본질 그대로 즉흥적인 무대였다. 담배 연기, 심야의 바, 패셔너블한 자동차, 계획된 살인, 서로 간의 의심, 우연한 살인, 어두운 경찰서 등 복잡하고 미묘하게 얽히는 사건들이 하나의 음악이 되어 흐르기 시작한다. 마일스 데이비스는 긴장감 넘치게 흘러가는 스크린 속의 시간들을 음악으로 어떻게 표현해야 할지를 완벽하게 꿰뚫고 있는 것 같았다. 마일스의 트럼펫은 영화 전반에 걸쳐 관객들에게 속삭이듯 느릿느릿하게, 음울한 소리로 영상을 완성시킨다.

테마 음악인 「Generique」는 허무하고 텅 빈 듯한 분위기로 우울한 운명을 암시하는 듯하다. 공허한 심정들이 트럼펫 소리에 실려서 울린다. 영화의 전체적인 분위기를 음울하게 그려내면서 현대인의 정신적인 황량함을 묘사한다. 「카랄라의 암살」L'Assassinat De Carala은 드럼 소리를 강조해 긴장감을 전달하면서 살인의 상황을 묘사한다. 「엘리베이터 안의 쥘리앵」Julien Dans L'Ascenseur은 폐쇄된 공간에 갇혀버린 사람의 불안감을 잘 드러낸다. 답답하고 초조한 심정이 긴박하게 진행된다. 플로랑스가 밤거리를 헤매고 다니는 장면에서 나오는 음악은 「샹젤리제의 플로랑스」Florence Sur Les Champs Elysees이다. 심야의 파리 풍경과 불빛들, 대도시의 느낌과 여인의 고독감을 트럼펫으로 잘 표현하고 있

다. 마지막 곡 「모텔의 사진관」Chez Le Photographe Du Motel은 사건의 전말이 발각난 후 복잡한 심경으로 현상된 사진들을 바라보는 플로랑스의 번민을 우울하게 담아낸다. 마일스의 음악은 시종일관 대사가 아닌 음악으로 주인공의 내면을 읽어주는 듯하다.

〈사형대의 엘리베이터〉는 프랑스 누벨바그 영화의 선구적인 작품이다. 이후 고다르, 트뤼포, 레네 같은 감독들이 속속 등장하는 과정에서 그들에게 하나의 새로운 스타일을 제시한 작품이기도 하다. 사건은 지독하게 꼬인다. 플로랑스(잔느 모로)와 줄리앵(모리스 로네)은 서로 사랑한다. 클로즈업된 화면에서 그들은 사랑을 속삭인다. 그러나 불행히도 그 관계는 불륜이다. 두 사람은 플로랑스의 남편 카랄라를 죽이기로 음모를 꾸민다. 직업군인 출신인 쥘리앵은 자살로 위장하여 그를 살해하는 데 성공한다. 그런데 카랄라를 죽이러 갈 때 사용했던 밧줄을 실수로 건물에 남겨둔다. 쥘리앵은 플로랑스를 만나러 가기 위해 차에 시동을 거는 순간 건물에 걸려 있는 밧줄을 본다. 그는 증거물인 밧줄을 없애러 회사로 돌아간다. 엘리베이터에 올라타지만 직원이 밖에서 전원을 내려버린다. 꼼짝없이 갇힌 것이다. 주말이라 직원들이 전부 퇴근해버렸으니 도와달라고 부탁할 사람도 없다. 플로랑스에게 연락할 방법도 없다. 그는 전원이 꺼진 엘리베이터 안에서 꼼짝 못하는 신세가 되고 만다. 시동을 걸어둔 쥘리앵의 차는 철딱서니 없는 동네 불량배가 훔쳐가버린다. 한편, 쥘리앵이 겁을 먹고 어딘가 숨어버린 게 아닐까 의심하는 플로랑스는 그를 찾아 파리의 밤거리를 헤매고 돌아다닌다. 완전범죄가 될 뻔했던 사건은 밧줄 하나 때문에 점점 꼬여간다. 차를 몰고 다니던 불량배는 쥘리앵의 총으로 살인을 저지른다. 경찰은 쥘리앵을 범인으로 지목하고 수사에 들어간다. 사건은 얽히고 주인공들의 심리 상태도 엉킨다.

재즈 세션에서 음악이 어떻게 흘러갈지 알지 못하듯, 아무도 내일 벌어질 일을 알지 못한다. 〈사형대의 엘리베이터〉는 그런 운명을 냉소적으로 비꼬듯이 바라본다. 때로 인생은 지나치게 잔인하다. 사소한 것 하나 때문에 아주 중요한 일을 그르치기도 한다. 애송이 불량배 하나 때문에 완벽하다 싶은 음모에 차질이 생기고, 주인공들의 욕망은 무너진다. 〈사형대의 엘리베이터〉의 톤은 어둡고 누아르적이다. 여기에 마일스 데이비스의 냉랭한 트럼펫 멜로디가 더해지면서 스크린은 자욱한 담배연기처럼 우리를 숨막히게 한다.

✚ 장 폴 라프노는 이후 루이 말의 조감독을 하면서 시나리오를 공동 작업하기도 했고, 1990년 제라르 드파르디외 주연의 〈시라노〉(Cyrano De Bergerac)를 연출하기도 했다.

✚ 스튜디오에서 녹음된 영화의 사운드트랙에는 세 명의 프랑스 재즈 뮤지션과 한 명의 미국 뮤지션이 참여했다. 베이스에 피에르 미슐로, 피아노에 르네 위르트르제, 테너색소폰에 바니 윌랑이다. 그리고 미국에서 추방된 드러머 케니 클락이 마일스 데이비스와 함께 연주했다.

✚ 마일스 데이비스가 연주한 〈사형대의 엘리베이터〉 OST는 듀크 엘링턴이 오토 프레밍거의 영화 〈살인의 해부〉(Anatomy Of A Murder, 1959)에서 연주한 「Play Misty For Me」와 더불어 영화음악에서 재즈가 보여준 최대의 성취로 평가되곤 한다.

오르페우스가 보사노바를 연주할 때

Orfeu Negro(Black Orpheus), 1959년
음악 안토니우 카를루스 조빙, 루이스 봉파
감독 마르셀 카뮈 | **주연** 브레누 멜루, 마르페사 돈

✚ 흑인 오르페

몇 편의 영화를 연출했지만, 마르셀 카뮈의 영화는 별로 알려져 있지 않다. 그러나 단 한 편 〈흑인 오르페〉만은 세계적인 찬사를 이끌어냈다. 거의 알려지지 않은 감독이었고, 배우들도 무명이었다. 음악도 이국적이었고 낯설었다. 이런 무명들의 조합으로 〈흑인 오르페〉는 1959년 칸 영화제 황금종려상, 1959년 아카데미 외국어영화상, 그리고 1960년 골든글로브 외국어영화상을 휩쓸었다. 평단뿐 아니라 대중들도 큰 호응을 보냈다. 아름다운 영상과 음악이 관객들에게 어필했다. 그리스 신화의 슬픈 사랑 이야기가 브라질을 배경으로 재탄생했고, 보사노바Bossa Nova라는 새로운 음악이 전 세계적으로 유행하게 되었다.

올림포스 산에 살고 있는 신들과 뮤즈들의 이야기, 그리스 신화는 불멸의 고전이다. 서구 전통 속에서 많은 이야기들의 토대가 되었으며 다양한 해석을 통해 서로 다른 장르의 예술로 재탄생했다. 문학과 미술, 영화 등에서 그리스 신화는 계속 퍼내고 퍼내도 끝없이 솟아나는 샘물 같은 이야기의 원천이었다. 그리스 신화에서 가장 슬픈 이야기 중 하나가 오르페우스와 에우리디케(프랑스식으로는 '오르페'와 '유리

디체')의 사랑 이야기다. 리라를 연주하면 동물들까지도 귀를 기울였다는 리라의 명인 오르페우스. 사랑하는 아내 에우리디케가 독사에 물려 죽자, 상심한 그는 모든 연주를 중단해버린다. 마침내 그는 기적을 믿고 에우리디케를 찾아 하데스가 지배하는 명부(冥府)의 세계로 들어간다. 얼음처럼 차갑고 어두운 명부에서조차 오르페우스의 리라 연주는 모두의 심금을 울리기에 충분했다. 하데스는 에우리디케를 지상으로 되돌려 보내주기로 결정한다. 단 하나, 조건이 있었다. 지상에 도착할 때까지 오르페우스 뒤를 따르는 에우리디케의 얼굴을 절대로 보지 않겠다는 약속이었다. 마르셀 카뮈는 오르페우스의 전설을 브라질로 가져온다. 그리고 춤과 노래로 뒤범벅된 리우데자네이루의 카니발 속으로 전설을 끌어들인다. 남국의 짙은 원시적 색채, 흥겨운 삼바 리듬, 광란의 도가니나 다름없는 카니발의 어느 하루 속에 슬프고 비극적인 사랑 이야기를 옮겨놓은 것이다.

마르셀 카뮈는 비니시우스 지 모라이스Vinicius De Moraes의 뮤지컬 〈성모수태축일의 오르페〉Orfeu Da Conceicao를 각색해서 영화화하기로 결정한다. 시인이자 작사가이기도 했던 비니시우스는 보사노바 음악인들과 교류하면서 새로운 풍의 음악들을 시도하고 있었다. 브라질의 젊은 음악가들이 삼바의 격렬한 리듬에서 벗어나 차분함과 서정성을 강조해 만들기 시작한 보사노바는 당시 대중들에게는 널리 알려지지 않았다. 마르셀 카뮈는 과감하게 이 새로운 음악을 받아들이기로 결정한다. 이어서 원작 뮤지컬의 음악을 작곡했던 안토니우 카를루스 조빙도 영화 작업에 합류시킨다. 팀이 구성됐고, 영화를 위해 새로운 곡들이 만들어졌다. 그가 작곡하고 비니시우스 지 모라이스가 작사한 「행복」A Felicidade은 이렇게 하여 보사노바의 영원한 걸작이 된다. 기타리스트이자 작곡가인 루이스 봉파도 작업에 참여한다. 영화 속에 등장하는 노래들 중 그가 작곡한 것은 두 곡인데, 그중 하나가 영화를 통해 크게 히트한 「카니발의 아침」Manha De Carnaval이었다.

그리스 신화의 부조상들이 보인다. 오르페우스와 에우리디케의 조각이다. 은은한 분위기의 보사노바 곡 「행복」이 악기 연주로 흘러나온다. 갑자기 그 감미로움을 깨면서 신나고 시끌벅적한 삼바 리듬이 화면을 가득 채운다. 사람들이 흥겹게 춤을 추며 거리를 지나간다. 리우데자네이루의 빈민촌. 물을 길어가는 아낙들의 엉덩이가 삼바 리듬에 들썩거리고, 사람들의 걸음걸이마저 춤을 추는 것 같다. 삼바 리듬이 지나가고 나면 「행복」은 하나의 목소리가 되어 노래로 이어진다.

슬픔에는 끝이 없지만
행복에는 끝이 있어요.
행복은 바람이 하늘로 띄워준 깃털과 같아

가볍게 날아오르기도 하지만,
그 생은 너무도 짧아
바람이 끊임없이 불어주기만 바랄 뿐이죠.

행복은 꽃잎 위에 머무는 이슬방울 같아
평화롭게 빛을 내기도 하지만,
작은 흔들림에도 떨다가
사랑의 눈물처럼 떨어지지요.

가난한 이들의 행복이란
카니발의 커다란 환상과 같아
한순간의 꿈을 위해 일 년 내내 일하면서,
왕이거나 해적이거나 정원사이거나
맡은 장면을 연기하지만,
모든 건 재(灰)의 수요일이 되면 끝나고 말지요.

「행복」과 함께 메인타이틀이 오르면서 영화가 시작된다. 바닷가 절벽 옆에 어린 두 소년 제카와 베네디토가 등장한다. 파란 하늘에는 형형색색의 연들이 날고 있다. 베네디토는 바람을 실어 연을 날리고 제카는 연실을 당기면서 조종한다. 그러나 끈은 이내 끊어져버리고 노란 연은 바다를 향해 추락한다. 〈흑인 오르페〉는 처음부터 비극적인 암시로 시작된다. 비상하지 못하고 추락하는 연의 이미지처럼. 반대로 영상은 더없이 아름답기만 하다. 닭과 고양이, 염소가 함께 사는 집. 오르페는 두 아이 앞에서 기타를 치며 「카니발의 아침」을 불러준다.

부드럽고 감미롭다. 가난한 풍경이지만, 사랑과 행복이 머물고 있다.

아침! 이토록 아름다운 아침에는,
내 인생에 새로운 노래가 샘솟아요.
오직 그대 눈동자, 그대 미소, 그대 두 손에
바치는 노래랍니다.
당신이 찾아온 그날이거든요.

내 기타의 줄들도 당신의 사랑만을 찾고,
거기서 흘러나온 목소리도
당신 입술에서 길 잃은 키스에 대해 이야기하죠.

나의 가슴은 노래 부르고,
기쁨은 다시 돌아왔어요.
이 얼마나 행복한 사랑의 아침인가요!

하얀 옷을 입은 소녀가 어느새 집 안에 들어와 춤을 춘다. 청순하기 그지없는 소녀를 발견한 오르페는 가까이 다가가 이름을 묻는다. "유리디체예요." 옆방에서는 아이들이 기타를 가지고 「카니발의 아침」의 멜로디를 뜯는 소리가 들려온다. 오르페는 말한다. "우린 이미 사랑했었지." 신화가 반복되듯이, 수많은 슬픈 사랑 이야기가 반복되듯이 두 사람은 거짓말처럼 만난다. 그들은 사랑할 수밖에 없는 운명을 타고 났으며 비극을 맞이할 수밖에 없는 숙명을 안고 있다. 바람둥이인 오르페는 그녀를 유혹한다. 오르페우스 신화는 이렇게 리우데자

:: 리라 대신 기타, 고대의 음악 대신 보사노바를 부르는 오르페우스

네이루에서 부활한다.

카니발이 절정에 다다른 밤이다. 질투심에 불타는 오르페의 애인 미라는 눈을 부라리면서 오르페를 찾아다니고, 해골 의상을 입은 정체불명의 사나이가 유리디체를 쫓아온다. 그는 유리디체를 데려가려는 '죽음'이다. '죽음'에게 쫓기던 유리디체가 전선줄을 잡고 있을 때 오르페는 그만 전기 스위치를 올리고 만다. 감전된 유리디체는 그 자리에 쓰러진다. 오르페는 그녀를 살리기 위해서 주술사까지 찾아가지만 모든 노력은 허사가 되고 유리디체는 숨을 거둔다. 마치 신화 속 주인공 같은 카니발 의상을 입은 오르페는 하얀 옷을 입은 채 영원히 잠들어버린 유리디체를 안고 바다가 보이는 언덕으로 올라간다. 노란 카니발 드레스를 입은 비라가 달려와 화를 내면서 돌을 던진다. 돌은 오

르페의 이마를 맞추고, 오르페는 유리디체를 가슴에 안은 채 절벽으로 떨어져 숨을 거둔다. 미라는 절규하지만, 카메라는 차갑게 죽은 두 연인의 시체를 비추며 천천히 주위를 돌다가 파란 하늘을 보여준다.

라스트 신은 매우 인상적이다. 오르페는 죽으면서 다시 신화가 되었다. 오르페를 따르던 어린 두 소년 제카와 베네디토는 아무 일도 없었다는 듯이 오르페가 죽은 언덕으로 온다. 바다를 바라보며 제카는 기타를 친다. 유리디체처럼 하얀 옷을 입은 어린 소녀가 다가와 이야기를 건넨다. 옆에 앉은 베네디토가 소녀에게 말한다. "입 다물어! 지금 해돋이를 만드는 중이란 말이야." 해가 뜨는 게 아니라 해가 뜨도록 하기 위해서 기타를 치는 것이다. 오르페도 그랬다. 그가 기타를 치면 갓난아기도 울음을 그쳤고, 동물들도 다가와 노래를 들었으며, 바람도 멈춰서 귀를 기울였다. 소녀는 꽃을 건네면서 자기를 위해 연주해달라고 부탁한다. 기타 연주는 흥겨워지고 소녀는 리듬에 맞춰 귀엽고 신나게 삼바 춤을 춘다. 제카도 기타를 뜯으며 흥겨운 멜로디로 노래한다. 「오르페의 삼바」Samba De Orfeu는 기타 하나만으로도 흥겹다. 어느새 슬픔은 모두 잊힌 듯하다. 카메라가 서서히 왼쪽으로 돌면, 소녀가 앞장서고 두 소년도 삼바 리듬에 발맞추며 달려나가 흥겹게 춤을 추기 시작한다. 리우데자네이루의 태양 아래서 어린아이들은 이제 새로운 오르페우스의 신화를 만들어가는 참이다. 아이들이 춤추는 모습에 오버랩되어 그리스 신화의 조각상들이 다시 비춰지고, 영화는 막을 내린다. 보사노바 리듬에 허무와 쓸쓸함을 담고.

✚ 〈흑인 오르페〉는 브라질보다 프랑스와 이탈리아가 주축이 되어 만든 영화이지만, 주인공들은 온통 흑인이다. 시드니 포이티어가 아카데미 남우주연상을 수상하는 것도 10년이나 지난 뒤의 일이니, 당시 미국 영화라면 상상도 못하던 'All Black Casting'이 이뤄진 것은 경탄할 만한 일이다. 이렇게 까만 분들만 등장해도 부족함 없이 즐거운 영화가 두 편 있으니, 〈흑인 오르페〉와 〈카르멘 존스〉(1954)이다.

✚ 보사노바는 포르투갈어로 '새로운 조류'(new wave)라는 뜻이다. 브라질에서 시작되어 1958년부터 1960년대 초까지 서구를 풍미한 음악이다. 재즈 스탠더드 음악으로 많이 쓰이면서 국제적으로 널리 알려졌으며, 당시 우리나라 신중현 음악 등에서도 벌써 흔적을 느낄 수 있다. 보사노바의 거장들로는 본문에서 거명한 안토니우 카를루스 조빙, 조앙 지우베르투, 비니시우스 지 모라이스, 루이스 봉파 등이 손꼽힌다.

✚ 초창기 보사노바 중 가장 성공을 거둔 곡은 루이스 봉파가 작곡한 「카니발의 아침」인데, 「A Day In The Life Of A Fool」이라는 영어 제목으로도 번안된 바 있다. 〈흑인 오르페〉의 OST 이후 세계적으로 가장 히트한 보사노바 앨범은 스탠 게츠(Stan Getz)와 조앙 지우베르투가 함께 작업한 1964년 앨범 〈Getz/Gilberto〉를 들 수 있다. 이 앨범에서도 특히 인기를 끈 곡은 조앙의 부인 아스트루드 지우베르투가 부른 「The Girl From Ipanema」인데, 조빙이 작곡하고 모라이스가 작사한 「가로타 지 이파네마」(Garota De Ipanema)가 원곡이다. 앨범에는 그 밖에도 「지자피나두」(Desafinado), 「코르코바두」(Corcovado) 등 보사노바의 명곡이 다수 수록되어 있다.

나이 먹지 않는 영화들
1960년대

희대의 꽃미남이 등장하다

Plein Soleil, 1960년
음악 니노 로타 | **감독** 르네 클레망 | **촬영** 앙리 드카에
주연 알랭 들롱, 마리 라포레, 모리스 로네

✚ 태양은 가득히

1950년대 말은 영화 역사에서 전통과 새로움이 교차하는 시기였다. 특히 프랑스에서 젊은 감독들이 대거 등장하면서 누벨바그의 '물결'이 시작되었다. 영화전문지 『카이에 뒤 시네마』Cahiers du Cinéma에서 평론가로도 활동한 프랑수아 트뤼포의 〈400번의 구타〉를 비롯해서 알랭 레네의 〈내 사랑 히로시마〉, 장 뤼크 고다르의 〈네 멋대로 해라〉 등이 새로운 영화의 신호탄을 쏘았다. 그들은 신선한 감각으로 기존의 영화 문법과는 다른 언어를 구사했다. 누벨바그라는 상징적인 영화 운동과 함께 전 유럽에서 젊은 감독들이 속속 등장했다. 그러나 프랑스 영화가 모두 젊은 감독들의 손아귀에 들어가버린 것은 아니었다. 같은 시기 젊은 평론가들에게 비판받던 르네 클레망은 〈태양은 가득히〉를 찍었고, 마르셀 카뮈도 〈흑인 오르페〉를 선보였다.

르네 클레망의 영화를 볼 때마다 윌리엄 와일러가 떠오른다. 두 사람은 공통점이 있다. 둘 다 상복(賞福)도 많고, 스토리가 재미있는 영화들을 많이 연출했다. 그런데 지금 다시 보면 어딘가 낡았다는 느낌을 지울 수가 없다. 영화 문법은 상투적이고 고루해 보인다. 신선함

이 떨어지고 작위적인 느낌은 〈태양은 가득히〉에서도 부정할 수 없다. 톰(알랭 들롱)이 살인을 저지르고 처리하는 방법이나, 호텔에서 죽은 시체를 끌고 나가는 장면은 어설프다. 그런 신들이 전체적인 긴장감을 약화시킨다. 하지만 〈태양은 가득히〉는 평론가들보다는 영화 팬들에게 짙은 인상을 남긴 영화다. 특히 희대의 미남스타 알랭 들롱이 등장하는 것만으로도 여성 팬들의 가슴은 더없이 설레었다.

모노톤의 로마를 배경으로 메인타이틀이 올라간다. 니노 로타의 음악은 때로는 긴장감을 주고, 때로는 경쾌하게 나아가기도 한다. 앞으로 진행될 모든 사랑과 살인, 극적인 상황과 불행한 사건들을 암시하는 듯한 음악이다. 톰 리플리는 고교 동창인 필립(모리스 로네)을 샌프란시스코로 데려가려고 애를 쓴다. 일에 성공하면 필립의 아버지가 5천 달러를 지불하겠다고 약속했기 때문이다. 그러나 돈 많은 부잣집 아드님인 필립은 파티와 여자, 요트에 빠져 아무런 고민 없이 인생을 즐길 뿐이다. 필립은 햇살 가득한 이탈리아를 떠날 마음이 전혀 없다.

:: 알랭 들롱의 슬프고도 아름다운 눈빛은 뭇 여성들을 매혹시켰다.

그런 필립에게 괄시를 받아가면서도 톰은 그를 졸졸 따라다닌다. 주변 사람들은 부자 친구에게 빌붙어 사는 톰의 모습에 경멸의 시선을 보낸다.

심지어 필립은 톰이 보는 앞에서 마르주(마리 라포레)와 격렬한 애정 표현을 나누기도 한다. 짓궂게도 일부러 그런 행동을 일삼는 것이다. 톰은 애써 자제하지만 질투심이 생기고 화가 나는 것은 어쩔 수가 없다. 가난한 자신 앞에서 돈 걱정 없이 요트나 몰고 새파란 지중해를 누비는 필립. 톰은 옷장에 걸린 필립의 옷을 입어보면서 그를 흉내낸다. 필립의 서명을 위조하면서 필립처럼 되고 싶은 욕망을 느낀다. 햇볕이 뜨거운 요트에는 긴장감이 돈다. 두 사람은 카드놀이를 한다. 필립은 톰을 무시한다. 살인 같은 건 하지도 못할 거라며 비꼰다. 톰은 필립을 칼로 찌르고 만다.

톰은 필립의 시체를 바다에 던진다. 요트를 몰고 필립 흉내를 낸다. 필립의 이름으로 호텔에 투숙하고 그의 통장에서 돈을 꺼내 쓴다. 필립의 타자기로 편지를 써서 보내고, 세상을 하직하겠다는 유서까지 쓴다. 모든 게 약간 어긋나지만, 톰은 잘 둘러대며 위기를 모면한다. 하지만 과연 언제까지 사람들을 속일 수 있을까.

〈태양은 가득히〉의 라스트 신은 언제 보아도 빼어나고 영원히 기억될 만큼 인상적이다. 이제 필립의 죽음을 알게 된 마르주는 톰의 사랑을 받아들인다. 연인이 되어 바닷가로 간 톰과 마르주. 마르주는 필립의 아버지를 만나기 위해 부두로 가고, 톰은 혼자 바닷가 카페에 앉아 현재의 행복을 만끽한다. 톰이 의자에 편하게 앉아 즐겁고 흐뭇한 표정을 지을 때 니노 로타의 테마 음악이 나오기 시작한다. 톰은 가장 좋은 음료로 달라고 청하고는 혼잣말로 되뇐다. "가장 좋은 것으로…, 가장 좋은 것으로…." 이런 날을 일마나 꿈꾸어 왔던가. 이토록 행복에 겨운 날들을.

부두에는 사람들이 모여 있다. 모두가 지켜보는 가운데 매물로 내놓은 필립의 요트를 선창가로 끌어올리는 중이다. 배의 후미에 팽팽하게 당겨진 닻줄이 딸려 나오는 순간 다시 테마 음악이 흘러나온다. 톰이 바다에 던져버린 필립의 시체가 닻에 걸려 있는 것을 발견한 마르주의 외마디 비명이 허공에 울려 퍼진다. 다시 바닷가 카페, 톰이 여유롭게 음료수를 마시고 있다. 그러나 경찰들이 찾아와 카페 여주인에게 톰을 찾는 전화가 왔다고 부르게 한다. 여주인이 부르는 소리를 듣고 웃으면서 함정을 향해 걸어가는 톰. 카메라는 멀리 한가로운 섬과 배 한 척, 해수욕장에 늘어선 파라솔들을 무심하게 비춘다. 테마 음악은 서서히 잦아든다. 관객들은 이 불행한 비극의 종말을 다 알고 있다. 눈앞의 상황도 모른 채 걸어가는 톰의 해맑은 웃음과, 그 순간 함께 흐르는 아름다운 음악은 역설적이다. 이 때문에 니노 로타의 음악은 더 아름답다. 허무하고 슬프기 때문에 아름다운 것이다. 지중해의 풍광처럼 맑게 흘러나오는 음악과 함께 영화는 허망하게 끝을 맺는다.

〈태양은 가득히〉는 르네 클레망의 연출보다는 다른 요소들 때문에 훨씬 매력을 더하는 영화이다. 스크린에 혜성처럼 등장한 알랭 들롱의 우수와 파란 눈동자만으로도 영화는 멋지다. 욕망 때문에 파멸하는 한 꽃미남의 초상, 마리 라포레의 청순한 아름다움, 금방이라도 물이 뚝뚝 떨어질 것처럼 새파란 지중해, 불타오르듯 뜨겁게 작렬하는 태양과 그 아래 빛나는 하얀 집들…. 그리고 아름다움과 허무의 미학에 동시에 도달한 니노 로타의 음악이 〈태양은 가득히〉를 영원한 청춘 영화로 완성시킨다.

✚ 영화 속에서 마르주는 '프라 안젤리코'에 대한 논문을 쓴다. 톰은 마르주를 위해 르네상스 화가들 중 가장 아름다운 그림을 그렸던 안젤리코의 화집을 산다. 그녀는 프라 안젤리코의 그림을 보면서 기타를 치고 노래를 부른다. 마리 라포레는 〈태양은 가득히〉로 데뷔했고, 가수로도 활동을 시작했다. 그녀가 노래를 부를 때면 미묘한 매력이 넘친다. 그녀의 앨범 중 가장 좋아하는 것은 1967년에 발매된 3집이다. 첫 곡은 「Manchester Et Liverpool」이고, 몇몇 영어 노래들을 프랑스어로 번안해서 불렀다. 사이먼 앤드 가펑클의 「Sound Of Silence」와 롤링스톤스의 「Paint It, Black」이 프랑스어로 하나의 앨범에 담겨 있는 것이 재미있다.

✚ 〈태양은 가득히〉는 패트리샤 하이스미스의 원작을 영화화했다. 1999년 안소니 밍겔라 연출로 리메이크되기도 했는데, 매트 데이먼과 주드 로가 주연으로 나온 〈리플리〉(The Talented Mr. Ripley)가 그것이다.

✚ 지금은 외화가 전 세계 어느 나라보다 우리나라에서 빨리 개봉되는 편이지만, 과거에는 수입영화 쿼터제가 있었고 일본에서의 개봉 여부에도 지대한 영향을 받았다. 일본에서 썼던 제목을 그대로 베끼는 경우가 많았고, 일본에서 히트한 영화음악은 예외 없이 우리나라에서도 인기를 끌었다. 제목이 일본과 같은 경우로는 〈태양은 가득히〉 〈우리에게 내일은 없다〉 〈내일을 향해 쏴라〉 등이 있다. 〈태양은 가득히〉 〈라스트 콘서트〉 〈필링 러브〉 등의 영화음악은 전 세계적으로 일본과 우리나라에서 특히 인기를 끌었다.

마지막 총잡이들에게 바치는 찬가

The Magnificent Seven, 1960년
음악 엘머 번스타인 | **감독** 존 스터지스 | **주연** 율 브리너, 스티브 매퀸

✚ 황야의 7인

마침내 산적들은 소탕되고 마을에는 평화가 찾아온다. 현자의 풍모를 한 마을 노인은 상황을 정리하면서 총잡이들에게 말을 건넨다. "농부들만이 이긴 걸세. 끝까지 살아남지. 땅처럼 말이야." 그렇다. 산적들도 총잡이들도 얻은 건 없다. 동료들만 죽어나갔을 뿐이다. 말을 타고 떠나던 크리스(율 브리너)는 빈(스티브 맥퀸)에게 말한다. "노인 말이 맞아. 우린 진 거야."

〈황야의 7인〉은 서부영화의 황금기가 끝나가고 있음을 상징적으로 보여주는 작품이다. 1960년대로 접어들면서 TV의 전성시대가 열리고, 곧이어 마카로니 웨스턴이 홍수처럼 밀려오게 된다. 그전까지 서부극의 주인공들은 총 한 자루, 말 한 필만으로도 멋지게 세상을 살아가고 있었다. 서부극에서 갈 곳 없는 총잡이들, 별다른 목적도 희망도 없는 총잡이들을 다룬 경우는 거의 없었다. 그러나 〈황야의 7인〉에서 총잡이들이 바라는 것은 그저 제대로 된 식사와 편하게 잠잘 수 있는 공간이다. 그들은 생계를 위해서 일해야 한다. 총잡이들이 더 이상 필요 없어졌기 때문이다. 영화는 고전적 영웅의 시대가 끝나가고 있음

을 알려준다. 말보다 총이 앞서던 서부에 법이 자리를 잡고, 철도가 놓이고, 사회가 조직되면서 무력에 의존하던 건맨들의 일거리는 급속도로 사라져갔다.

서부 영웅의 시대가 스러져가던 1960년. 별이 죽어가기 직전에 마지막 광휘를 빛내며 타오르듯 〈황야의 7인〉은 배우들의 연기, 음악, 스토리가 주는 재미와 긴장감 등 모든 면에서 제목처럼 찬란하게 빛난 영화이다. 영화를 찍을 당시 스타는 율 브리너 하나였다. 나머지는 감독이 카메라 테스트를 거쳐서 뽑은 신인급들이었다. 율 브리너는 자신의 역할이 비열한 총잡이로, '크리스'라는 캐릭터에게 중요한 것은 총과 영혼뿐이라고 생각했다. 브리너는 이러한 이미지를 만들어 크리스를 서부극의 마지막 영웅 중 하나가 되게 한다. 다른 배우들도 경쟁이 치열했다. 이 영화로 인해 스타덤에 오를지도 모른다고 생각했기 때문이다. 자신을 멋지게 드러내기 위해 모두가 앞다퉈 눈에 띄도록 연기를 하다보니 각 캐릭터들의 개성이 잘 살아났다. 특히 TV 드라마를 찍던 스티브 매퀸은 할리우드로 진출하려고 머리를 짜낸다. 자동차 사고가 났다고 핑계를 댄 뒤 〈황야의 7인〉 촬영장으로 튄 것이다. 그는 시종일관 율 브리너 옆에서 꾸준히 얼굴을 내밀고 '튀는' 연기를 한다. 독일에서 온 홀스트 부흐홀츠는 애송이 총잡이지만 결국 살아남아서 마을처녀와 함께 뿌리를 내리기로 결심한다.(참 어울리지 않는 독일 출신 건맨이었다.)

나머지 총잡이들은 총격전 끝에 다 죽고 만다. 칼잡이로 나오는 제임스 코번, 언제나 승산 없는 싸움에서 이겨온 찰스 브론슨, 멋지고 깔끔하게 차려 입은 로버트 본, 황금을 대가로 받을 거라 믿고 인생을 걸어보는 브래드 덱스터, 이렇게 일곱 명의 총잡이가 산적들의 약탈에 시달리는 멕시코의 산골마을로 들어간다. 서른다섯 명이나 되는 패거리들을 이끌고 다니는 두목 칼베라 역은 브로드웨이에서 활동하던 일라이 월락이 맡았다. 그는 지주가 소작료를 받듯이 당연하다는 투로 곡식과 가축을 빼앗는다. 그는 천상 악역이 어울리는 모양이다. 이 뻔뻔한 캐릭터는 〈석양의 무법자〉에서 '추한 놈'the ugly 역할로 고스란히 이어진다.

구로사와 아키라는 서부극의 거장 존 포드의 연출 세계에서 지대한 영향을 받았다. 서구적인 스타일의 연출을 보여주던 구로사와는 〈7인의 사무라이〉1954로 관객들과 평단을 사로잡았다. 웨스턴으로 각색해도 잘 어울리는 소재였다. 율 브리너는 판권을 사들였고, 〈OK 목장의 결투〉 〈건 힐에서의 마지막 열차〉 등 서부 액션에 능숙했던 존 스터지스가 연출을 맡았다. 막상 개봉을 하자 영화는 극장에서 일주일 만에 막을 내렸다. 실패였다. 그런데 유럽에서 대히트를 하면서 〈황야의 7인〉은 부메랑처럼 미국에 되돌아왔고, 비로소 관객들의 열광적

:: 영웅이 사라진 서부극에 새로 등장한 영웅들은 고달픈 모습일 수밖에 없었다.

인 성원을 받았다. 영화와 음악이 동시에 인기를 끌었고, 신인 배우들은 스포트라이트를 받았다. 남성적인 영화를 선호하던 존 스터지스는 자신이 발굴한 배우들을 〈대탈주〉1963에 다시 기용했다. 스티브 매퀸, 제임스 코번, 찰스 브론슨은 존 스터지스의 작품에 연속 출연함으로써 1960년대 초반 자신들의 인기를 공고히 한다. 〈황야의 7인〉에 원기를 불어넣은 작곡가 엘머 번스타인 역시 〈대탈주〉에 합세했다. 동일한 배우, 비슷한 음악 때문에 〈황야의 7인〉과 〈대탈주〉는 전혀 다른 장르의 영화임에도 속편 같은 느낌을 준다.

존 스터지스는 처음부터 음악에 엘머 번스타인을 적극 추천했다. 엘머는 젊은 나이임에도 음악을 전체적으로 조망하는 감각이 좋았다. 이미 〈황금 팔을 가진 사나이〉 〈십계〉 등의 음악을 맡으면서 주목받던 작곡가이기도 했다. 엘머 번스타인은 세계 각국의 민속음악과 악기에 관심이 많았다. 멕시코를 배경으로 한 〈황야의 7인〉은 이국적인 음악에 대한 자신의 관심사와도 잘 맞았다. 오랫동안 머릿속에서 구상했던 것들이 실제 스코어로 작곡되었다. 리듬감이 시원하고 매력적이었다. 크리스와 빈은 처음 만나서 관을 실은 마차를 몰고 간다. 방해하는 총잡이들을 제압하고 다시 언덕을 되돌아 내려올 때, 음악은 장쾌하게 울리면서 자연스럽게 관객들의 환호를 이끌어낸다. 극중 인물들도 환성을 지르면서 영화의 분위기를 고조시킨다. 훌륭한 음악이란 이처럼 영화 전체의 리듬감까지 활기차게 만드는 법이다.

웨스턴 장르가 쇠락해가던 것과는 반대로 〈황야의 7인〉의 음악은 멋진 인상을 남긴다. 엘머 번스타인의 음악은 오프닝 신부터 장쾌하다. 메인 테마음악은 영화와 완벽하게 일치되어 분위기를 달아오르게 한다. 스타일은 명백하게 남성적이다. 주인공들의 영웅적인 캐릭터는 음악으로 인해 스크린에 가득 채워진다. 시작부터 이처럼 시원스럽고 멋진 오프닝 스코어는 웨스턴 역사상 없을 것이다. 주인공들의 의지는 음악을 통해 고스란히 표현된다. 신나게 울려 퍼지는 트럼펫 소리, 라틴풍 타악기의 경쾌함, 팡파르를 울리듯 터져 나오는 나팔 소리, 브라스와 목관들이 힘차게 흥을 돋운다. 이 모든 악기들이 어울려 찬란하고도 장렬한 음악을 만들어낸다. 멕시코 농민들의 명예를 상징하기 위해서 민속음악들도 차용되었다. 멕시코 정부로부터 영화 촬영 허가를 받을 때부터 멕시코 사람들의 이미지를 손상시키지 않는다는 조건이 달려 있었다. 엘머 번스타인은 그런 요소들까지 음악으로 살려낸다. 그의 음악은 이 모든 요소들을 통해 주인공들의 용기와 의지 그리고 드라마의 전체 분위기를 하나로 아우른다. 영화를 촬영하는 동안 엘머 번스타인은 오케스트라와 함께 촬영장에 와서 음악으로 배우와 스태프들의 흥을 돋우곤 했다고 한다. 영화가 개봉되자 박력 넘치는 그의 음악은 엄청난 반향을 불러 일으켰고, 마침내 웨스턴 뮤직의 고전이 되었다. 일곱 명의 총잡이들과 함께.

+ 〈황야의 7인〉은 AFI에서 선정한 '최고의 영화음악' 중 8위에 올랐다.

+ 주연 배우들 중에서도 스티브 매퀸, 제임스 코번, 찰스 브론슨 등은 1970~80년대에 국내에서 인기가 높았다. 스티브 매퀸의 유작인 〈헌터〉를 극장에서 보던 기억이 생생하다. 그는 쉰 살의 나이로 일찍 죽었지만 액션 스타로서의 면모를 과시했다. 〈타워링〉이나 〈빠삐용〉 같은 대작들에서 멋진 연기를 보여주었다. 찰스 브론슨도 70년대에 〈브레이크 아웃〉 〈정오에서 3시까지〉 등이 개봉되면서 인기를 끌었다. 제임스 코번은 〈7인의 독수리〉 〈17인의 프로페셔널〉(Cross of Iron, 나중에 〈철십자 훈장〉이라는 제목으로 DVD로 발매) 등을 통해 극장에서 만날 수 있었다. 〈황야의 7인〉은 이런 배우들을 발굴해낸 영화로도 의미가 깊다.

로미오와 줄리엣, 뉴욕 뒷골목으로 오다

West Side Story, 1961년
음악 레너드 번스타인 | **감독** 제롬 로빈스, 로버트 와이즈
주연 나탈리 우드, 리처드 베이머, 조지 샤키리스, 리타 모레노

✚ 웨스트사이드 스토리

세상에 영화가 존재하는 한 아마도 『로미오와 줄리엣』은 영원한 이야기 원천으로 남을 것이다. 이 비극적인 러브 스토리는 누구에게나 젊은 시절의 풋풋한 기억을 떠오르게 하는 마력을 지니고 있다. 셰익스피어는 젊고 아름다운 연인들을 창조해냈다. 그리고 그들의 순수한 열정은 로미오와 줄리엣을 영원불멸한 캐릭터로 만들었다. 영화계는 이 원작을 꽤나 오랫동안 우려먹는 중이다. 다양한 해석과 다양한 배우들의 연기로 〈로미오와 줄리엣〉은 다시 만들어졌다. 다만 원작의 시대적 배경과 연극적 스타일을 그대로 받아들인다는 점에서 대부분의 영화는 크게 다르지 않다. 그러나 〈웨스트사이드 스토리〉는 다르다. 〈웨스트사이드 스토리〉는 이 오래된 사랑 이야기에 현대성을 불어넣고, 춤과 노래로 원작을 바꿔버림으로써 새로운 셰익스피어를 만들어냈다. 무대는 베로나에서 뉴욕으로 옮겨졌고, 원작의 고전적인 아름다움은 현대 도시의 뒷골목에서 다시 피어났다. 영화와 원작 사이에는 몇 세기의 시간적 경계가 가로놓여 있지만, 스토리는 전혀 진부하지 않다. 누구나 결말을 알고 보지만, 끝날 때까지 가슴 졸이는 것은 여전하다.

이것이 셰익스피어의 힘이자 고전의 위대함이다.

할리우드 영화제작자들에게 브로드웨이 무대는 스토리텔링의 오랜 보고였다. 브로드웨이에서 히트한 뮤지컬들은 대부분 영화화되었다. 제롬 컨, 콜 포터, 리처드 로저스의 작품은 특히나 인기 높은 아이템들이었다. 〈로미오와 줄리엣〉을 각색해서 무대에 올리면 어떨까 하는 아이디어를 처음 내놓은 이가 제롬 로빈스다. 그는 이미 뮤지컬 무대에서 각광받던 연출가이자 안무가였다. 제롬 로빈스는 그 아이디어를 들고 레너드 번스타인을 찾아갔다. 당시 뉴욕 필하모니의 확고한 간판스타였던 번스타인은 스토리를 좀 더 발전시킬 필요가 있다고 평가했다. 아직 이야기가 제대로 다듬어지지 않은 상태였고 막연한 구상만 있던 때였다. 여기에 스티븐 손드하임이 가세하면서 작업은 급물살을 타게 된다. 그렇게 세 사람이 뭉쳐서 만든 뮤지컬 〈웨스트사이드 스토리〉는 1957년 윈터가든 극장에서 초연되었고, 주변의 우려와는 달리 대성공을 거두었다. 뉴욕 필하모니의 상징과도 같은 존재 레너드 번스타인의 음악, 〈스위니 토드〉 〈집시〉 등을 쓴 젊고 재능 넘치는

작가 스티븐 손드하임의 탄탄한 드라마 구조, 그리고 도시적이며 모던한 감각을 지닌 제롬 로빈스의 안무가 조화를 이뤄 만들어낸 에너지는 대단했다. 특히 제롬 로빈스의 안무는 시원스럽고 경쾌해서 수많은 젊은이들이 동작을 따라 할 정도로 유행을 일으켰다. 이렇게 해서 폭력이 난무하는 뉴욕의 뒷골목을 배경으로 아름다운 사랑의 연가가 완성된다. 젊은 청춘의 슬픈 사랑을 완벽한 노래와 안무로 보여준 것이다.

캐퓰릿 가문과 몬태규 집안의 대립은 미국계 갱단인 '제트'와 푸에르토리코계 갱단인 '샤크'의 갈등으로 다시 설정된다. 두 집단은 영원히 반목할 수밖에 없는 관계이자 골목 하나를 두고도 세력다툼을 벌이는 팽팽한 사이이다. 어느 날 양쪽 갱단 멤버들까지 전부 모인 상태로 떠들썩한 맘보 파티가 벌어진다. 주먹 대신 자기 맘보 솜씨를 뽐내지만 서로의 영역은 결코 침범하지 않는다. 두 집단의 거리두기는 불문율처럼 굳어진 것이다. 파티에 참가한 여러 사람 중에서 갑자기 토니(리처드 베이머)와 마리아(나탈리 우드)의 눈이 마주친다. 그 순간 두 사람에겐 다른 어떤 것도 보이지 않는다. 첫눈에 반한 그들은 오직 서로의 존재만을 느낄 뿐이다. 첫사랑의 열병이다. 토니와 마리아는 서로에게 이끌리며 사랑의 춤을 춘다. 그러나 이 운명적인 만남은 불행의 시작이었다. 마리아는 제트 파의 일원인 토니가 사랑하기에는 너무나 먼 존재였다. 샤크 파의 두목 베르나르도(조지 채키리스)의 여동생이었던 것이다. 토니는 파티에서 돌아오는 길에 사랑에 빠진 젊은 남자만이 가질 수 있는 멍한 눈동자로 노래를 부른다. 「Maria」이다. "내가 여태껏 들었던 가장 아름다운 소리, 마리아." 토니가 부르는 노래는 한순간에 사랑에 빠져버린 젊은 날의 격정을 잘 드러낸다.

누 연인은 모두의 눈을 피해 몰래 만난다. 마리아의 눈빛만 봐도 사랑에 빠졌음이 확연하지만 그 사랑을 아무에게도 알릴 수가 없다. 그들은 둘만이 지낼 수 있는 미래를 상상한다. 가족도 파벌도 중요하지 않다. 사랑에 빠지면 모든 게 아름다운 법이다. 일상은 갑자기 꿈결 같은 시간이 된다. 지저분한 뉴욕의 뒷골목은 사랑의 무대가 되고, 엉성하게 만들어진 소방용 비상계단도 로미오와 줄리엣의 테라스가 된다. 그들은 사랑의 대화를 나누고, 사랑의 노래를 함께 부른다. 그때 나오는 「Tonight」은 지금까지의 영화 역사상 가장 아름다운 듀엣일 것이다. 그들이 처음 만난 날 모든 운명이 바뀌어버렸다.

> 오늘밤, 오늘밤은 다른 어떤 밤도 될 수 없어요.
> 새벽별도 뜨지 않을 오늘밤, 오늘밤.
> 오늘밤 나는 내 사랑을 만나리니,
> 별조차 우리를 위해 제자리에 멈춰버릴 거예요.

〈웨스트사이드 스토리〉로 로버트 와이즈와 제롬 로빈스는 아카데미 감독상을 공동 수상했다. 오스카 역사상 최초로 두 감독에게 함께 주는 영예였다. 영화에는 셰익스피어의 원작을 토대로 한 탄탄한 이야기 구조와 화려한 안무, 비극적인 결말 등 젊음의 열정을 위한 모든 것이 갖춰져 있었다. 영화는 평단의 찬사뿐 아니라 대중적으로도 전 세계적인 히트를 기록했다. 이 작품은 첫사랑의 연인들을 상징하는 이야기로 받아들여졌다. 연인의 노래는 젊은이들의 애창곡이 되었고, 사운드트랙 앨범은 기존 판매 기록을 갱신했다. 〈웨스트사이드 스토리〉는 노래와 춤이 완벽하게 어우러진 젊은 날의 초상이자 영원한 젊음을 간직한 거리의 오페라였다.

+ 〈웨스트사이드 스토리〉는 AFI에서 선정한 '최고의 영화주제가 100곡'에도 무려 세 곡이 선정되었다. 화려하고 흥겨운 리듬의 「America」, 마리아의 사랑하는 마음이 담긴 「Somewhere」, 그리고 「Tonight」이 그것이다.

+ 〈로미오와 줄리엣〉은 〈웨스트사이드 스토리〉 이전에도 영화화됐고, 이후에도 영화화된다. 1936년 작 〈로미오와 줄리엣〉의 주연은 마흔이 넘은 레슬리 하워드와 서른이 넘은 노마 시어러였다. 젊은 청춘의 사랑이라기보다는 연극 무대에 더 가까운 느낌이었다. 로렌스 하비가 주연을 맡은 1954년 작은 이탈리아 감독 레나토 카스텔라니가 연출했다.(2009년 서울충무로국제영화제에서 상영되기도 했다.) 그런가 하면 1966년 작에서는 루돌프 누레예프와 마고트 폰테인이 출연해서 〈로미오와 줄리엣〉을 발레극으로 보여주었다. 가장 유명한 작품은 1968년과 1996년 작이다. 프랑코 제피렐리 감독은 18세의 레너드 위팅과 17세의 올리비아 핫세를 캐스팅해서 젊은 연인들의 사랑 이야기를 찍었다. 두 주연배우는 십대의 우상으로 떠올랐고, 올리비아 핫세는 국내에도 많은 팬들을 만들었다. 음악에 관심이 많은 바즈 루어만 감독은 록 음악의 비트와 어울리는 〈로미오+줄리엣〉을 연출했다. 대사는 셰익스피어 원작 그대로 썼지만 무대는 현대의 베로나로 바뀌었다. 레오나르도 디카프리오와 클레어 데인즈가 주연을 맡았다.

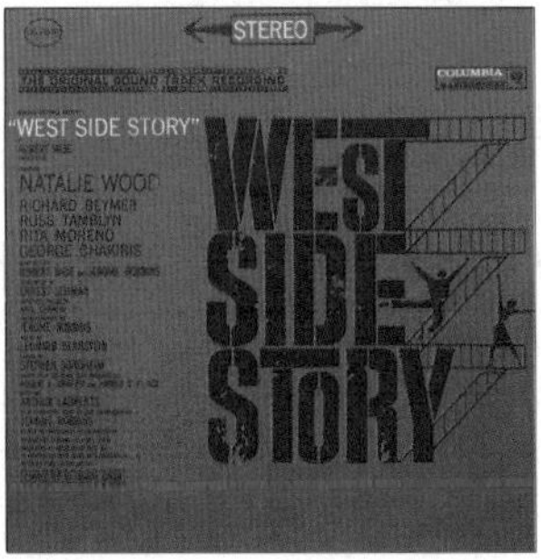

오드리 헵번이 '문 리버'를 노래할 때

Breakfast at Tiffany's, 1961년
음악 헨리 맨시니 | 감독 블레이크 에드워즈 | 주연 오드리 헵번, 조지 페퍼드

✚ 티파니에서 아침을

"음악이 없는 영화는 뭐랄까 연료가 떨어진 비행기 같아요. 당신의 음악은 우리 모두를 고양시키고, 우리를 날아오르게 만들어요. 우리(배우)들이 모든 걸 단어로 말하거나 행동으로 보여주지 못할 때도, 당신은 이미 우리를 잘 표현해주었어요."

편집이 끝나고 음악 삽입까지 마친 필름으로 시사회를 가진 후, 오드리 헵번이 헨리 맨시니에게 보낸 애정 어린 편지의 일부다. 오드리 헵번이 헨리 맨시니의 음악을 얼마나 잘 이해하고 있는지를 느낄 수 있다. 어쩌면 그녀가 편지에 쓴 내용이야말로 '영화음악이란 무엇인가' '영화음악이란 어떠해야 하는가'의 핵심을 짚고 있는 게 아닐까. 음악이 들어감으로써 영화는 비로소 생명을 얻고 살아 있는 감정을 담게 된다. 음악이야말로 영화라는 거대한 동체를 움직이게 하고, 호흡과 감정을 승화시키고, 진정한 숨을 쉬게 만드는 것이다. 편지는 주연배우가 이례적으로 썼다는 사실보다도 영화와 영화음악에 대한 오드리 헵번의 가식 없는 생각을 엿볼 수 있다는 점에서 더욱 관심을

끈다.

「문 리버」(Moon River)는 영화 주제가의 역사를 다시 쓰게 한 노래다. 영화 역사상 처음으로 「문 리버」는 영화보다 주제가가 더 유명해진 경우다. 영화를 보지 않은 사람도 누구나 멜로디를 흥얼거릴 수 있을 정도로 「문 리버」는 대중적인 성공을 거두었다. 노래만 좋고 영화는 그저 그렇다는 얘기가 아니다. 〈티파니에서 아침을〉은 지금 다시 봐도 시대에 전혀 뒤처지지 않는다. 지나치게 진지하지도, 과도하게 감상적이지도 않은, 민감한 감수성을 지닌 영화다. 때로는 슬프게, 때로는 유쾌하게 고독한 현대인들의 자화상을 그려낸다. 배경은 뉴욕이지만, 서울이든 도쿄든 대도시에 사는 영혼들이라면 누구나 공감하지 않을 수가 없다.

1961년 작품임에도 〈티파니에서 아침을〉은 세월의 풍상에 시들지 않았다. 뉴욕의 풍경은 지금도 그대로인 듯하고, 보석가게 티파니 앞 거리도 예나 지금이나 똑같은 느낌이 든다. 여전히 아침이면 오드리 헵번이 까만 선글라스를 끼고 그 앞에 서 있을 것만 같다. 커피 한

잔과 베이글을 들고…. 그녀의 패션은 50년이 지났지만 유행에 뒤처지기는커녕 모던하기만 하다. 뉴욕의 마천루 역시 자본주의의 총아처럼 우뚝 서 있다. 고도로 세련되고 화려하게 치장한 도시 안에서 인간들은 오히려 고독감을 느낀다. 영화는 그런 절절한 외로움을 담담하면서도 아름답게 그려낸다.

헨리 맨시니의 음악이 자연스럽게 연주되고, 「문 리버」의 멜로디가 반복되어 흐르듯, 영화는 내용을 설명하려 들지 않고 분위기만으로도 모든 상황을 알아차릴 수 있도록 만든다. 대도시에서 사람들은 우연히 마주친다. 사랑이나 우정 같은 감정들을 주고받지만 결국은 혼자임을 깨닫고 만다. 이별은 예정된 것이다. 사람들 틈에서는 누구나 겉으로 도도한 척하지만 실제로는 혼자만의 외로움을 이겨내지 못한다. 말없는 고양이만이 할리 골라이틀리(오드리 헵번)의 친구가 되어줄 뿐이다. 블레이크 에드워즈 감독은 트루먼 카포티의 원작을 애잔하면서도 연민이 넘치는 터치로 영상에 담았다. 헨리 맨시니는 도시의 화려함과 그 이면을 빼어난 멜로디로 그려냈고, 할리는 대도시 여성의 자화상을 가감 없이 보여주었다.

소중한 것에 대한 그리움, 표현되지 않는 외로움, 과거에 대한 추억, 이런 많은 감정들을 복합적으로 담은 노래가 「문 리버」이다. 작가인 폴(조지 페피드)은 책상에 앉아서 원고를 쓰고 있다. 같은 아파트에 사는 할리를 묘사하는 중이다. "아주 사랑스럽고 겁을 먹은 여인이 있다. 그녀는 이름 없는 고양이를 제외하면 혼자 살고 있다." 타이핑하는 소리 사이로 어디선가 기타 줄 튕기는 소리가 들려온다. 할리의 아련한 목소리도 함께 들린다. 폴은 블라인드를 걷어 올리고 창밖

:: 오드리 헵번은 도시의 고독을 담담히 연기해낸다.

:: 오드리 헵번이 부르는 「문 리버」는 영화 전체를 노래 하나로 표현한다.

으로 고개를 내민다. 샤워를 했는지 편하게 가운을 두르고 할리는 창턱에 앉아 기타를 치며 노래를 부른다. 평소와는 달리 진지하고 애잔한 표정이다. 그녀는 꿈을 꾸듯이 노래한다. 때로는 엷은 미소를 띠다가, 때로는 애절한 눈빛으로 바라보기도 한다. 노래 곡조에 따라 할리의 복잡한 심경이 고스란히 드러난다. 이 도시에서 그녀는 무엇을 찾고 있을까.

당신이 가는 곳이라면 어디든
나도 당신을 따라갈게요.
멀리 세상을 보러 떠난 두 방랑자에게

세상엔 볼 것이 얼마나 많은지.
우리는 무지개 주위를 맴돌며
함께 무지개 끝을 향해 나아가죠.
나의 특별한 친구, 문 리버 그리고 나.

대도시 속의 외로움을 아는 사람이라면 쉽게 공감할 수 있는 노랫말이다. 함께 살아갈 수 있는 사람, 마음을 나눌 수 있는 누군가를 찾아 헤매는 이들의 심정이 절절히 담겨 있다. 사람들은 제각기 어디로 가고 있는 걸까. 이 대도시에서 무엇을 찾고 있는 걸까. 가사는 영화 내용과 분위기 전체를 관통하면서 할리의 캐릭터까지 고스란히 보여준다. 「문 리버」는 영화 주제가가 가져야 할 장점들을 남김없이 담고 있는 노래다. 원래 시나리오에는 오드리 헵번이 노래를 부르는 장면이 없었다. 그러나 노랫말이 아름답고 분위기가 아련해서 오드리 헵번이 직접 노래 부르는 장면을 넣게 되었다고 한다.

외로운 할리는 고양이를 기른다. 표현은 하지 않지만 고양이는 그녀가 애정을 쏟는 유일한 대상이다. 빗속에서 고양이를 버릴 때 그녀의 감정을 말로 표현할 수 있을까. 헨리 맨시니의 음악은 그런 절망적인 상황들까지도 다독거리면서 여운을 느끼게 해준다. OST 앨범은 대히트를 기록했다. 앨범에는 오드리 헵번이 부른 노래가 아니라 다른 버전의 「문 리버」가 수록되어 있다. 남성합창 버전이다. 헨리 맨시니는 OST 앨범을 제작하면서 영화에 사용되었던 헵번의 노래를 싣는 것에 반대했다. 그녀가 부른 「문 리버」는 영화 안에 있을 때만 진정한 가치를 지닌다고 믿었기 때문이다. 그래도 OST는 빌보드 팝 앨범 차트에서 1위를 차지할 정도로 인기를 끌었다. 헨리 맨시니도 아카데미 시

상식장에서 2관왕이 되는 영광을 안았다. 1962년 음악상과 주제가상이 그의 몫이었다.

먼지를 닦아내고 LP를 걸어 놓으면 모든 곡들의 흐름이 리드미컬하게 넘어간다. 첫 곡인 「문 리버」의 오케스트라 연주는 〈티파니에서 아침을〉을 볼 때의 상황으로 감상자를 끌어들인다. 눈앞에 뉴욕이 펼쳐진다. 할리가 휘파람을 불어 택시를 잡는다. 흥겨운 리듬의 「Something for Cat」을 지나 「Mr. Yunioshi」에 이르면 할리가 살던 아파트와 시끄럽다고 잔소리를 해대는 우스꽝스러운 일본인 유니오시 씨의 표정이 떠오른다.(실제로는 미키 루니가 연기했다.) 영화 전체의 분위기를 잡아내는 헨리 맨시니의 작곡 실력이 돋보인다. 영화와 같은 제목의 곡 「티파니에서 아침을」과 「할리」는 스탠더드 재즈풍의 분위기로 고독한 분위기를 연출해준다. 피아노 솔로는 군중 속의 할리를 표현하는 것 같다. 마지막 곡은 당시의 유행을 반영하듯이 「문 리버 차차」Moon River Cha Cha이다. 어깨를 가볍게 흔들면서 멜로디에 몸을 맡겨도 좋다. 대도시, 파티, 사람들, 고독, 이런 모든 정서가 OST 한 장에 담겨 있다. 만약 이 앨범에 오드리 헵번이 직접 부른 「문 리버」가 들어 있었다면 어땠을까. 아마도 엄청난 메가 히트를 기록하지 않았을까.

+ 페퍼드가 연기한 폴은 원작자 트루먼 카포티의 자화상처럼 느껴지기도 한다. 카포티가 같은 제목의 소설을 발표한 것은 1958년이었다. 소설이 영화화될 때 카포티는 할리 역으로 마릴린 먼로를 적극 추천했다고 한다. 할리 골라이틀리 역의 마릴린 먼로라…, 상상이 안 간다.

+ 원작이 있는 영화의 경우, 원작의 감동과 그 수준을 만족시키는 영화는 꽤 드문 편이다. 가령 〈전쟁과 평화〉나 〈양철북〉이 영화로도 잘 만들어진 작품이라지만, 원작의 감동과는 비교할 수 없을 것이다. 그러나 〈티파니에서 아침을〉은 소설을 영화화한 작품들 중 최고의 영화로 꼽을 만하다. 트루먼 카포티의 원작은 국내에도 2003년 번역되었다. 뒷면 표지에 무라카미 하루키가 카포티에 대해 쓴 짧은 평이 인상적이다. "그의 작품에는 언제나 사랑을 갈구하는 소년의 눈이 있다."

+ 〈티파니에서 아침을〉 이후에도 헨리 맨시니는 오드리 헵번이 주연을 맡은 몇몇 영화의 음악을 맡았다. 〈샤레이드〉(Charade, 1963) 〈길 위의 두 사람〉(Two For The Road, 1967) 〈어두워질 때까지〉(Wait Until Dark, 1968)가 두 사람이 함께한 작품들이다.

+ 「문 리버」의 뜻은 무엇일까. '달에 있는 강'을 말하는 것일까, '달빛이 비치는 강'을 말하는 것일까. 둘 다 아니다. 놀랍게도 '문 리버'는 실제로 있는 강의 이름이다. 노랫말을 작사한 조니 머서(Johnny Mercer)가 조지아 주 사바나의 고향집에서 내려다보이는 강을 추억하며 붙인 제목이다.

+ 극장판 영화 예고편 마지막에는 "티파니에서 아침은 맛있다."라는 카피가 등장한다. 제목과 뉴욕식 아침식사를 동시에 연상하게 만드는 이중적인 문구다.

마카로니 웨스턴, 불량식품 서부극의 재미

A Fistful Of Dollars, 1964년
음악 엔니오 모리코네 | 감독 세르지오 레오네 | 주연 클린트 이스트우드

✚ 황야의 무법자

이탈리아 영화의 거장이자 마카로니 웨스턴의 아버지인 세르지오 레오네의 영화들을 40여 년이 지난 오늘에 다시 만날 수 있다는 사실은 영화 팬들에게 큰 행운이 아닐까. 그것도 '비'가 내리지 않는 깨끗한 프린트로 말이다. 레오네와 클린트 이스트우드가 콤비를 이루어 찍은 초기 대표작 〈무법자〉 시리즈 세 편을 한꺼번에 몰아서 볼 기회가 있었다. 서울아트시네마에서 열린 '세르지오 레오네 특별전' 때의 일이다.

다른 영화들에 비하면 관객 중에는 유난히도 중년 남성들이 많았다. 그들은 무엇을 찾아 어두운 극장으로 들어온 것일까. 아마도 그들의 어릴 적 기억 속에서 마카로니 웨스턴은 이소룡 영화와 더불어 그때까지 알던 영화의 틀을 완전히 깨버리는 새로움 그 자체였을 것이다. 1970년대를 관통하면서 클린트 이스트우드뿐 아니라 국내에서 유독 인기를 끌었던 테렌스 힐 주연의 〈튜니티〉(정확히 말하면 '트리니티' Trinity) 시리즈는, 아직 가난했고 별다른 오락거리가 없던 시절에 몇 안 되는 재미였다. 40대의 아저씨가 되어버린 그들은, 속사로 총을 쏴대고 무표정하게 유유히 걸어가는 클린트 이스트우드 흉내를 내면서 놀던 기

억을 안고 극장으로 찾아온 게 아니었을까. 황량한 벌판, 초라한 마을, 꾀죄죄한 인간 군상들, 거기에 울려 퍼지는 엔니오 모리코네의 음악을 되새기면서.

개인적으로는 정통 서부극을 훨씬 더 좋아하는 편이지만, 마카로니 웨스턴을 보고 있노라면 가끔 군것질도 필요한 게 아닌가 하는 생각이 든다. 처음 마카로니 웨스턴을 접했을 때 낄낄거리면서 웃음을 터뜨리지 않은 관객들이 얼마나 될까. 불량식품 서부극. 지금이야 세르지오 레오네 표 영화들이 고전으로 분류되지만 처음 개봉했을 당시만 해도 어처구니없고 황당한 서부극이었다. 주인공들은 먼지에 찌들고, 지저분하고 흉측하게 생겼으며, 아무데서나 총을 갈겨대곤 했다. 불문율을 깨고 등 뒤에서 총을 쏘기도 했다. 기존의 정통 서부극에서는 볼 수 없던 장면들이었다. 특히나 〈황야의 무법자〉의 라스트 신은 상식을 깨버렸다. 방탄조끼처럼 철갑을 두르고 총을 맞아도 끄떡 않는 클린트 이스트우드의 모습은 상상조차 할 수 없는 것이었다. 그러나 그 모든 것들이 주는 카타르시스는 상당했다. 모든 게 규범화되어 있던 미국 영화의 서부만 보다가 무협지와도 같은 새로운 환상의 서부를 발견했으니까. 장발도 안 돼, 미니스커트도 안 돼, 모든 게 '안 된다'로 일관되던 당시의 현실에서는 일탈과도 같은 것이었다.

이탈리아에 앉아서, 이탈리아 영화인들이 모여서 서부영화를 찍자고 아이디어를 꺼냈을 때 그 발상 자체가 얼마나 어이없었을까. 하지만 〈황야의 무법자〉는 그런 얼토당토않은 상상을 현실로 만들어냈다. 레오네는 나름대로 스타 캐스팅을 하려고 했다. 그래서 헨리 폰다와 찰스 브론슨에게 시나리오를 보냈지만 다 거절당했다. 하긴 당연한 일이었다. 시나리오가 엉망이었으니까. 당시 서부극에 출연하던 인기 배우들이 이처럼 파격적인 시나리오를 받아들이기란 쉽지 않았을 것이다. 그것은 기존의 관습과 틀을 깨는 행위였다. 스타들을 기용할 수 없어서 궁여지책으로 찾은 배우가 클린트 이스트우드였다. TV에서는 괜찮게 팔렸지만 그를 찾는 영화는 아직 없던 때였다. 어떻게든 스크린에 진출하고 싶어 노심초사하던 클린트 이스트우드의 상황과 〈황야의 무법자〉의 사정이 딱 맞아떨어졌다.

이어서 레오네는 젊은 시절부터 알고 있던 엔니오 모리코네를 설득해서 음악을 맡긴다. 그러나 타이틀에는 음악감독으로 댄 새비오Dan Savio라는 낯선 이름이 뜬다. 이렇게 일부러 '댄'이라는 영어 이름을 쓴 이유가 있다. 이탈리아에서 만든 아류자 같은 느낌을 지우고, 관객들에게 미국 언저리에서 만든 것 같은 인상을 심어주려 했던 것이다. (사기성이 농후하지만, 영화사에서 자기 이름을 사용하지 않은 경우가 얼마나 많은가.) 서울아트시네마에서 접한 새로운 프린트에는 크레디트 타이틀에 감독 이름으로 세르지오 레오네라는 본명이 올라온다. 그러나 개봉 당시에

:: 클린트 이스트우드의 입에 짧게 물린 시가는 한 시대의 아이콘이었다.

는 그 역시 밥 로버트슨Bob Robertson이라는 가명을 사용했다. 감독이나 음악가가 자기 본명도 걸지도 않은 작품이 한 시대의 흐름을 바꾸는 기적은 이렇게 일어났다.

저예산으로, 싸구려로 만든 서부극이 한 시대의 아이콘이 된다는 것을 감히 누가 상상이나 할 수 있었을까. 오히려 가장 놀란 건 그 작업에 직접 참여한 당사자들이었다. 감독과 음악은 물론 주연을 맡은 클린트 이스트우드까지도. 클린트 이스트우드는 영화 속에서 '이름 없는 사나이'로 등장한다.('이름조차 없는 사나이'라고 해야 더 어울리지 않을까 하는 생각이 든다.)

:: 〈황야의 무법자〉는 서부극의 형식을 파괴함으로써 서부극의 고전으로 남았다.

교수목(絞首木)이 서 있는 음산한 마을로 들어선 고독한 총잡이. 시작부터 마을 입구에서는 건달들이 비신사적으로 애를 패는 장면이 나온다. 그는 눈을 가늘게 뜨고 인상을 잔뜩 찌푸리면서 그 광경을 쳐다본다. 그가 누구인지, 왜 왔는지 아무도 모른다. 이름 없는 사나이는 묘한 호기심을 자아낸다. 언제나 판초를 걸치고 짧은 시가를 피우는 사나이…. 카리스마 넘치는 이 총잡이는 이렇게 하여 클린트 이스트우드의 영원한 이미지로 자리 잡는다.

클린트 이스트우드와 함께 변방에서 영화 세계의 중심으로 진입한 인물이 엔니오 모리코네이다. 일반적으로 그의 웨스턴 음악을 얘기할 때 더 훌륭한 걸작으로 평가받는 작품은 〈석양의 무법자〉The Good, The Bad And The Ugly, 1966나 〈옛날 옛적 서부에서〉Once Upon A Time In The West, 1968이다. 몇 년의 시간이 흐르면서 음악은 더 원숙해졌고, 사운드 면에서도 웅장해졌기 때문이다. 하지만 〈황야의 무법자〉 사운드트랙의 중요성을 간과할 수는 없다. 나머지 모든 작품들의 원형이자 토대이기 때문이다. 마치 거대한 강이 시작되는 발원지처럼 〈황야의 무법자〉는 위대한 영화음악가의 탄생이자 과감한 실험을 알리는 신호탄이었다.

모리코네라고 해서 처음부터 모든 걸 제로에서 시작한 것은 아니다. 직접적인 영향을 준 음악가는 없었지만, 할리우드 텍스트들을 보면서 어떤 음악이 좋은가를 연구했다. 가장 많이 참고한 것은 웨스턴 음악의 거장 디미트리 티옴킨의 음악이었다. 그는 특히 〈리오 브라보〉와 〈OK 목장의 결투〉에서 많은 영향을 받았다. 두 영화의 스타일은 다르다. 음악도 음울한 분위기에서 장쾌한 분위기까지 스펙트럼이 넓다. 모리코네는 어떻게 하면 서부라는 분위기와 마초다운 남성성을 살릴 것인가에 주목했다. 또한 할리우드와 달리 예산상으로도 아이디어가 필요했다. 〈황야의 무법자〉는 저예산으로 제작해야 했고, 음악에서도 풀 오케스트레이션을 사용할 여유가 없었던 것이다. 그래서 오케스트라 대신 악기 편성의 전체적인 규모를 가볍게 가져간다. 전자 기타를 중심으로 다양한 사운드들이 브라스들의 고전적인 편성을 대신한다. 거기에 휘파람 소리가 허공을 가르고, 종소리와 총소리가 간간이 긴장감을 주며, 남성들의 묵직한 보이스가 한데 어우러진다. 이렇게 하여 전혀 새로운 스타일의 음악이 등장했다. 마카로니 웨스턴이라는 새로운 장르의 출현처럼, 엔니오 모리코네의 음악도 전혀 다른 형식으로 관객들에게 즐거움과 충격을 동시에 선사한 것이다.

작업 과정도 남달랐다. 엔니오 모리코네는 이례적으로 영화 촬영이 끝나기 전에 모든 스코어들을 작곡했다. 레오네가 음악을 영화의 핵심적인 요소로 여기고 작업 시간을 단축할 것을 요청했기 때문이다. 그래서 음악이 영화에 맞춰 따라간 게 아니라, 먼저 촬영한 필름들을 음악에 맞춰 편집하는 방식으로 후반 작업이 진행되었다. 음악의 독창적 분위기를 살리고 곡들의 길이에 맞추다보니 각각의 신들은 예상보다 훨씬 길어졌다. 그래서 등장인물들의 감정이 실린 클로즈업 커트들이 훨씬 다양하게 사용되었다. 심지어 같은 커트들이 반복해서 사용되기도 했다. 그 결과 자연스레 극적인 긴장감을 고조시키는 효과를 거둘 수 있었다. 마치 연출과 음악이 대화라도 나누듯이 치밀하게 짜여진 신들을 만들어낸 것이다. '이름 없는 사나이'가 등장하는 특이한 영화 〈황야의 무법자〉는 이렇게 하여 장르적으로나 음악적으로나 새로운 지평을 열었다.

미국뿐 아니라 다른 많은 나라에서도 모리코네의 곡은 유행가처럼 선풍적인 인기를 끌었다. 휴고 몬테네그로 같은 악단들은 베스트셀러 음반을 냈으며, 아이들은 거리에서 휘파람을 불면서 주인공 흉내를 냈다. '이름 없는 사나이'와 같은 캐릭터가 된다는 것만으로도 신이 났다. 이렇게 마카로니 웨스턴의 시대가 열렸다. 이탈리아 패션처럼 새로운 유행이 시작된 것이다.

+ 〈황야의 무법자〉에서 캐스팅을 거절했던 헨리 폰다와 찰스 브론슨은 훗날 〈옛날 옛적 서부에서〉를 찍으면서 비로소 레오네와 함께 일하게 된다. 도입부에서 '하모니카 맨' 찰스 브론슨이 황량한 기차역에서 들려주는 연주는 무척이나 인상적이다.

+ 서울아트시네마는 특별전 때 세르지오 레오네의 작품 몇 개를 아예 구매해버렸다. 상업 영화관이 아닌 '시네마테크'에서의 상영 권리와 소장권을 구입한 것이겠지만, 어쨌거나 깨끗한 프린트를 국내에서도 소장하게 되었다. 다음번에 다시 레오네 작품을 상영하게 된다면 연대기별로 감상하기를 권한다. 레오네의 작품 세계가 어떻게 변화하고 발전했는지를 한눈에 볼 수 있을 것이다.

프랑스식 뮤지컬을 보고 싶다면

Les Parapluies De Cherbourg, 1964년
음악 미셸 르그랑 | **감독** 자크 드미 | **주연** 카트린 드뇌브, 니노 카스텔누오보

✚ 쉘부르의 우산

여름날의 어느 금요일 저녁, 서울아트시네마는 〈쉘부르의 우산〉을 찾아온 관객들로 복작거렸다. 영화의 유명세에 비하면 극장에서 보기가 쉽지 않은 탓이다. 여느 평일 저녁과도 분위기가 꽤 달랐다. 다른 영화에 비하면 대단하다 싶을 정도로 젊은 여성 관객들이 많았기 때문이다. 영화가 시작되기 전부터 잔뜩 기대감에 부푼 표정들이 얼굴에 드러났다. 실제 영상으로 확인하지 못했을 뿐, 이미 친숙한 영화이다. 지금까지 말로만 듣던, 사진으로만 보던 영화를 드디어 보는 것이다. 젊은 날 카트린 드뇌브의 청순한 아름다움, 칸 영화제 그랑프리에 빛나는 자크 드미의 연출, 가슴 속으로 파고드는 미셸 르그랑의 음악, 예쁘고 아기자기한 영상미 등은 세대를 넘어 영화 팬들의 가슴을 설레게 만들기 충분했다.

영화는 쉘부르 항구의 풍경으로 시작된다. 너무나 유명해서 왠지 영화를 봤던 게 아닌가 하는 착각이 들게 만드는 테마 음악이 함께 깔린다. 애조 띤 음악은 앞으로 닥쳐올 슬픔을 암시한다. 도입부부터 테마 음악은 간절한 마음을 담고 있다. 이제 이 음악은 주인공들의 이별

과 슬픔의 정서를 담아내고 고조시킬 것이다. 카메라는 서서히 쉘부르 항구의 풍경에서 이동하여 하늘에서 조감하듯 포장된 도로를 비춘다. 하늘에서 비가 한 방울씩 떨어지기 시작하자 해군 제복을 입은 병사와 그의 연인이 빨간 우산을 펼쳐든다. 고정된 카메라 안으로 사람들이 들어왔다 나간다. 우산을 받치고 자전거를 빌면서 가는 사람, 모자로 비를 피하며 걷는 중년 신사, 하얀 비옷을 입고 가는 사람, 카메라는 이들 모두를 관조하듯이 바라본다. 그렇게 〈쉘부르의 우산〉은 비와 도시, 슬픈 사랑을 담아간다. 미셸 르그랑의 음악도 영상과 하나가 된다.

막상 영화가 진행되기 시작하자 이따금씩 킥킥거리는 웃음소리가 객석 여기저기서 나온다. 약간 당혹스러워하는 분위기다. 아마도 그들 대부분은 자크 드미의 뮤지컬을 처음 보는 관객들일 것이다. 미국 뮤지컬에 익숙한 관객들에게 자크 드미의 프랑스판 뮤지컬은 낯설어 보인다. 영어와 프랑스어의 억양 때문에라도 그렇다. 등장인물들의 대사는 모조리 노래로 되어 있다. 심지어 "봉 주르" 같은 짧은 인사에도

:: 〈쉘부르의 우산〉은 초콜릿 같은 사랑을 그려낸다. 처음은 달콤하지만 끝은 씁쓸한.

리듬감이 실려 있다. 억양이 강하지 않기 때문에 노래에는 악센트가 들어가지도 않는다. 모든 곡이 부드럽게 그냥 흘러가버리는 듯한 인상을 준다. 〈쉘부르의 우산〉은 통상의 뮤지컬이 아니라 가벼운 오페라를 연상시킨다. 희극적인 소품 오페레타 같기도 하다. 요즘 뮤지컬 팬들에게는 낯설게 보일지 모르지만, 당시 이 영화는 혁명적인 시도였다. 모든 대사들을 노래로 처리하여 무엇보다 음악을 중심에 놓은 영화였다.

멜로디에 대사를 실은 노래가 나오면서 등장인물들이 하나씩 소개된다. 젊은 연인 주느비에브(카트린 드뇌브)와 기이(니노 카스텔누오보)를 비롯해 우산 가게를 운영하는 주느비에브의 엄마, 몸이 불편한 기이의 대모, 그리고 대모를 보살펴주면서 은근히 기이를 마음에 두고 있는 마들렌이다. 도입부에서는 모든 음악이 편하고 느슨하다. 우아하게 시를 낭송하는 듯하다. 그러던 음악이 어느 순간 갑자기 관객들을 힘차게 끌어당긴다. 격정적으로 변하면서 모든 세상을 바꾸어놓는 것이다.

엄마는 주느비에브가 가난한 남자를 만나는 데 반대한다. 주느비에브는 엄마의 반대를 무릅쓰고 기이에게 결혼식을 올리자고 말한다. 젊은 연인들에게 사랑만 있다면 무엇이 더 필요하랴. 그러나 기이는 군대 영장이 나왔다는 청천벽력과도 같은 소식을 전한다. 주느비에브는 충격에 휩싸인다. 그는 위험한 전투가 벌어지고 있는 아프리카에 2년이나 떠나 있어야 한다. 절망적인 말을 들은 주느비에브는 슬픔에 젖어 주제가를 부른다. 그러지 않아도 반복해서 흐르며 가슴 아픈 사연을 예고하던 테마 음악이다. 관객들의 귀에 익숙해지며 마음을 흔들던 테마 음악은 노랫말이 더해지면서 감정을 고조시킨다.

> 나는 당신 없이 살 수 없어요.
> 떠나지 말아요, 난 죽게 될 거예요.
> 내가 당신을 숨겨주고 보살펴줄게요.
> 내 사랑, 떠나지 말아요.

주느비에브가 부르기 시작한 노래는 기이가 화답하며 듀엣이 된다. 두 사람은 추억이 깃든 카페에 앉아 이별의 노래를 부른다. 둘이서 기이의 집으로 가는 장면은 감정을 효과적으로 증폭시킨다. 주느비에브와 기이는 이 신에서 걷지 않는다. 트랙 위에서 미끄러지듯이 움직인다. 배경이 그들 곁을 미끄러지듯이 지나쳐간다. 두 사람은 트랙 위에서 격정적으로 노래에 집중한다. 이제 떠나야만 하는 일상풍경들이 스쳐 지나간다. 쉘부르의 골목길은 그로 인해 더욱 슬픈 공간이 된다. 두 연인의 이별이 더욱 안타깝게 다가온다. 어쩔 수 없는 숙명처럼.

전투가 벌어지고 있는 알제리에 입영하기 직전의 스무 살 남자 기이와, 청순하기만 한 열일곱 아가씨 주느비에브의 사랑은 피어오르기도 전에 현실이라는 벽에 부딪친다. 첫사랑이란 이루어질 수 없는 것일까. 그래서 그 기억을 잊을 수 없는 것일까. 기이의 아이를 가진 주느비에브는 부유한 보석상과 결혼하고 쉘부르를 떠난다. 제대하고 돌아온 기이는 그녀가 없는 삶 속에서 방황한다. 주느비에브와 함께 걸었던 바닷가와 카페에 가보지만 그녀는 보이지 않는다. 주느비에브 엄마의 우산 가게도 문을 닫아버렸다. 모든 감정이 무너져 내리지만, 결국 마음을 잡은 기이는 마들렌과 결혼하고 주유소를 차린다. 이제 첫사랑은 지나가버렸다.

크리스마스가 다가온다. 하늘에서는 눈이 내린다. 결혼 후 처음으로 쉘부르에 돌아온 주느비에브는 주유소에서 기이와 우연히 마주친다. 변명을 해야 할까, 이유를 설명해야 할까. 아니다. 두 사람은 서로의 안부만 묻고 헤어진다. 뜨거운 열병이 사라진 것처럼 모든 것이 다시 일상으로 돌아간다. 그 아픔을 묻어버리려는 듯 크리스마스 하늘에서 눈이 쏟아진다.

미셸 르그랑의 테마 음악은 자크 브렐Jaques Brel의 영향을 많이 받았다. 특히 자크 브렐이 1959년에 낸 앨범의 수록곡 「Ne Me Quitte Pas」(떠나지 말아요)의 영향이 컸다. 미셸 르그랑은 프랑스에서 재즈를 부활시킨 1세대 중 한 명으로 꼽히는데, 1950년대에는 브렐과도 여러 차례 공동 작업을 했다. 아마도 「Ne Me Quitte Pas」는 「고엽」Les Feuilles Mortes과 더불어 외국에서 가장 많이 번안되어 불린 샹송일 것이다. 유사한 가사와 멜로디, 모든 면에서 미셸 르그랑의 음악은 자크 브렐을 연상시킨다. 온 세상 모든 슬픔을 홀로 안고 떠나가는 연인을 바라보아야만 하는 주느비에브의 마음은 르그랑의 음악에 고스란히 담겨 있다. 주느비에브와 기이가 군대 때문에 안타깝게 헤어진 2년은 청춘들에게 얼마나 긴 시간인가. 남자친구가 군에 입대하면서 겪는 이별, 그것은 우리나라에서도 수많은 젊은 연인들이 견뎌내야 하는 슬픔의 시간이 아닌가.

+ 〈쉘부르의 우산〉 테마 음악에 가사를 붙인 노래가 「I Will Wait For You」이다. 프랭크 시나트라, 자니 마티스, 코니 프란시스, 나나 무스쿠리, 아스트루드 지우베르투, 라이자 미넬리 등 기라성 같은 가수들의 목소리로 「I Will Wait For You」를 들을 수 있다. 그때마다 눈물로 촉촉이 젖은 카트린 드뇌브의 눈동자와 젊은 날이 떠오른다.

이것이 진짜 영화다

Doctor Zhivago, 1965년
음악 모리스 자르 | **감독** 데이비드 린 | **제작** 카를로 폰티 | **원작** 보리스 파스테르나크
각본 로버트 볼트 | **주연** 오마르 샤리프, 줄리 크리스티, 제럴딘 채플린, 로드 스타이거

✚ 닥터 지바고

〈닥터 지바고〉는 197분에 달하는 대작이다. 작품 곳곳에 러시아의 눈 덮인 평원이 한없이 펼쳐진다. 그 설원 속에 빠져들듯이 우리는 스크린에 몰입하게 된다. 화려했던 제정러시아 말기부터 귀족과 민중이 대립각을 세우던 혁명의 시간들까지, 〈닥터 지바고〉는 거대한 역사의 시간 속에 내던져진 한 순수한 영혼의 행적을 그려나간다.

동토의 제국 러시아는 역사상 아무도 제압하지 못한 땅이다. 나폴레옹이나 히틀러의 막강한 군대조차 러시아에서는 무너질 수밖에 없었다. 러시아의 광활한 영토는 어떤 군사력도 헤어나올 수 없는 늪이다. 이 얼어붙은 늪을 탐내는 이는 예외 없이 자멸에 빠질 뿐이다. 그러나 러시아도 거대한 민중의 힘 앞에서는 흔들릴 수밖에 없었다. 데이비드 린 감독은 1912년부터 1925년에 이르는 격동의 시간을 필름에 담아낸다. 10여 년의 시간 동안 러시아 혁명이 일어나고, 로마노프 왕조가 무너지며, 소비에트 인민공화국이 들어선다. 과거의 유산들은 한 줌 먼지가 되어 사라진다. 시대의 흐름에 편승해야 하는가, 아니면 거부해야 하는가. 격동의 시간 속에서 개인의 존재는 무엇인가. 절박

한 시대 상황에서 개인의 사랑이란 불가능한가. 보리스 파스테르나크의 원작이 던지는 질문들은 데이비드 린의 영상을 통해 다시 관객들에게 전해진다. 거대한 역사의 흐름 속에 사랑과 격정의 이야기가 펼쳐진다. 그리고 「라라의 테마」Lala's Theme가 흐른다.

〈닥터 지바고〉를 보러 서울아트시네마에 간 것은 어느 일요일 점심시간이었다. 휴일이었지만 극장 안이 그다지 복잡하지 않아서 관객들의 면면이 다 눈에 들어왔다. 어느 중년 부부는 맨 뒷좌석에 느긋하게 앉아서 영화가 시작되기만을 기다리고 있었다. 영화에 대한 기대감으로 충만한 표정이었다. 얼마 만에 두 양반은 영화를 보러 함께 나온 것일까. 불이 꺼지고 긴 어둠 속에서 영화가 끝나자 두 부부는 만족스러운 미소를 머금은 채 낮은 목소리로 대화를 나누면서 출구를 향해 천천히 걸어나간다. 흡연실에서는 대학생쯤 되어 보이는 젊은 친구들이 담배를 하나씩 나눠 피우며 이야기를 나눈다. "야, 배우들 카리스마 장난 아니던데. 빅토르 역할 맡은 배우는 정말 세더라." 로드 스타이거에 대한 논평을 하는 중이다. 그런 이야기를 엿듣는 것만으로도 기분이 좋다. 이런 느낌이 얼마 만인가. 관객 수는 많지 않았지만 20대부터 60대까지 세대를 아우르는 영화가 존재한다는 게 반갑다. 거대하지만 감동적인 이야기가 마련해주는 여러 세대의 공감대이다.

〈아라비아의 로렌스〉로 성공을 거둔 데이비드 린은 전작처럼 규모가 크고 액션이 있는 영화를 찍고 싶었다. 내심 관객들에게 친숙한 사랑 이야기까지 포함되면 좋겠다는 생각을 갖고 있었다. 소피아 로렌의 남편이던 이탈리아의 거물 제작자 카를로 폰티도 부인을 위한 영화를 찾고 있었다. 이렇게 하여 두 사람이 손을 잡고 만든 작품이 〈닥터 지바고〉이다. 소련에서 출판되지 못한 이 소설은 1957년 이탈리아에서 발간되자마자 열풍을 불러일으켰다. 이듬해 노벨문학상에 선정되었으나 소련 당국의 거부로 인해 보리스 파스테르나크는 수상을 거절할 수밖에 없었다. 어쨌든 이 작품의 영화화가 결정되자 유럽의 거물들이 속속 합세했다. 영국 감독, 이탈리아 제작자, 미국 자본, 소련 원작자, 마지막으로 프랑스 음악가까지. 그야말로 국제적인 대작을 제작하기 위한 준비가 이뤄졌다. 게다가 주연배우로 이집트 출신의 오마르 샤리프가 발탁되었다. 〈아라비아의 로렌스〉에서 데이비드 린과 호흡을 맞추긴 했지만 오마르 샤리프 자신도 예상치 못한 결과였다. 그리고 여러 가지 이유로 인해 (다행이라면 다행이랄까) 소피아 로렌은 영화에서 빠지게 된다. 대신 영국 배우 줄리 크리스티가 라라 역을 맡는다.

냉전이라는 정치적 상황 때문에 러시아에서는 촬영을 할 수 없었다. 스태프들은 영화에 어울리는 공간을 찾아 전 세계를 돌아다녔다. 스페인, 캐나다, 핀란드 등지에서 로케이션을 하기로 결정되었다. 유리 지바고(오마르 샤리프)와 그의 부인 토냐(제럴딘 채플린)의 가족이 모

:: '진짜 영화'는 시간이 흘러도 그 가치를 잃지 않는다.

스크바를 떠나 지방 영지로 향하는 겨울철 기차 여행은 전부 캐나다에서 찍었다. 기차 안에서 사람들은 굶주리고 공포에 떤다. 그들은 내일이 되면 자신들에게 또 어떤 일이 닥칠지 알 수가 없다. 바깥 상황은 더욱 절망적이다. 마을은 불타고, 사람들은 학살당한다. 기차가 지나가면서 비쳐지는 마을 풍경은 아비규환 그 자체다. 혁명은 누구를 위한 것인가. 장대한 장면들을 보고 있노라면, 이처럼 스케일 큰 장면들을 CG(컴퓨터그래픽)가 아닌 현실 공간에서 찍어내던 영화들은 언제부터 그 대(代)가 끊어지게 된 것일까 하는 생각이 든다. 데이비드 린이 만들어낸 영화 속에는 사람들의 땀이 배어 있다. 데이비드 린의 영화야말로 '진짜 영화답다'는 생각이 들게 만드는 이유가 여기에 있다. 〈닥터 지바고〉는 대형 스크린에서 볼 때 비로소 제맛이 나는 영화다.

:: 〈닥터 지바고〉는 혁명과 인간과 사랑을 함께 그려낸다.

거대한 수레바퀴처럼 묵묵히 굴러가는 역사 속에서 지바고의 사랑 이야기가 펼쳐진다. 세상에서 한 발짝 물러나 시대의 변화를 바라보는 의사이자 시인 지바고. 내심 혁명에 동조하지만 결코 행동가는 될 수 없는 지식인 유형이다. 하지만 문학과 사랑을 꿈꾸는 그 역시 역사에서 자유로울 수는 없다. 자신을 사랑하는 아내 토냐가 있음에도 지바고는 라라와 운명적인 사랑에 빠진다. 더군다나 그녀의 남편은 혁명가요, 그녀를 사랑하는 권력자 빅토르(로드 스타이거)까지 있는 상황이다. 그러나 라라 역시 지바고와 함께 있을 때만 진정한 사랑과 자유를 느낀다. 인고의 세월을 뛰어넘는 사랑이라는 감정에 관객들을 동화시키기 위해 각별히 신경 쓴 부분이 음악이었다. 데이비드 린과 모리스 자르는 음악을 작곡하면서 긴 토론을 나누었다.

원래는 주제 음악으로 「라라의 테마」가 아닌 러시아 민요를 편곡해서 사용할 계획이었다. 그러나 영화의 스케일과 주인공들의 감정을 제대로 담아내기 위해서는 모리스 자르가 직접 작곡을 하는 편이 훨씬 낫다는 쪽으로 결론이 났다. 모리스는 초벌 작업으로 몇 곡을 써보았으나 영화의 이미지들과 동떨어진 느낌을 지울 수가 없었다. 지나치게 작위적인 느낌이 들었기 때문이다. 오랫동안 고민하던 그에게 데이비드 린은 영화와 비슷한 환경을 만들어보면 어떻겠느냐는 권유를 한다. 그래서 모리스 자르는 여자 친구와 함께 산속으로 들어간다. 지바고처럼 고립된 공간에 갇혀서 절박함 속에서도 지순한 사랑의 감정이란 어떤 것인가를 몸소 체험해보기로 한 것이다. 모리스 자르는 몇 달 동안 산중에서 작업하면서 떠오른 악상들을 정리하여 감독에게 들려준다. 몇 소절에 불과했지만 「라라의 테마」가 어떤 정서를 가져야 하는지에 대한 확신이 들기 시작한다. 「라라의 테마」는 이런 과정을 거쳐서 만들어졌다. 모리스 자르가 고독한 상황을 만들어내면서까지 고민하면서 작곡한 테마 음악은 감독이나 제작자 모두에게 만족스러운 결과를 안겨주었다. 낭만, 아름다움, 애정, 그리움, 그리고 불안과 고통 같은 복합적인 감정들이 이 음악 속에 모두 담겨 있다.

「라라의 테마」는 라라의 캐릭터를 대변한다. 그러나 라라를 위해서 작곡된 음악임에도 영화 전체 분위기를 아우르는 보편성이 있다. 멜로디는 낭만적이면서도 떨림이 있다. 「라라의 테마」는 이루어질 수 없는 사랑에도 아름다움이 존재한다는 사실을 일깨워준다. 러시아 민속악기 발랄라이카를 뜯으면서 내는 울림은 러시아다운 정조와 함께 간절한 사랑의 느낌을 고조시킨다. 악기의 여린 울림은 사랑하는 이들의 불안한 상황을 대변하기도 한다. 데이비드 린은 영화에서 「라라의 테마」를 더 많이 사용하면 어떨지를 제작자와 의논했다. 라라의 캐릭터뿐 아니라 영화 전체를 관통하고 이어줄 만한 힘이 있었기 때문이다. 그래서 모리스가 작곡한 다른 곡들을 대부분 들어내고 「라라의 테마」를 과도하다 싶을 정도로 많이 삽입한다. 영화를 보고 나면 테마 음악 이외에는 다른 멜로디가 거의 떠오르지 않을 정도다.

처음에 모리스 자르는 이런 선택에 반대했다. 자신이 애써 창작한 음악들이 폐기처분됨은 물론이요, 창작의 폭이 제한되고 테마 음악만 지나치게 강조되는 결과가 나올 것 같았기 때문이다. 데이비드 린은 영상과 결합된 음악을 들려주면서 그를 납득시켰다. 결과는 성공이었다. 「라라의 테마」가 전 세계적으로 히트하고 영화만큼이나 유명해졌으니 말이다. 모리스 자르 역시 〈닥터 지바고〉를 통해 영화음악가로서 확고부동한 국제적 명성을 누리게 된다. 「라라의 테마」는 아름답다. 그러나 절박한 상황 속에서 펼쳐지는 사랑과 인간애라는 느낌을 서정적으로 잘 담아내고 있다. 영화를 위해 작곡된 오리지널 테마 음악들 중에서 「라라의 테마」가 대표적으로 언급되는 이유일 것이다.

영화를 보고 나와 종로통 뒷골목의 미로 같은 길을 걸어가는데, 저절로 콧노래가 나온다. 아직도 영화의 강렬한 인상에서 벗어나지 못한 것일까. 무의식적으로 「라라의 테마」를 흥얼거리는 자신을 발견한다. 시간이 흘러도 러시아의 풍경, 라라와 지바고의 사랑, 모리스 자르의 음악은 여전히 뇌리 속에서 사라지지 않을 것이다.

+ 러시아 민속악기 발랄라이카(balalaika)의 애절한 탄현음(彈絃音)은 「라라의 테마」를 성공시킨 또 다른 숨은 요소다. 영화 시작 장면에서 어린 지바고가 어머니의 장례식 때 들고 다니던 악기가 바로 발랄라이카다. 기타 비슷하지만 울림통이 삼각 모양이고 현은 세 줄이다.

+ 데이비드 린과 모리스 자르는 서로 떼어놓고 생각할 수 없는 이름이다. 모리스 자르는 3회에 걸쳐 아카데미 음악상을 받았는데 전부 데이비드 린의 영화였다. 1962년 〈아라비아의 로렌스〉와 1965년 〈닥터 지바고〉, 1984년 〈인도로 가는 길〉이 그것이다. 데이비드 린은 1991년 83세를 일기로 세상을 떠났다. 모리스 자르는 오랜 영화 동지를 그리면서 이듬해 음반을 내놓는다. 〈Lean by Jarre〉라는 앨범이다. 로열필하모닉 오케스트라를 모리스 자르가 직접 지휘하여 〈라이언의 딸〉 〈인도로 가는 길〉 〈닥터 지바고〉 〈아라비아의 로렌스〉를 연주했다. 그리고 데이비드 린을 기리는 두 곡을 더 작곡해서 녹음했는데, 「회상」(Remembrance)과 「봉헌」(Offering)이라는 곡이다. 모리스 자르가 작고한 것은 2009년 3월이다. 둘은 다음 생에서 다시 만날까.

+ 모리스 자르의 음악은 영화에만 머무르지 않았다. 특히 유명했던 곡은 코니 프랜시스가 노래로 부른 「Somewhere My Love」이다. 「모정」(Love Is A Many-Splendored Thing) 「Green Leaves Of Summer」 등을 작사했고 세 차례에 걸쳐 아카데미 주제가상을 받은 폴 프랜시스 웹스터가 가사를 쓴 곡이다. 1966년에는 레이 코니프도 이 노래를 리바이벌해서 녹음했다. 듣기 편하면서 사랑의 감정이 담뿍 실린 「Somewhere My Love」는 빌보드 차트 9위까지 오르면서 인기를 끌었다.

영원히 나이 먹지 않는 뮤지컬

The Sound Of Music, 1965년
음악 리처드 로저스 | **감독** 로버트 와이즈 | **각본** 어니스트 리먼
주연 줄리 앤드류스, 크리스토퍼 플러머, 리처드 헤이든

✚ 사운드 오브 뮤직

1939년 나치의 군홧발이 평화로운 오스트리아를 짓밟는다. 음악 축제에 나간 폰 트랩 대령(크리스토퍼 플러머)은 가족을 대표해서 관중들에게 작별인사를 보낸다. 그의 작별인사에는 두 가지 의미가 담겨 있다. 겉으로는 제3제국 군대 징집을 눈앞에 두고 이별을 고하는 인사이지만, 실제로는 나치의 압제를 피해 자유의 땅을 찾아 떠나는 망명객으로서 보내는 인사이기 때문이다. 그는 다시 만나지 못할 사람들, 고향의 벗들과 조국을 위해 오스트리아 국가나 다름없는 노래 「에델바이스」Edelweiss를 이별의 곡으로 부른다. 대령은 어느 순간 목이 멘 나머지 더 이상 목소리가 나오지 않는다. 그를 바라보던 마리아(줄리 앤드류스)와 아이들이 무대로 나와 아빠를 도와 노래를 부르기 시작한다. 대령이 손짓하자 극상 안을 가득 메운 관객들도 다 같이 벅차오르는 가슴으로 노래를 따라 부른다. 「에델바이스」 합창이 극장 안에 한 목소리로 울려 퍼지면서 조국을 잃은 오스트리아 국민의 슬픈 감정이 절절히 전해온다. 짧은 노래를 통해 조국애와 휴머니즘, 음악이 주는 위대한 힘을 느낄 수 있다.

〈사운드 오브 뮤직〉은 우리나라뿐 아니라 전 세계 관객들을 극장으로 가장 많이 끌어들인 영화 중 하나이다. 1965년 이 영화는 불가침의 영역처럼 여겨지던 〈바람과 함께 사라지다〉를 제치고 흥행 기록을 갱신한다. 도대체 어떤 마력이 존재하기에 그토록 많은 관객들을 스크린에 사로잡을 수 있었을까. 〈사운드 오브 뮤직〉은 마리아 폰 트랩의 자전적인 이야기를 리처드 로저스와 오스카 해머스타인 2세가 브로드웨이 뮤지컬로 옮긴 작품이다. 브로드웨이에서 메가 히트를 기록한 이 작품의 판권을 20세기폭스 사에서 사들였다. 처음에는 〈벤허〉를 연출했던 윌리엄 와일러가 감독을 맡았으나 건강상의 이유로 사의를 표명했다. 그래서 〈웨스트사이드 스토리〉를 연출했던 로버트 와이즈가 바통을 이어받아 영화를 완성하게 된다.

완성도 높고 빼어난 뮤지컬의 모든 요소가 이 영화에 들어 있다. 아름다운 음악이 적재적소에 흐르고, 가족에 대한 사랑이 있으며, 등장인물들이 예쁜 화음으로 들려주는 노래가 있다. 조국애와 인간애 그리고 음악이 세상을 바꿀 수 있다는 희망도 남겨 있다. 거기에 동화 같은 잘츠부르크의 풍경이 펼쳐진다. 영화가 끝나면 몇몇 음악은 완전히 머릿속에 새겨진다. 리처드 로저스와 오스카 해머스타인은 대중적 뮤지컬답게 쉽고 간결한 노래를 반복적으로 배치함으로써 음악만으로도 관객들이 빠져들 수 있게 했다. 두 음악가는 훌륭한 뮤지컬이 갖추어야 할 미덕, 즉 막이 내리고 난 후에도 기억에 남는 음악을 만들어내는 데 성공했다. 비극적인 상황조차 아름답게 만드는 뮤지컬의 힘. 〈사운드 오브 뮤직〉은 지금 다시 본다 해도, 줄거리를 전부 알고 있다 해도, 영화가 주는 흥겹고도 리드미컬한 즐거움을 다시 경험할 수 있는 작품이다.

내 친구 중 하나는 〈사운드 오브 뮤직〉 사운드트랙 앨범을 틀어주면 혼자서 거의 전곡을 신나게 따라 부르곤 한다. 그만큼 모든 노래들이 친숙하고 대중적이다. 따라하기에 전혀 어렵지 않다. 사운드트랙 앨범은 무려 1,000만 장이 넘게 팔렸다. 주요 곡들은 영화 진행 중에 재차 편곡되어 흘러나온다. 장면이 바뀌어도 귓가에 새겨진 분위기는 계속 이어지면서 친근감을 잃지 않는다. 영화 내내 편곡되어 깔리는 음악은 「사운드 오브 뮤직」을 비롯해서 「도레미 송」Do-Re-Mi, 「So Long, Farewell」 그리고 「에델바이스」이다. 이 노래들은 영화를 보는 사이 관객들의 잠재의식 속에 스며든다. 관객들이 영화에 몰입된 상태에서 빠져나가지 못하도록 정확하게 계산된 영화적 장치인 셈이다. 소리와 음악에 익숙해진 관객들은 자신도 모르는 사이에 스크린에 펼쳐지는 영상에 친근감을 갖게 된다.

잘츠부르크는 음악의 도시다. 굳이 음악 축제 때문이 아니더라도 우리는 이 도시와 영원히 함께하는 위대한 이름을 알고 있다. 그곳은 모차르트와 〈사운드 오브 뮤직〉의 고향이다. 그래서 언제나 도시 전

:: 아름다운 자연과 즐거운 노래로 영원히 기억되는 〈사운드 오브 뮤직〉

체에 음악이 흐를 것 같은 느낌을 받게 된다. 잘츠부르크 역에 내리면 이미 영화 속에 들어온 것 같은 착각이 든다. 모차르트 초콜릿을 먹으면서 〈사운드 오브 뮤직〉을 따라 나서는 관광은 낯설지가 않다. 모든 아름다운 정경들을 이미 영화에서 보았기 때문이다. 유네스코 세계문화유산으로도 지정된 잘츠부르크 구시가지는 고풍스럽지만 친숙하게 느껴진다. 음악과 사람은 먼 이국의 도시에서 하나가 된다.

〈사운드 오브 뮤직〉에서는 음악을 통해 모든 소통이 이루어진다. 마리아는 순수하고 낙천적이다. 그런 마음씨는 군대처럼 딱딱하고 엄격했던 트랩 가족의 분위기까지 바꿔놓는다. 아이들은 아빠의 관심을 끌기 위해 가정교사를 곯려주기로 마음먹는다. 마리아의 주머니에 개구리를 몰래 집어넣고, 마리아가 앉을 의자 위에 솔방울을 올려놓는다. 화를 낼 줄 알았던 마리아는 모든 것에 웃음으로 화답한다. 아이들은 당황해한다. 여태껏 사람이 주는 애정과 따뜻함을 모르고 자랐기 때문이다. 명령을 내리던 호루라기 소리는 점차 사랑이 담긴 노랫소리로 바뀌어간다. 언제나 즐거운 마음을 먹으면 된다. 좋은 것을 생각하면서 살면 된다. 「My Favorite Things」 같은 노래에는 그래서 꿈이 담긴다. 천둥 번개가 몰아치는 무서운 밤에 아이들은 이 노래를 들으면서 두려움을 떨쳐낸다. 자기들이 사랑하는 마리아가 떠나버렸을 때도 아이들은 그녀를 생각하면서 이 노래를 부른다. 돌아온 마리아가 아이들과 함께 노래를 부르며 그들은 다시 하나가 된다. 가족은 이렇게 만들어진다.

장미 꽃잎에 떨어진 빗방울과 아기 고양이 수염,
반짝이는 놋쇠 주전자와 포근한 털 벙어리장갑,

갈색 종이와 노끈으로 잘 포장한 소포 꾸러미들,
이게 내가 좋아하는 것들이지.

크림색 조랑말과 바삭거리는 사과과자,
초인종과 썰매방울, 국수를 곁들인 슈니첼,
달빛 아래 날갯짓하며 날아가는 기러기들,
이게 내가 좋아하는 것들이야.

하얀 드레스에 파란 새틴 허리띠를 두른 소녀들,
내 콧등과 속눈썹에 내려앉은 눈송이들,
봄기운에 녹아드는 은빛 겨울풍경,
이게 내가 좋아하는 것들이야.

개에 물리거나 벌에 쏘이고 마음이 슬퍼질 때도,
내가 좋아하는 것들을 간단히 생각만 하면
나는 더 이상 슬프지 않아.

대령이 며칠간 빈으로 떠나자 아이들은 집 밖으로 뛰쳐나간다. 마리아가 초록색 커튼으로 손수 만든 우스꽝스러운 놀이옷을 입고서. 수녀원에서 내려온 마리아가 처음 대령과 만났을 때 입었던 옷처럼 촌스럽지만, 여기에 〈사운드 오브 뮤직〉다운 순수함이 있다. 마리아와 아이들은 그 옷을 입고 다리를 뛰어서 건너고, 시장에서 사과와 과일들을 사고, 산으로 올라가는 기차를 탄다. 아이들이 첫 피크닉을 간 곳은 영화 첫 장면에서 마리아가 「사운드 오브 뮤직」을 부르던 그 언덕이다. 크지만 갑갑한 대저택에만 갇혀 지내던 아이들은 마리아와 함께 웅대한 자연의 풍광 속에서, 마리아가 노래 부르는 알프스 산기슭에서 같이 숨 쉬게 된다.

아이들은 노래에서 즐거움을 느낀다. 그런데 노래를 부르려 해도 아는 노래가 하나도 없다. 그렇게 해서 마리아가 행복이란 것을, 진정한 사랑이란 것을 알 수 있도록 가르치는 노래가 「도레미 송」이다. 차근차근 서두르지 않고 기초부터 찬찬히 배우면서 아이들은 노래의 기쁨을 알아간다. 역사 속의 도시 잘츠부르크는 이 「도레미 송」 시퀀스를 통해서 등장인물들의 오늘과 동시대로 들어온다. 잘츠부르크 시내가 내려다보이는 돌계단 위에서, 옛 유적들로 가득 찬 시내를 돌아다니는 마차 위에서, 맑은 호숫가를 따라 달리는 자전거 위에서 관객들도 등장인물들과 함께 잘츠부르크의 풍경 속으로 빨려 들어간다. 히틀러의 손아귀에 들어갈 위기에 처해 있는 유서 깊은 도시 속으로 빠져드는 것이다.

〈사운드 오브 뮤직〉은 실화를 바탕으로 한 영화다. 트랩 가족은 나치를 피해 망명했고, 미국으로 건너와서 합창단 활동을 하면서 살았다. 수녀에서 백작부인이 되었으나 2차 대전으로 말미암아 조국을 등지게 된 마리아는 자신의 경험을 한 권의 책으로 엮어냈다. 실화를 단순히 영상으로 옮긴 것임에도 그 스토리는 지어낸 것보다 더 극적이다. 그것이 바로 〈사운드 오브 뮤직〉이라는 영화가 지닌 힘이다. 줄거리와 화면은 영원히 나이를 먹을 것 같지가 않다. 일곱 남매도 언제나 영화 속 모습을 간직한 채로 살아갈 것 같다. 눈 속에 활짝 피어나 영원히 시들지 않을 것 같은 에델바이스처럼.

+ 영화의 원작은 『트랩 가족합창단 이야기』(The Story of the Trapp Family Singers)이다. 국내에도 번역된 적이 있지만 지금은 중고서점에서도 찾을 수가 없다. 어릴 적에 읽었던 기억만 아련할 뿐이다. 영화는 실제와는 약간 다른 점들이 있다. 마리아와 폰 트랩 대령은 독일이 침공하기 10년 전에 이미 결혼을 했고, 둘 사이에는 아이까지 있었다. 또한 가족이 망명한 곳은 스위스가 아니라 이탈리아였다.

+ 트랩 가족이 사는 대저택은 몇몇 장소를 조합한 것이다. 전면은 바로크풍의 헬브룬 궁전(Hellbrunn Palace)에서 찍었다. 아이들이 물에 빠지고, 외로운 모습으로 마리아가 거닐던 건물 후면은 레오폴드스크론 성(Shcloss Leopoldskron)에서 촬영했다. 리젤과 랄프가 「Sixteen Going On Seventeen」을 부르고, 마리아와 폰 트랩 대령이 「Something Good」을 부르는 정원 한가운데의 '유리 정자'(glass gazebo)도 이곳에서 찍은 것이다. 또 마리아와 아이들이 「도레미 송」을 부르던 곳은 미라벨 정원(Mirabell Gardens)이다. 분수와 조각상들이 있는 아름다운 공원이다.

+ 〈물랑 루즈〉에서 이완 맥그리거가 처음 작사해서 부르는 노래가 「사운드 오브 뮤직」이었다. 르네 젤위거도 〈브리짓 존스의 일기 2: 열정과 애정〉에서 이 노래를 부른다.

+ 〈사운드 오브 뮤직〉의 노래들은 AFI 선정 '최고의 영화주제가 100곡'에 3곡이나 포함되었다. 「사운드 오브 뮤직」 「도레미 송」 「My Favorite Things」이 그것이다.

+ 리처드 로저스와 오스카 해머스타인 2세는 브로드웨이 뮤지컬 역사상 가장 막강한 콤비였다. 두 사람은 〈오클라호마〉를 시작으로 유쾌하고 완성도 높은 뮤지컬을 연이어 선보이며 황금기를 열었다. 〈회전목마〉 〈남태평양〉 〈왕과 나〉 〈사운드 오브 뮤직〉 등 그들 콤비가 만들어낸 라인업은 화려하다. 그러나 1960년에 해머스타인이 사망함으로써 뮤지컬 극 〈사운드 오브 뮤직〉은 두 콤비의 여덟 번째 작품이자 마지막 작품이 되고 말았다.

오늘은 당신, 오늘은 나, 오늘은 사랑

Un Homme Et Une Femme, 1966년
음악 프란시스 레이 | **노래** 피에르 바루, 니콜 크루아질 | **감독** 클로드 를루슈
주연 아누크 에메, 장 루이 트랭티냥

✚ 남과 여

〈남과 여〉의 러브스토리는 단순하다. 그러나 지극히 아름답다. 두 남녀가 3주 동안 주말마다 만난다. 두 사람, 안(아누크 에메)과 장 루이(장 루이 트랭티냥)는 혼자 아이들을 키우고, 같은 기숙학교에 보내고 있다. 둘은 서로에게 호감을 느낀다. 그러나 선뜻 다가가지 못한다. 두 사람 모두 과거의 추억을 기억 속에서 완전히 지우지 못했기 때문이다. 그들은 행복을 알고 있지만, 이별이라는 슬픔도 경험했다. 그래서 다시 사랑에 빠진다는 게 두려운 것이다. 영화 내내 두 주인공의 현재와 과거가 교차한다. 그들의 과거를 알게 될수록 지금 왜 그렇게 망설이고만 있는지 안타까운 마음이 든다.

이야기는 단순하지만 〈남과 여〉는 흡인력 넘치는 영화다. 아누크 에메와 장 루이 트랭티냥의 절제된 연기, 클로드 를루슈 감독이 직접 찍은 수려한 영상, 그리고 프란시스 레이의 음악이 감미롭게 조화된다. 적은 대사로 두 주연 배우는 내면의 깊은 갈등을 섬세하게 드러낸다. 외로움과 망설임, 상대에 대한 기대감과 어쩔 수 없는 거부심리, 머뭇거리는 마음이 몸짓으로 표현된다. 컬러와 흑백 화면 그리고 세피

아 톤의 화면이 지속적으로 교차하고 반복된다. 색채가 바뀌는 데 있어서 특별한 규칙은 없다. 때로는 현재가 흑백이고, 때로는 과거가 컬러이다. 색채와 영상도 자연스럽게 주인공들과 호흡을 맞춘다. 음악과 어우러지면서 색채의 변화는 더욱 감수성 넘치게 감정의 흐름을 이어준다. 프란시스 레이는 이미 유행이 지난 보사노바 음악을 영화에 쓴다. 이는 두 주인공이 아직 과거에 머물러 있음을 상기시키는 장치이다. 하지만 음악은 두 사람의 아픔을 치유하는 수단이기도 하다. 보사노바 리듬은 그들과 모든 세상을 부드럽게 쓰다듬듯이 흐른다. 느리고 몽환적인 노래들을 통해서.

프랑스 노르망디 지방의 항구도시 도빌. 어느 주말 안은 딸 프랑수아즈에게 동화를 들려준다. 무조 톤의 음악이 흐르고 겨울 바닷가의 적막함이 드러나면서 영화가 시작된다. 장 루이는 어린 아들에게 핸들을 맡기고 차를 몰게 한다. 아이와 함께 있지만 두 사람은 각자 외롭다. 둘 다 사랑하는 사람을 잃었기 때문이다. 같은 도시에 두 사람이 있지만 아직은 만나기 전이다. 도빌의 풍경을 배경으로 테마 음악이 흘러나온다. 두 남녀의 만남과 사랑을 암시하면서.

딸을 학교에 데려다준 안은 파리로 가는 마지막 기차를 놓치고 만다. 학교 선생의 소개로 안은 장 루이의 차를 타고 파리까지 오게 된다. 안은 행복했던 시절의 이야기를 들려준다. 그녀는 브라질에서 남편과 일주일을 지내는 동안 삼바가 자기 삶에 들어왔다고 말한다. 극중 남편이자 실제로 노래를 부른 피에르 바루의 목소리로 「Samba Saravah」가 아련하게 흐르면서 기억을 되살려준다. 그녀의 삶에서 가장 행복했던 시절, 사랑에 빠져 한없이 즐거웠던 추억, 남편에 대한 오래된 기억들이 삼바처럼 남아 있다. 그녀의 남편은 삼바처럼 자유로웠고, 그가 추구했던 삶은 「Samba Saravah」에 담겨 있다. 장 루이는 배우였던 안의 남편이 촬영장에서 사고로 죽었다는 사실을 알게 된다.

다음 주, 두 사람은 아이들과 함께 식사를 하고 배를 탄다. 장 루이의 손이 안의 손에 닿을 듯 말 듯 다가간다. 망설이는 장 루이의 손을 보여주는 것만으로도 그의 감정은 충분히 묘사된다. 화면은 도빌의 풍경과 바다, 강아지와 함께 걸어가는 노인을 보여준다. 그 정경 속에서 장 루이의 목소리가 들려온다. "자코메티는 불이 나면 렘브란트와 고양이 중 고양이를 구하겠다고 말했어요." 장 루이는 삶을 사랑했던 예술가 자코메티의 일화를 안에게 들려준다. 그것은 장 루이가 현실적인 사랑을 원한다는 우회적인 표현이기도 하다. 파리로 돌아가는 자동차 안에서 드디어 장 루이는 안의 손 위에 자기 손을 얹는다. 그리고 르망 경주 중 자신이 사고를 당해 의식불명 상태에 빠졌을 때 부인이 자살했다는 사실을 이야기해준다. 두 사람 모두 슬픈 과거를 가슴 속에 묻어두고 있는 것이다. 파리로 돌아온 두 사람은 헤어진다. 장 루이는 몬테카를로 랠리 때문에 지방으로 떠난다. 안은 경주에 출전한 장 루이를 떠올린다. 스크립터로서 촬영장에서 일할 때도, 파리 시내를 거닐 때도 그의 모습이 떠오른다. 니콜 크루아질이 부르는 「오늘은 당신」Aujourd'hui C'est Toi이 흘러나온다.

당신과 나,
우리는 한 도시에 살고 있지요.
우리 가슴은 오래도록
이 거리의 리듬을 품고 있어요.
우리를 마주치고 지나가는
그 모든 시선들 가운데
우연히도 우리는 서로를 알게 되었죠.

오늘은 당신,
오늘은 나,
오늘은 사랑,
우리 서로 손을 잡아요.
너무 빠르다 해도 상관없어요.

프란시스 레이의 음악은 도회적이고 모던하다. 그러나 선율과 가사가 사람들의 정서를 흔들리게 한다. 「오늘은 당신」은 우연히 만난 두 남녀의 사랑을 이야기한다. 주인공들의 대사가 자제되는 대신, 노래 가사가 대사를 대체하며, 영상이 기억을 떠오르게 만든다. 눈길을 질주하는 위험한 경주를 마치고 무사히 몬테카를로에 도착한 장 루이

:: 〈남과 여〉는 하나의 시 같은 영화다.

에게 안은 전보를 보낸다. 사랑해요, 라는 말이 적힌 짧은 전보를.

장 루이는 곧바로 차를 몰고 파리로 달려간다. 그녀를 만나면 무슨 얘기를 먼저 꺼낼까. "6천 킬로미터를 달려왔어요."라고 말해야 할까. 상상이 멈출 때쯤 메인 테마가 흐른다. 니콜 크루아질의 목소리만으로, 가사 없이 스캣만으로 멜로디를 들려준다. 이른 아침 파리에 도착한 장 루이는 안을 찾아가지만 그녀는 집에 없다. 장 루이는 다시 차를 몰고 도빌로 간다. 도빌에 도착한 그는 안을 찾아 헤맨다. 그녀가 어디 있는지 알아낸 듯 장 루이의 눈이 반짝 달라지는 순간, 테마 음악도 빠른 템포로 바뀐다. 음악은 둘의 내면을 반영하듯 그때그때 달라진다. 특히 니콜 크루아질의 목소리는 보컬이 아닌 하나의 악기로서 멜로디를 연주한다. 그러면서 보사노바 리듬에 맞춰 두 사람의 사랑을 이어준다.

〈남과 여〉에서 「Samba Saravah」가 안의 남편을 대변하는 음악이라면, 영화와 동명의 주제곡인 「남과 여」는 안과 장 루이 두 사람을 위한 음악이다. 이 보사노바 음악은 느리지만 관능적이다. 이국적인 정취의 보사노바는 안의 이지적인 매력을 담아내는 데 썩 어울린다. 이제 시간은 충분히 흘렀고 남편에 대한 기억을 잊을 때가 되었다. 안의 마음은 장 루이를 받아들이는 쪽으로 움직인다. 음악은 안의 감정이 바뀌고 있음을 여실히 보여준다. 몬테카를로에서 도빌까지 그 먼 길을 한달음에 달려온 장 루이는 안과 극적으로 만난다. 두 사람은 뜨겁게 포옹한다. 그러나 카메라는 그들의 열정을 노골적으로 잡아내지 않는다. 오히려 파도치는 겨울 바다와 황량한 모래사장에서 뛰노는 개, 천천히 걸어가는 노인을 포착한다. 사랑은 말로 표현되지 않는다. 무심한 영상과 음악으로 〈남과 여〉는 사랑의 감정을 한 편의 시처럼 완벽하게 묘사한다. 이제 두 사람은 하나가 된다.

〈남과 여〉는 기존의 영화 문법을 깬 영화 중 하나이다. 젊은 클로드 를루슈의 감각적이고 신선한 연출에 칸은 그랑프리를, 아카데미는 외국어영화상을 안겨주었다. 를루슈는 스토리 전개에 있어 가장 큰 역할을 하는 대사를 최소화하는 대신에 그 자리를 영상과 음악으로 대치했다. 프란시스 레이의 음악이 없었다면 작업은 쉽지 않았을 것이다. 프란시스 레이는 이 영화를 통해서 보사노바 하면 가장 먼저 연상되는 명곡들을 만들어냈다. 두 곡은 은은하면서도 부드럽다. 때로는 가볍고 나른하며, 때로는 나직하게 말을 건네는 듯하다. 그러면서 도빌의 해변을 이국적인 정취로 바꾸고 사랑의 느낌을 따사롭게 전한다. 영화를 대표하는 두 곡이란 「Samba Saravah」와 테마 음악인 「남과 여」이다. 「Samba Saravah」는 원래 바뎅 포웰Baden Powell이 작곡하고, 비니시우스 지 모라이스가 작사한 「삼바 다 벤상」Samba Da Bencao을 프랑스어로 옮긴 버전이다. 프란시스 레이는 아름다운 노랫말 속에서 보사노바의 거장들을 거명하며 이 노래를 헌정한다.

> 슬픔도 없이 삼바를 추는 건
> 얼굴만 예쁜 여자를 사랑하는 거야.
> 노래를 만든 비니시우스 지 모라이스가 그렇게 말했지.
> 난 가장 브라질 사람 같은 프랑스 남자,
> 삼바에 대한 열정을 말하고 싶어.
> 사랑하는 이에게 고백하지 못하는 사랑에 빠진 이처럼.
> 조앙 지우베르투, 카를루스 리라, 도리발 카미,

안토니우 카를루스 조빙, 비니시우스 지 모라이스, 바뎅 포웰,
이 노래를 연주한 이들과 다른 모든 이들에게 경의를 바치네.

〈남과 여〉가 개봉될 때 보사노바의 유행은 이미 지나간 뒤였다. 그러나 프란시스 레이는 시류에 개의치 않았다. 그는 오히려 보사노바를 통해 영화 속 과거를 되살려내려 한다. 보사노바가 유행한 시기는 두 주인공이 행복했던 과거의 그때와 일치한다. 그들의 기억을 상징하는 음악인 것이다. 프란시스 레이는 부드럽고 감미로운 보사노바 선율을 적절히 이용하면서 영화에 낭만적인 감정을 한껏 불어넣는다. 보사노바의 유행 자체를 되돌리기에는 사람들의 취향이 많이 바뀌었지만, 〈남과 여〉 한 편의 영화에 아름다움과 생명을 불어넣기에는 부족함이 없는 영화음악이었다.

+ 알베르토 자코메티(Alberto Giacomtti)는 오랫동안 파리에 거주하면서 독창적인 스타일로 작업한 조각가이다. 〈남과 여〉에 나오는 자코메티에 대한 대사는 그에게 바치는 오마주이다. 자코메티가 심장질환으로 숨을 거둔 때는 1966년 1월 벽두, 영화는 그해 5월 칸에서 처음 공개되었다.

+ 노르망디의 항구도시 도빌은 영화제로도 유명하다. 1975년부터 미국 영화들을 보는 새로운 시선의 영화제인 도빌미국영화제가 열리고 있으며, 1999년부터는 도빌아시아영화제도 열리고 있다. 2회 때는 이명세 감독의 〈인정사정 볼 것 없다〉가 그랑프리를 받는 등 우리나라 영화와도 인연이 깊은 영화제이다.

사이먼과 가펑클이 말하려 한 것

The Graduate, 1967년
음악 데이브 그루신 | **작사** 폴 사이먼 | **감독** 마이크 니콜스 | **촬영** 로버트 서티스
주연 더스틴 호프먼, 캐서린 로스, 앤 밴크로프트

✚ 졸업

사이먼 앤드 가펑클의 노래가 없는 〈졸업〉을 상상할 수 있을까. 젊디 젊은 더스틴 호프먼이 나오지 않는 〈졸업〉을 상상할 수 있을까. 폴 사이먼이 작곡한 노래들은 〈졸업〉을 위해 만들어진 것이 아니지만, 〈졸업〉에서 처음 듣는 듯한 착각을 일으킨다. 심지어 그 노래들은 더스틴 호프먼 자신이 부르는 듯한 느낌마저 든다. 영화 내용과 노랫말이 별로 일치하지 않음에도 음악은 영상을 완성시키고, 화학작용을 일으키며, 마침내 하나가 된다.

우수한 성적으로 대학을 졸업하고 고향으로 돌아온 벤저민(더스틴 호프먼). 부모 세대들은 기대 어린 시선으로 벤을 바라본다. 친구들도 그러할까? 학창시절 공부밖에 할 줄 모르던 벤은 아마도 쑥맥에다 고문관 같은 존재였을 것이다. 연상의 여인과 불륜에 빠진 후에야 벤은 자기 자신에 대해 진지해진다. 나는 대체 무엇을 하고 있나, 왜 이렇게 살았나. 모두들 자신의 이상을 좇아 날개를 펴는데 왜 나는 아직 부모에게 기대어 그들의 기대에나 따르려는 걸까. 1960년대 말, 시대는 빠르게 변하고 있었다. 기성세대의 논리는 젊은이들의 이상과 맞지 않았

다. 시대의 저항 정신이 사이먼 앤드 가펑클, 밥 딜런, 조앤 바에즈 등의 노래에 담겼다. 포크 음악은 잔잔하지만 거대한 울림이 되어 사람들에게 반향을 불러일으켰다. '벤'으로 대변되는 1960년대 말 젊은이들의 고민이 폴 사이먼의 노래에 투영되어 있다. 노래와 영화는 그 접점에서 만난다.

〈졸업〉은 OST 역사에서 이정표가 된 작품 중 하나다. 이전까지 음악이 영화에서 두드러진 역할을 맡은 경우는 대부분 뮤지컬이었다. 그렇지 않으면 가수 겸 배우인 청춘스타가 등장해 노래 몇 곡을 부르는 영화가 다였다. 말하자면, 슈퍼스타 엘비스가 나오는 엘비스에 의한 영화 같은 것들이었다. 그러나 〈졸업〉은 이미 발표된 폴 사이먼의 곡들을 사용했다. 거기엔 이유가 있었다. 영화 속의 노래들은 단순히 음악적 효과를 내기 위한 것이 아니라 일종의 메시지를 전하기 위한 것이었다. 진지한 노랫말을 통해 시대의 변화를 영상으로 그린 것이다. 폴 사이먼의 가사에는 젊음의 반항과 고민이 담겨 있었고, 젊은 관객들은 음악을 들으며 자신들의 이야기로 공감할 수 있었다. 사이먼

:: 유혹당하고 방황하며 불안한 청춘을 그리는 〈졸업〉.
더스틴 호프먼의 젊은 모습을 보는 것만으로도 이 영화는 가치 있다.

앤드 가펑클의 노래들은 곧 영화의 주제이며, 음악이 영화에서 얼마나 의미심장한 역할을 할 수 있는지를 처음 보여준 경우였다.

마이크 니콜스 감독은 영화를 만들 때, 처음부터 사이먼 앤드 가펑클의 노래를 간절히 쓰고 싶었다. 그래서 프로듀서인 로렌스 터만 Lawrence Turman이 폴 사이먼에게 영화에 쓰일 신곡을 3개만 만들어 달라고 요청한다. 편집이 거의 끝나갈 무렵까지도 새로운 곡은 나오지 않았다. 마이크 니콜스는 폴 사이먼에게 직접 간청하다시피 했지만, 사이먼은 공연 때문에 정말로 짬이 나지 않았다. 결국 사이먼은 기존에 작업 중이던 몇몇 곡들을 감독에게 들려주게 된다. 그중 한 곡이 마이크 니콜스의 귀에 쏙 들어왔다. 그 노래에 대해 폴은 "이건 영화를 위한 곡이 아니라, 루스벨트 여사와 조 디마지오에 대한 곡이에요."라고 말한다. 그러나 노래에 사로잡힌 니콜스 감독은 말했다. "그 곡은 이제 로빈슨 부인에 대한 거요…. 루스벨트 여사가 아니란 말이요." 이렇게 해서 사이먼 앤드 가펑클의 명곡 「미시즈 로빈슨」이 탄생했다.

〈졸업〉에서 「미시즈 로빈슨」은 전곡이 다 사용되지는 못했다. 아직 곡 전체가 마무리되지 않았기 때문이다. 결국 영화에서는 완성되지 않은 초기 버전을 부분적으로 사용할 수밖에 없었다. 가족의 강요에 의해 억지로 결혼하게 된 일레인(캐서린 로스)을 찾아 헤매던 벤이 차를 몰고 금문교를 지날 때 몇 소절이 등장할 뿐이다. 「미시즈 로빈슨」의 완성곡은 이듬해 발매된 사이먼 앤드 가펑클의 앨범 〈Bookends〉에 수록되어 대 히트를 기록했고, 빌보드 차트 1위에까지 오른다. 〈졸업〉의 OST 앨범에는 사이몬 앤드 가펑클이 허밍으로 부르는 전주와 노래의 앞부분만이 실려 있을 뿐이다. 게다가 나중에 완성된 곡은 가사도

대폭 수정되었다.

「사운드 오브 사일런스」는 영화에서 세 장면에 걸쳐 등장함으로써 실질적인 주제가 역할을 한다. 벤이 비행기에서 내려 집으로 돌아오는 오프닝 신, 로빈슨 부인(앤 밴크로프트)과의 불륜 관계 때문에 갈등하는 벤을 그려내는 장면, 그리고 벤과 일레인이 결혼식장을 도망쳐 나와서 버스 뒷좌석에 앉아 미소 짓는 라스트 신이다. 처음과 마지막 신을 장식하며 영화 전체를 이어주고 있다는 점에서 「사운드 오브 사일런스」는 확실히 이 영화의 주제가라 할 만하다. 벤이 갈등에 빠져 있을 때 나오는 '침묵의 소리'는 실제 노랫말처럼 벤의 오랜 친구와도 같다. 벤은 가까운 친척이나 다름없는 로빈슨 부인과의 부정한 관계를 어느 누구에게도 털어놓을 수 없다. 섹스에만 탐닉하며 절망적인 심경에 처한 벤, 그는 오로지 사이먼 앤드 가펑클의 노래를 통해 자기의 내면과 고민을 나눌 수 있을 뿐이다. 「사운드 오브 사일런스」는 다양한 해석이 가능한 노랫말을 담고 있다. 그것은 우선 명상적이다.

안녕 어둠, 나의 오랜 친구야.
너와 다시 얘기 나누러 왔어.
내가 잠든 사이 환영이 살며시 기어와
씨를 뿌리고 갔거든.
내 머릿속에 심어진 환영은
침묵의 소리 속에 아직도 남아 있어.

불안한 꿈속에서 나는 혼자 걸었지.
자갈이 깔린 좁은 골목길이었어.

할로겐 가로등 불빛 아래에서
난 추위와 습기를 피해 옷깃을 세웠지.
그때 네온 불빛은 내 눈을 찌르고,
밤을 찢으며 침묵의 소리를 건드렸어.

노래는 당시 젊은이들의 내면 풍경을 서정적 시어들로 그려낸다. 불확실한 미래, 월남전으로 인한 시대적 불안감, 극단적 자유를 추구하던 히피 운동, 1960년대 말의 이런 분위기를 암시적으로 그려낸 폴 사이먼의 노랫말은 주인공 벤의 상황을 대변하는 것이나 다름없다.

「스카보로의 추억」은 사랑하는 여자를 두고도 멀리서 바라볼 수밖에 없는 벤의 심경을 드러낼 때 주로 쓰인다. 자기 엄마와 벤이 잤다는 사실을 알게 된 일레인. 냉담해진 그녀로 인해 낙담한 벤은 집으로 돌아와 어항을 보면서 생각에 잠긴다. 그리고 어떻게든 일레인에게 청혼을 하겠다고 마음을 먹고 버클리 대학으로 그녀를 찾아 떠날 때 「스카보로의 추억」이 흐른다. 노래에는 일레인을 향한 벤의 간절함과 슬픔이 모두 담겨 있다.

〈졸업〉은 세대 차이라는 주제를 본격적으로 다룬 영화다. 벤으로 상징되는 젊은이들은 제목 그대로 '졸업'을 하면 부모 밑을 떠나 독립할 수 있으리라는 희망에 차 있었다. 그러나 부모 세대는 아직 고정관념에서 벗어나지 못했고, 자식 세대에게 지나친 기대를 할 뿐이었다. 〈졸업〉은 생활, 섹스, 결혼 모든 면에서 세대 차이가 드러나고 소통이 단절된 1960년대 말의 초상을 사이먼 앤드 가펑클의 노래와 함께 미국의 중산층 가정 속에서 서정적으로 그려내고 있다.

+ 〈졸업〉 OST 앨범에는 폴 사이먼의 곡 외에도 퓨전 재즈의 거장 데이브 그루신의 음악이 함께 실려 있다. 「미시즈 로빈슨」「스카보로의 추억」「사운드 오브 사일런스」 외에 사이먼 앤드 가펑클이 노래하는 「April Come She Will」과 「The Big Bright Green Pleasure Machine」까지가 폴 사이먼의 음악이다. 이 곡들을 제외한 다른 오리지널 사운드트랙들은 데이브 그루신이 작곡했다.

+ 〈졸업〉에서 「사운드 오브 사일런스」는 사실상의 주제가 역할을 하지만, 1965년에 이미 발표된 동명의 앨범에 있던 곡이다. 〈졸업〉 OST 앨범에서는 처음과 마지막 곡으로 두 번 수록되어 있다.

+ 「스카보로의 추억」은 1966년에 발표한 앨범 〈파슬리, 세이지, 로즈마리 그리고 타임〉(Parsley, Sage, Rosemary And Thyme)에 수록되어 있던 곡을 영화에서 다시 사용한 것이다.

+ 벤이 얘기하는 "로빈슨 부인, 저를 유혹하시는 거죠. 그렇지 않나요?"(Mrs. Robinson, you're trying to seduce me. Aren't you?)는 AFI 선정 '최고의 명대사 100' 중 63위에 올랐다.

차라투스트라는 이렇게 노래했다

2001: A Space Odyssey, 1968년
음악 리하르트 슈트라우스, 요한 슈트라우스 등 | **감독** 스탠리 큐브릭
원작 아서 C. 클라크 | **주연** 케어 둘리, 게리 록우드

✚ 2001년 스페이스 오디세이

스탠리 큐브릭의 〈2001년 스페이스 오디세이〉는 하나의 거대한 경험이다. 무한히 깊은 영상과의 만남이자, 우주 공간처럼 거대한 음악과의 조우이기도 하다. 아서 C. 클라크의 원작이 있었다고 해도 우리는 어두운 극장 안에서 큐브릭의 상상력 없이는 다가갈 수 없는 세계와 마주친다. 같은 사물조차 새롭게 느끼게 만드는 경이이며, 스토리보다는 이미지로 이루어진 영상시의 세계이다.

어린 시절 들었던 최고의 오프닝 음악은 「차라투스트라는 이렇게 말했다」였다. 어둠 속 고요를 깨면서 음악이 흘러나온다. 드럼과 관악기들이 만들어내는 소리가 청중들에게 긴박감을 준다. 갑자기 환한 빛이 쏟아지고 조명이 들어오면서 제왕 엘비스 프레슬리가 등장한다. 그는 진지한 표정으로 첫 곡 「See See Rider」를 부른다. 엘비스의 공연 연출에 관중들은 완전히 그의 호흡 속으로 말려들어간다. 이렇게 엘비스의 하와이 공연실황을 보면서 「차라투스트라는 이렇게 말했다」를 처음 들었다. 당시 어린 나이에는 어떤 음악인지도 알 수 없었지만 기가 막히게 잘 썼구나 하는 생각이 들었다.(설마 이 음악이 클래식이었을 줄

이야!) 도대체 누가 이 음악을 공연에 쓰자고 한 걸까. 엘비스 혹은 프로듀서, 아니면 누군가 〈스페이스 오디세이〉를 보고 이 음악을 선곡한 것이 아닐까. 그리고 좀 더 나이가 든 후, 마침내 큐브릭의 〈스페이스 오디세이〉를 보게 되었다.

칠흑 같은 암흑, 「차라투스트라는 이렇게 말했다」의 도입부가 아득히 먼 곳에서 새벽의 미명처럼 다가온다. 그곳은 광활한 우주 공간이다. 마치 태양이 떠오르듯 거대한 행성 저 멀리에서 또 다른 행성 하나가 서서히 고개를 내밀고 솟아오른다. 그 화면과 호흡을 맞추듯 교향시 「차라투스트라는 이렇게 말했다」가 흐른다. 관악기들이 한꺼번에 뿜어내는 소리만으로도 새로운 세계가 탄생하는 것 같은 인상이다. 그렇게 시공간을 넘어서는 여행이 시작된다. 큐브릭의 상상력이 창조한 미지의 세계를 향한.

정체를 알 수 없는 모놀리스monolith가 등장한다. 그 신비의 물체는 인류의 선조에게 영감을 준다. 아직은 원숭이에 더 가까운 인류는 주변에 널려 있던 동물의 뼈를 들고 두드려본다. 그러다가 다른 물체를 깰 수 있다는 사실을 발견한다. 인류가 처음으로 도구를 사용하게 되는 대발견이다. 그러나 뼈를 도구로 발견한 인간은 물을 차지하기 위해서 상대 종족을 잔인하게 살해한다. 지극히 본능적이고 폭력적인 장면이다. 인류의 선조가 짐승처럼 포효하면서 뼈다귀를 집어던지면, 뼈는 빙글빙글 돌면서 공중으로 올라간다. 뼈, 그 하나의 도구를 통해서 시공간은 인류의 시원을 만든 수백만 년 전 과거로부터 우주 공간을 나는 미래의 우주선으로 바뀐다. 뼈가 대지로 떨어지면서 우주선이 하강한다. 여유로운 음악의 도입부가 나온다. 누구의 귀에나 친숙한 왈츠 「아름답고 푸른 도나우」다.

푸른 지구 바깥으로 우주선들이 천천히 날아다닌다. 해가 뜨고 달이 진다. 시간과 공간은 무한해 보인다. 해와 달, 지구, 그리고 태양계의 행성 사이를 나는 우주선들. 원형의 우주 정거장이 회전하면서 왈츠는 흥겨워진다. 우주선이 춤을 추듯이 아름답게 우주 공간을 누빈다. 대사도 설명도 없다. 우주의 이미지와 「아름답고 푸른 도나우」의 음악만이 극장을, 시야를 가득 채운다. 무한한 우주 속에서 왈츠 음악도 끝없이 이어질 것만 같다. 우주선이 달에 착륙하면서 왈츠는 클라이맥스를 향해 찬란하고 화려하게 흘러간다. 1800년대 말 화려한 원을 그리며 왈츠를 추던 빈 귀족들의 화려한 파티와 2001년의 우주 정거장은 하나의 동심원을 그린다. 큐브릭은 장면을 설명하지 않지만 관객들은 느낀다. 자신이 새로운 공간을 체험하고 있음을. 거대한 달 기지가 열리고 우주선이 미끄러지듯 그 속으로 빨려 들어간다. 왈츠가 끝나면서 먼 길을 떠나는 오디세이의 여정이 비로소 시작된다.

이 두 개의 거대한 오프닝 시퀀스가 진행되는 사이에 대사는 한마

:: 광활한 우주와 아름다운 클래식의 위대한 만남

디도 나오지 않는다. 오로지 화면과 음악만이 관객을 압도할 뿐이다. 〈스페이스 오디세이〉는 음악적으로도 드문 시도였다. 아직 할리우드 영화 대부분은 영화음악가들이 오리지널 스코어를 작곡해서 배경 음악으로 사용하던 시기였다. 큐브릭은 우주 공간을 그려내면서 관객들이 이미 잘 알고 있는 클래식 음악을 사용했다. 그래서 어떻게 음악을 사용하느냐가 중요했다. 〈스페이스 오디세이〉는 이런 만남이 얼마나 풍부한 이미지를 만들어낼 수 있는지를 모험적으로 시도한 작품이다. 도구를 발견하는 먼 과거의 이야기나 미래의 우주여행에 대한 상상력은 음악을 통해 깊어진다.

큐브릭은 거장들이 만들어낸 클래식 음악의 힘을 명확하게 알고 있었다. 고전 음악이 지닌 깊이와 울림이 어떻게 관객들의 마음을 움직이고, 영상에 힘을 부여하는지 느끼고 있었다. 왜 바흐, 모차르트, 베토벤 같은 음악가들의 이름은 영원한가. 그들이 만들어낸 소리의 위대함 때문이다. 큐브릭은 〈스페이스 오디세이〉에서 거장들의 위대한 음악을 어떤 방식으로 사용할 때 영화가 불멸의 힘을 얻을 수 있는지를 구체적으로 보여주었다.

리하르트 슈트라우스의 「차라투스트라는 이렇게 말했다」와 요한 슈트라우스의 「아름답고 푸른 도나우」는 전혀 다른 스타일의 음악이다. 큐브릭은 이처럼 완전히 상이한 두 음악을 충돌시키지만, 두 음악은 놀랍게도 서로 조응하고 화답하는 결과를 보여주었다. 과거와 미래는 한 편의 영화라는 동일한 시간대 속에서 만난다. 리하르트의 교향시와 요한 슈트라우스의 왈츠라는 전혀 다른 성격의 두 음악은 충돌의 미학이 어떤 결과를 낳는지를 보여준다. 역사 속에서 인간은 새로운 것을 접하면 그것을 극복하고 또 다른 새로움을 만들면서 발전을 이루어왔다. 테제와 안티테제는 어떻게 진테제로 나아가는가. 큐브릭은 정반합의 과정을 영상과 음악의 결합을 통해서 제시한다. 이처럼 위대한 영화적 실험이 〈스페이스 오디세이〉에서 이루어진다. 또한 두 음악의 만남은 큐브릭이 장난스럽게 끌어들인 동음이의어의 유희이기도 하다. 아무런 근친관계가 없는 두 명의 슈트라우스, 리하르트 슈트라우스와 요한 슈트라우스 2세라는 이름은 우연이라기에는 너무나 절묘하게 맞아떨어진다. 큐브릭의 대가다운 위트라고 받아들여도 될까. 전혀 다른 음악을 작곡한 두 거장 슈트라우스들의 음악적 깊이가 영상을 통해서 함께 드러난다.

2008년 중앙 시네마에서 〈스페이스 오디세이〉가 상영되기를 기

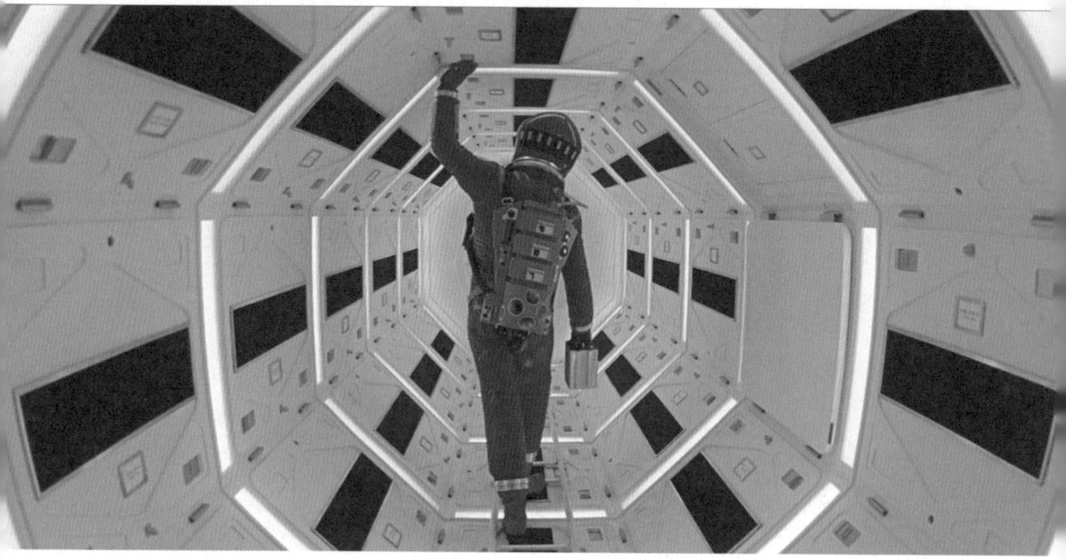

:: 인간은 우주에서 태어나 우주로 회귀한다.

다리고 있을 때, 특수효과를 맡았던 더글러스 트럼블이 무대 위에 올라와서 이런 말을 했다. "이 영화를 스탠더드 사이즈로 보게 돼서 아쉽군요. 언젠가 70밀리로 다시 보실 기회가 있기를 바랍니다." DVD가 보이면 사두기는 하지만 잘 보지는 않는다. 좋은 영화란 극장에서 볼 때 진정한 감흥을 주기 때문이다. 2009년 11월 5일 서울아트시네마에서 드디어 와이드 스크린으로 〈스페이스 오디세이〉를 볼 수 있게 되었다. 관객이 100여 명인 것이 아쉬울 따름이었다. 역시 초반 20분은 압도적이다. 그래도 시간이 지나면 조는 관객들도 있다. 하지만 「차라투스트라는 이렇게 말했다」와 「아름답고 푸른 도나우」를 들으면서 큐브릭이 창조해낸 도입부의 시퀀스를 보는 것만으로도 감동은 충분했다. 2008년에 이어 2009년에도 '2001년'을 보았지만, 영화는 여전히 미래적이다. 위대한 걸작은 나이를 먹지 않는다. 오히려 시간이 흐를수록 더 많은 사색을 하게 만든다. 이 영화는 2001년이라는 제한된 시간에 머무르는 게 아니라 영원을 향해 나아간다. 오디세우스의 지중해보다 더 넓고 끝없는 우주를 향한 미래의 메시지다.

+ 리하르트 슈트라우스는 「차라투스트라는 이렇게 말했다」를 작곡한 후 총보의 권두에 이렇게 썼다. "음악이라는 수단으로 인류의 발전과 관념을, 그 기원부터 발전의 여러 가지 양상을 거쳐 종교적, 과학적으로 니체의 초인이라는 관념에 이르기까지를, 전하려고 했다." 큐브릭은 영화를 만들기 전에 이 글을 읽었던 것일까?

+ 영화에는 두 명의 슈트라우스 외에도 현대의 거장 작곡가들의 음악이 여럿 쓰였다. 하차투리안의 무용음악 「가이느」 중의 '아다지오', 벨라 바르톡의 「현과 타악기와 첼레스타를 위한 음악」, 그리고 죄르지 리게티의 「Atmospheres」「Lux Aeterna」「Requiem」 등이 그것이다. 리게티의 곡들은 이름까지도 〈스페이스 오디세이〉의 분위기와 꼭 닮았는데(각각 '대기' '영원의 빛' '진혼곡'을 의미한다), 특히 「Atmospheres」는 말 그대로 공간을 포화시키는 거대한 음괴(音塊)가 쏟아져 나오는 것이 매우 인상적이다. 한편, 바르톡의 음악은 큐브릭의 또 다른 작품 〈샤이닝〉에도 다수 사용된 적이 있다.

+ 〈스페이스 오디세이〉 이전의 미국 영화는 대개 오리지널 스코어를 작곡해서 그 영화만을 위해 쓰곤 했다. 그래서 대형 스튜디오에는 아예 전담 음악감독들이 따로 있을 정도였다. 클래식 음악을 영화에 사용한 것은 유럽의 경우가 훨씬 많았는데, 데이비드 린 감독의 〈밀회〉에 쓰였던 라흐마니노프의 「피아노 협주곡 2번」, 보 비델베르크 감독의 〈엘비라 마디건〉에 쓰인 모차르트의 「피아노 협주곡 21번」 등이 대표적이다.

이토록 영화 같은
1970~80년대

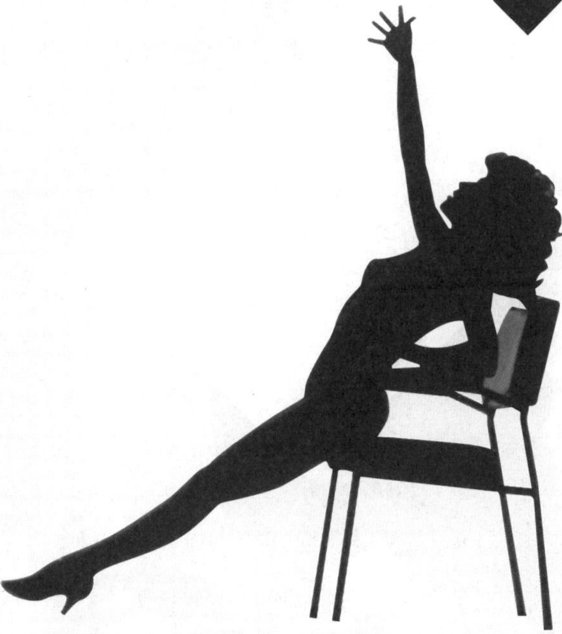

함박눈이 내리면 우리, 사랑을 하자

Love Story, 1970년
음악 프란시스 레이 | **감독** 아서 힐러 | **원작 · 각본** 에릭 시걸
주연 라이언 오닐, 알리 맥그로

✚ 러브 스토리

"이보다 더 좋은 세상이 있다고 생각해본 적은 없어. 무엇이 모차르트보다 더 좋겠어?"
제니는 계속해서 말을 이어나간다.
"아니면 바흐? 아니면 너?"
"제니, 내가 바흐나 모차르트랑 같은 등급인 거야?"
"비틀스하고도."

사랑하는 연인에게서 이런 얘기를 들으면 어떤 기분이 들까. 그녀가 살아오면서 가장 좋아하고 존경해온 인물들과 동격이라면. 사랑에 빠진 제니(알리 맥그로)와 올리버(라이언 오닐)는 주변 사람들이 눈을 흘길 정도로 꼭 붙어 다닌다. 둘이 같이 소파에 기대어 누운 채로 공부를 하다가 제니가 갑자기 "사랑해."라고 말한다. 카메라는 올리버의 방에서 눈 쌓인 공원으로 옮겨간다. 사랑한다는 말을 듣고 놀라는 것처럼 올리버는 눈을 둥그렇게 뜨고 눈 위에 털썩 드러눕는다. 제니도 그를 따라 눈 위에 눕는다. 아무런 반주도 없이 기타 소리가 전주를 시작

하면, 여성 보컬의 목소리로 가사 없이 허밍으로 부르는 노래 「눈 장난」Snow Frolic이 화면 가득 흐른다. 그 음악 속에서, 새하얀 눈밭 위에서 두 사람은 마냥 행복하기만 하다. 하얀 눈을 먹고, 뒹굴고, 웃으면서 눈사람을 만들다가 입을 맞춘다. 캐치볼을 하면서 뛰어놀다 키스를 나눈다. 이 순간만큼은 아무것도 필요하지 않다. 이 세상에는 사랑에 빠진 두 사람만이 존재하기 때문이다. 눈밭 위에서 두 사람의 사랑은 깊어간다.

「눈 장난」이 끝나면 카메라도 소규모 연주회장으로 옮겨간다. 바흐의 「하프시코드 협주곡 3번 D장조」가 밝은 톤으로 연주되고 있다. 음악은 현대적인 선율에서 바로크 시대로 거슬러 올라가며, 두 연인의 교감과 사랑이 깊어진다는 사실을 노래한다. 두 연인에게는 아무런 걱정이 없다. 지금은 그저 음악에, 사랑에 취해 있으면 될 뿐이다. 제니는 하프시코드를 연주하고 올리버는 그녀를 바라보며 음악을 듣는다. 바흐의 음악을 통해 두 사람은 교감을 나눈다. 바이올린과 첼로 소리도 들리지만, 올리버의 눈에는 제니 외에는 그 누구도 들어오지 않는다. 사랑에 빠진 남자, 지금 그에게는 제니가 세상의 전부다.

프란시스 레이는 이렇게 자신이 작곡한 「눈 장난」과 바흐를 연결시키면서 사랑의 감정으로 충만한 순간을 정서적으로 끌어올린다. 연이어 나오는 음악은 전혀 다른 스타일이다. 그러나 프란시스 레이는 눈 덮인 공원과 연주회장을 극적으로 연결시킨다. 그렇게 두 개의 시퀀스가 이어지면서 두 사람이 만난 시간과 공간들, 깊어져 가는 감정들이 씨줄과 날줄처럼 엮인다. 스크린 위에 이 두 시퀀스가 펼쳐지는 동안 대사는 한마디도 없다. 영상과 음악만으로 모든 내용이 전해진다. 제니와 올리버가 모든 면에서 서로 함께하고 있다는 표현이기도 하다. 음악은 마음의 연결고리이다. 프란시스 레이가 선사한 음악의 세계 속에서, 음악이 주는 도취감 속에서 관객들도 두 사람의 사랑에 공감하게 된다.

뉴욕, 두 사람이 행복하게 뛰어놀 때처럼 눈 덮인 겨울이다. 카메라는 철책이 쳐진 황량한 공원을 비춘다. 들려오는 건 피아노 소리뿐이다. 감미롭지만 애잔하게 흐르는 피아노의 리듬이 가슴 속으로 파고든다. 올리버의 내레이션과 함께 회상이 시작된다. "스물다섯 살에 죽은 여자에 대해 어떻게 생각하십니까?" 아름답기 때문에 더욱 슬픈 사랑의 이야기를 프란시스 레이는 피아노 하나만으로도 훌륭하게 전달한다. 피아노 소리가 사람들이 웅성거리는 소리와 오버랩되면서 도서관이 보인다.

레드클리프 여대생 제니는 도서관에서 사서로 아르바이트 중이다. 그녀 앞에 하버드에 다니는 올리버가 등장한다. 제니는 책을 한 권 빌리려는 올리버를 말끝마다 물고 늘어지면서 비꼬고, 심지어 '애송

:: 제니와 올리버의 눈싸움 장면은 후일 모든 패러디의 원조가 되었다.

이'라고 불러댄다. 처음 만난 순간부터 그가 맘에 든 제니가 일부러 골리는 것이다. 제니는 올리버에게 커피 한잔 사달라고 청하고, 그렇게 두 사람의 사랑이 시작된다. 사사건건 티격태격하는 두 사람은 어울리지 않을 정도로 태생이 다르다. 제니의 집은 평범한 빵집을 하지만, 올리버의 집안은 하버드에 건물을 기증할 정도로 부자이다. 여자는 피아노를 전공하는 음악도이고, 남자는 과격한 하키 선수에 법대생이다. 함께하기에는 조건이 너무나 맞지 않다. 그러나 사랑이란 모든 걸림돌을 넘어서는 법.

올리버의 집안은 그녀와의 결혼에 반대한다. 하지만 두 사람은 집안의 반대를 무시하고 결혼한다. 올리버는 아버지의 경제적 지원까지도 거부해버린다. 아르바이트를 하면서 어렵게 학교를 마친 올리버는 마침내 뉴욕의 일류 로펌에 취직한다. 젊은 시절의 고생이 끝나고 이제 두 사람의 행복한 삶만 남은 것이다. 그러나 그때 청천벽력과도 같은 소식을 듣게 된다. 제니가 백혈병에 걸렸다는 것이다. 어쩌면 〈러브 스토리〉는 신파의 한계를 벗어나지 못한 영화인지도 모른다. 이 영화를 구성하는 굵은 줄기는 신분 차이가 너무 심한 젊은 연인, 가슴 떨리는 첫사랑, 부모의 반대, 불치병으로 이어지는 통속적인 소재들이다. 최루성 멜로 영화답게 관객들에게 감정적으로 호소할 수 있다는 장점이 있지만, 지나칠 경우 유치해질 수 있다는 약점을 동시에 지닌다. 이 감상적인 영화에 대해 평단의 반응은 싸늘했다. 그러나 여성 팬들의 열렬한 호응으로 영화는 대중적으로 거대한 성공을 거두었다.

〈러브 스토리〉의 성공 요인이 단순히 눈물만은 아니다. 가장 중요한 이유를 꼽으라면 알리 맥그로가 연기한 제니의 캐릭터와 프란시스 레이의 음악을 들 수 있을 것이다. 영화가 만들어진 1970년 시점에서 볼 때 제니는 무척이나 모던하고 당찬 캐릭터이다. 자기 마음에 드는 올리버에게 먼저 대시하지만 사랑한다는 표현은 좀체 하지 않는다. 자립적으로 살아가기를 원하며, 죽어가는 순간까지도 올리버에게 재혼을 하라고 현실적인 권유를 한다. 제니가 연약하고 가련한 주인공이었다면 〈러브 스토리〉는 정말로 현대판 신파에서 벗어나기 힘들었을 것이다. 그러나 그녀는 뚜렷하게 자기주장을 지닌 현대 여성상으로서 관객의 눈물샘을 자극시킬 수 있었기에 영원한 비련의 히로인이 되었다.

이 애절한 사랑 이야기를 고급스럽게 만드는 역할을 맡은 것이 프란시스 레이의 음악이다. 그가 작곡한 스코어들은 관객들의 귀에 쏙 들어올 만큼 쉽고 아름답다. 영화를 위해 만든 스코어와 더불어 다른 삽입곡으로는 클래식이 쓰였다. 프란시스 레이가 선곡한 바흐, 모차르트, 헨델의 음악은 슬픈 이야기에 고전적인 비극성을 부여한다. 신파적이고 감상적인 요소들을 지우고 서정성의 품격을 높이는 것이다. 음악은 아름답게 흐르면서 슬픈 내용을 격조 있게 승화시킨다.

결과적으로 주연을 맡았던 알리 맥그로가 음악가를 고른 선택은 탁월했다. 영화를 찍을 당시 그녀의 남편은 〈로즈마리의 아기〉의 제작자로 실력을 입증했던 프로듀서 로버트 에반스였다. 에반스는 이후 〈대부〉 〈차이나타운〉 같은 작품에도 제작자로 이름을 올리지만, 당시 파라마운트 사를 경영하면서 흥행성 높은 영화들의 제작을 총괄하고 있었다. 〈러브 스토리〉의 여주인공을 맡게 된 알리 맥그로는 〈남과 여〉 〈파리의 정사〉 등을 통해 이미 미국에도 잘 알려져 있던 프란시스 레이의 음악에 매료되어 있었다. 그녀는 남편에게 부탁해서 레이를 초빙했고, 프란시스 레이는 자신이 보여줄 수 있는 낭만풍의 음악을 유감없이 들려준다. 레이의 음악은 오케스트레이션으로 연주될 때도 좋지만, 몇몇 악기만으로 소규모 연주를 해도 아름답다. 관객들이 음악에 몸을 맡기고 자연스럽게 빠져들고 싶어지는 매력이 있다. 어떤 상황에도 서정성을 입히는 프란시스 레이의 능력이다. 그가 작곡한 감미롭고도 부드러운 멜로디들은 〈러브 스토리〉를 고전의 위치에 올려놓았다.

올리버는 아버지의 60세 생일 파티에 참석하는 문제 때문에 처음으로 제니와 다툰다. 올리버가 아버지와의 전화 통화까지 거부하면서

화를 내자 제니는 집 밖으로 뛰쳐나간다. 정신을 가다듬은 올리버는 그녀를 찾아 동네 세탁소에서부터 대학교 음악연습실까지 뒤지면서 정신없이 돌아다닌다. 테마 음악은 여기서 변주되어 연주된다. 이 변주곡은 「Search For Jenny」라는 부제처럼 독립적인 곡이다. 레이의 음악은 이처럼 감정과 사건의 미세한 변화까지 포착한다. 이 테마음악은 제니를 애타게 찾는 올리버의 걱정스런 마음을 상징해준다. 멜로디는 때로는 긴박하게, 때로는 불안정하게 흐른다. 〈러브 스토리〉의 테마 음악은 이렇게 극 전반에서 디테일에 변화를 주고, 감정을 이어주며, 두 사람의 상황을 설명해준다. 추운 밤거리를 달리면서 제니를 찾던 올리버는 집으로 돌아온다. 제니는 얼어붙은 겨울 공기를 마시며 계단에 쓸쓸하게 앉아 있다. 열쇠 챙기는 것을 잊어버려서 밖에서 기다리고 있었던 것이다. 올리버는 화를 내서 미안하다고 말한다. 제니는 눈가에 눈물이 맺힌 채로 대답한다. "사랑이란 결코 미안하다는 말은 해서는 안 되는 거야."

올리버는 제니를 살리려고 노력하지만, 그녀는 백혈병으로 죽고 만다. 제니는 고통을 참으면서 침대 위에서 영원히 잠든다. 소식을 들은 아버지가 병원으로 찾아온다. 항상 명령만 내리고 무뚝뚝하던 아버지가 처음으로 올리버에게 사과를 한다. 올리버는 울먹거리면서 말한다. "사랑이란 결코 미안하다는 말을 해서는 안 되는 거예요." 제니가 죽고 난 후에야 부자는 겨우 서로를 받아들인다. 올리버는 눈이 녹아 지저분해진 거리를 걸어간다. 영화가 시작될 때와 마찬가지로 올리버가 공원으로 접어들 때 피아노 선율로 테마 음악이 흐르기 시작한다. 〈러브 스토리〉는 같은 주제 음악으로 시작되고 끝을 맺음으로써 수미일관을 이룬다. 아름답고 슬픈 선율이 올리버의 가슴처럼 황량한 겨울

풍경을 비춘다. 프란시스 레이의 음악으로 〈러브 스토리〉는 슬픈 사랑의 연가가 된다.

+ 에릭 시걸은 먼저 시나리오를 써서 파라마운트에 팔았다. 영화를 촬영하던 중 영화사는 그에게 역제안을 한다. 시나리오를 소설로 출판하자는 것이었다. 영화사의 홍보 전략과 맞물려 소설은 베스트셀러 1위에 올랐다. 그리고 여세를 몰아 영화 역시 빅 히트로 이어졌다. 〈러브 스토리〉는 〈하버드 천재들〉 〈닥터스〉 등 에릭 시걸의 하버드 시리즈 제1탄이기도 하다.

+ 영화를 본 사람치고 이 대사를 잊어버릴 사람이 있을까. "사랑이란 결코 미안하다는 말을 해서는 안 되는 거야."(Love means never having to say you're sorry.) 이 대사는 AFI 선정 '최고의 명대사 100' 중 13위에 올랐다.

+ 영화가 성공을 거둔 후 스탠더드 팝의 제왕이랄 수 있는 앤디 윌리엄스는 메인 테마에 가사를 붙여 불렀다. 제목은 「(Where Do I Begin?) Love Story」였다. 빌보드 팝 차트 4위에까지 올랐으며, 많은 가수들의 애창곡이 되었다.

+ 인간미 넘치는 배우 토미 리 존스는 〈러브 스토리〉로 영화에 데뷔했다. 그는 실제로 1969년에 하버드 대학을 졸업했고, 대학 풋볼 팀에서 활약했던 전력도 있다. 올리버가 기숙사에 돌아왔을 때 담배를 꼬나물고 카드를 치고 있는 그의 모습이 보인다.

+ 영화에서 제니는 올리버에게 파리로 유학 가서 나디아 불랑제(Nadia Boulanger)에게 배울 거라고 말한다. 나디아는 20세기의 가장 중요한 여성 작곡가이다. 그녀는 프로 음악가들에게 더욱 수준 높은 음악을 가르쳐준 뛰어난 음악 선생이기도 했다. 제니가 유학을 가겠다는 시점에도 여러 제자들을 두고 있었다. 1887년생인 나디아 불랑제는 1979년 파리에서 사망했다.

완벽한 영화

The Godfather, 1972년
음악 니노 로타 | **감독** 프란시스 포드 코폴라 | **촬영** 고든 윌리스
원작 마리오 푸조 | **주연** 말론 브란도, 알 파치노, 다이앤 키튼

✚ 대부

2009년 여름이 끝나갈 무렵, 서울충무로국제영화제 기간 중에 〈대부〉를 다시 보게 되었다. 디지털 작업으로 복원한 깨끗한 필름이었다. 일본 영화 〈냉정과 열정 사이〉에서 오래된 미술 작품을 복원하던 장면처럼, 사람들의 손끝을 거쳐 먼지를 털어내고 극장에서 처음 개봉하는 듯한 상태로 되돌아가 있었다. 극장 안은 그리 붐비지 않았다. 관객들은 적었으나, 영화가 그 안을 가득 채우고 있었다. 역시 〈대부〉는 관객 모두를 진지하게 스크린에 몰입시키고 숨죽이게 만드는 작품이다. 마리오 푸조의 원작을 프란시스 포드 코폴라가 영상으로 다시 창조한 이 작품은 한 편의 위대한 서사시라 해도 좋겠다. 175분이라는 긴 러닝타임이 순식간에 흘러간다. 군더더기가 없다. 코를레오네 가족들과 다양한 캐릭터의 인간 군상들이 한 명씩 소개되면서, 등장인물들의 관계와 복선이 치밀하게 깔린다. 서두르지 않으면서 옛 시대가 저물어가고 있음을 알려준다. 아버지 세대는 석양처럼 지고, 아들의 시대가 새벽의 미명 속에 떠오른다.

원작 소설을 영화화한 작품 중 가장 훌륭한 작품으로 꼽히는 영화

가 〈대부〉이다. 원작자인 마리오 푸조가 직접 코폴라와 함께 작업한 시나리오는 원작의 내용을 명료하게 축약하고 있다. 소설에 쓴 내용을 하나도 놓치는 부분 없이 알차게 스크린으로 옮겨놓고 있다. 코폴라는 소설을 읽을 때 상상했던 내용을 완벽한 미장센으로 채워낸다. 그렇게 해서 영화의 디테일이 살아 숨쉬게 되었다. 도입부의 결혼식 시퀀스는 관객들을 영화 속으로 끌어들이는 절묘한 장치이다. 보통사람들이 살아가는 일상의 세상과 암흑가의 이야기가 그 안에서 교차한다. 햇살 찬란한 정원과 대부의 어두운 집무실은 무척이나 대조적이다. 조명만으로도 바깥세상과 마피아들의 세계가 극단적으로 다름을 보여준다. 결혼식이 벌어지는 바깥은 시끌벅적하지만, 집무실에서는 즐겁게 떠드는 그 소리들이 멀리서 들려올 뿐이다. 조명과 음향의 극적인 대비가 상징하듯이, 두 세계는 전혀 다른 곳이다. 뒤쪽에서 들어오는 빛을 배경으로 삼아 집무실 전면의 어둡고 음산한 분위기를 포착해낸 것은 카메라맨 고든 윌리스의 솜씨이다. 그것은 마치 오래된 네덜란드 그림을 마주하는 듯하다. 렘브란트의 그림처럼 배후 조명으로 인해 얼

굴에는 그림자가 드리워져 있지만, 바로 그 때문에 표정의 작은 변화에서도 더 복잡하고 풍부한 암시들이 드러난다. 대부는 집무실에서 축하 인사를 받는다. 그러나 아이러니하게도 딸의 축복받은 결혼식 날이기에 사람들의 어려운 부탁을 들어줄 수밖에 없다. 법으로는 공정하게 처리할 수 없는 어두운 세계의 일들을. 그것이 시칠리아의 전통이다.

반면, 음악은 아름답다. 트럼펫 소리가 낭만적이고 아련하게 울린다. 도입부를 이끄는 곡은 니노 로타의 「The Godfather Waltz」이다. 시칠리아에 근거를 둔 마피아 조직과 이탈리아의 이국적인 분위기를 담기 위해 70대의 노장 작곡가가 품위와 분위기를 더했다. 때로는 뉴욕과 같은 도회적인 느낌도 들지만, 동시에 시칠리아의 토속적인 느낌도 잘 묘사하고 있다. 바깥은 결혼 축하곡을 부르는 흥겨운 소리로 기득하다. 나이든 이탈리아 할아버지가 신나게 시칠리아 민요를 부르고, 인기가수 조니 폰테인(알 마티노)이 방문해서 「I Have But One Heart」를 유쾌하게 열창한다. 영상과 음악이 결합되면서, 시칠리아와 뉴욕의 먼 거리는 한 대가족의 역사를 통해 같은 시공간으로 이어진다.

영화 전반을 이끌어나가는 강력한 카리스마는 대부인 비토 코를레오네이다. 〈대부〉에서 말론 브란도의 연기는 절정에 이르고 있다. 코를레오네는 여전히 막강한 권력을 쥐고 있지만, 이제는 과거의 거인이다. 시대가 바뀌어가고 있음을 간파하는 그는 고독한 존재이다. 돈 코를레오네는 루키노 비스콘티Luchino Visconti가 연출한 〈표범〉에서 버트 랭커스터가 연기했던 돈 파브리지오와 동일한 상징성을 지닌 인물이다. 버트 랭커스터가 저물어가는 시대를 묵묵히 바라보듯, 말론 브란도도 자기 세대가 끝나고 아들들의 시대가 열리고 있음을 안다. 브란도가 분(扮)한 돈 코를레오네는 그런 모든 변화를 말없이 받아들인다. 보스는 자신이 평생 구축한 권력을 이제 아들들에게 이양하려 한다. 그 모습을 그려내는 브란도의 연기는 어떤 마피아보다 더 위압적인 캐릭터를 창조해냈다. 굳이 "거부할 수 없는 제안을 할 거야."라는 명대사를 날리지 않더라도.

배경은 1940년대 중반, 시칠리아 출신 코를레오네 가문의 이야기가 뉴욕의 어둠 속에 펼쳐진다. 마이클(알 파치노)은 케이(다이앤 키튼)와 함께 영화를 보고 나오다가 아버지가 총에 맞아서 쓰러졌다는 신문을 보게 된다. 비토 코를레오네가 바르지니 패밀리의 기습을 받고 쓰러지는 신은 〈대부〉에서 극적인 전환점을 이룬다. 막내아들 마이클만은 마피아와 다른 세계에 살게 하려던 비토의 바람은 이 사건으로 인해 무너지고, 마이클 역시 '가족들의 사업'에 개입하게 되기 때문이다. 마이클은 협상을 가장하고 나가서 뉴욕 경찰서장을 살해하고 시칠리아로 도피행을 떠난다. 영화가 중반을 향해 치닫는 이 지점에서 처음으로 「사랑의 테마」Love Theme가 흘러나온다.

:: 〈대부〉는 '영화' 그 자체와 동일시되는 완벽한 영화다.

다행히 비토 코를레오네는 살아나지만 시간은 거스를 수 없는 거대한 강물처럼 흘러간다. 함정에 빠진 장남 소니(제임스 칸)는 톨게이트에서 기관총에 맞아 무참하게 살해된다. 시칠리아에서 청순한 시골 처녀와 결혼한 마이클도 상대조직의 손에 신부를 잃는다. 조직들은 대타협에 들어간다. 안전을 보장받은 마이클은 시칠리아에서 돌아온다. 그리고 조직의 실권을 장악해나간다. 모범생다운 청년에서 차갑고 냉정한 마피아로 변모해가는 것이다. 마이클은 조직의 안녕을 위해서 다른 패밀리의 보스들을 제거할 계획을 세운다. 손자와 행복하게 놀던 비토는 가부키 배우처럼 표정 없는 가면을 쓴 채 정원에서 죽는다. 아버지의 죽음은 이전 세대들의 퇴장을 의미한다. 세대의 바뀜을 상징하듯이 마이클은 교회에서 어린 조카의 대부가 된다. 이제 그가 가족들을 이끌어가는 위치가 된 것이다. 그와 동시에 조직 내의 모든 배신자들과 뉴욕을 분할 지배하던 다른 조직의 보스들을 처단한다. 그중에는 큰형 소니를 함성에 빠지게 만들었던 매부 카를로까지 포함되어 있다. 이렇게 형과 아버지, 매부까지 죽으면서 거대했던 대가족은 해체된다. 영화는 누이인 코니(탈리아 샤이어)의 성대한 결혼식과 함께 시작했다. 그 성대함처럼 코를레오네 패밀리의 관계도 더욱 공고해지리라 믿었지만, 결국 패밀리의 구성원들은 하나씩 세상을 떠나고 가족의 역사가 담긴 대저택은 팔리게 된다. 〈대부〉는 코를레오네 가족을 통해서 보는 미국의 현대사이자, 한 시대를 지배한 '밤의 대통령'에 관한 전설적 갱스터 무비이다.

〈대부〉는 이례적으로 두 곡의 음악을 테마 음악으로 사용하고 있다. LP 시대의 사운드트랙 구성에는 두 곡 모두를 살리고자 신경을 쓴 흔적이 남아 있다. 1면 첫 곡은 메인타이틀 곡인 「The Godfather Waltz」이고, 2면 첫 곡은 「사랑의 테마」이다. 앞면과 뒷면 구분이 없는 CD로 이 곡들을 듣는 느낌은 LP로 듣는 것과 완연히 다르다. CD로 듣다보면 「사랑의 테마」가 중간에 끼어서 밋밋한 느낌을 주기 때문이다. LP에서는 두 개의 곡이 각각 한쪽 면씩을 주도해나가는 역할을 맡는다. 턴테이블에 음반을 뒤집어 올려놓을 때마다 그 면에서 흘러나올 음악에 대한 기대감으로 설레게 된다.

두 곡의 테마 음악은 일흔 줄에 접어든 니노 로타의 원숙미를 잘 보여준다. 영화 전반에 걸쳐 「The Godfather Waltz」가 지속적으로 깔린다. 트럼펫 소리가 인상적이다. 고독하게 흐르는 트럼펫 솔로는 막 동이 틀 때의 어스름처럼 신비롭고 아련한가 하면, 새벽안개처럼 몽환적이다. 트럼펫이 주제부를 연주하며 음악을 끌어갈 때마다 사뭇 슬프고도 불안한 여운이 감돈다. 멜로디는 이국적이면서 신비롭다. 코를레오네의 고향이 시칠리아임을 일깨워주듯 반복적으로 연주되면서 주제를 심화시킨다. 여러 등장인물들의 죽음과, 가족과 마피아 조직 간의 갈등을 감싸 안으면서 한 시대가 흐르고 있음을 느끼게 한다. 솔로 연주는 무엇보다 고독한 인상을 풍긴다. 가장 가까웠던 사람들마저 조직을 위해서라면 처단할 수밖에 없는 대부의 고독, 누구와도 고민을 나눌 수 없는 대부의 외로움이 음악으로 표현된다. 니노 로타의 이력을 상기해보면, 영화 〈길〉에서 그랬듯이 트럼펫 소리를 즐겨 쓰고 있음을 알 수 있다. 허공에 퍼지는 아련한 트럼펫 소리는 늘 깊은 인상을 남겨놓는다.

반면 「사랑의 테마」가 쓰이는 것은 전혀 다른 방식이다. 영화가 중반부에 접어들고, 마이클이 숨어 있는 시칠리아를 보여주는 장면에서 처음으로 「사랑의 테마」가 등장한다. 그와 함께 시칠리아에서 벌어질 마이클의 사랑이 암시된다. 그 음악은 뜨거운 햇살이 쏟아지는 시칠리아의 풍광과도 잘 어우러진다. 초반부터 바이올린 연주가 관객의 감정을 고조시키고 격정적으로 만든다. 2차 대전이 끝난 지 얼마 되지 않은 황량한 시칠리아의 경관이 눈앞에 다가온다. 음악을 듣는 것만으로도 이탈리아 남부라는 이국적인 풍경을 눈앞에 떠오르게 만드는 것이다. 아름다운 풍광 아래서 펼쳐지는 사랑의 열정과 더불어, 슬픈 우수를 동시에 담아내는 테마 음악이다. 언젠가 관람했던 콘서트에서 「사랑의 테마」를 들으며 감동에 젖어 눈물짓는 여성을 본 적이 있다. 이 음악에는 마음을 흔드는 애잔함과 여운이 깔려 있다.

뉴욕으로 돌아간 마이클은 고민 끝에 케이와 결혼하기로 한다. 조직을 이끌어야 하는 자신에게는 케이와 같은 안주인이 필요했던 것이다. 그러나 시칠리아에서 만나 결혼식을 올린 아폴로니아와의 사랑은 그와는 다른 것이었다. 마피아가 아닌, 한 젊은 청춘으로서의 사랑이었던 것이다. 아폴로니아가 살해되면서 비극적으로 끝나고 마는 불행한 사랑의 전조 역시 「사랑의 테마」를 통해 느낄 수 있다. 그래서 음악은 더욱 아련하게 가슴을 울린다. 「사랑의 테마」가 메인 테마가 아님에도 영화를 대표하는 의미에서 '대부의 테마'The Godfather Theme로 불리는 까닭이 여기에 있다.

✚ 루키노 비스콘티 감독이 영화화했던 소설인 주제페 디 람페두사(Giuseppe Tomasi di Lampedusa)의 『표범』(Il Gattopardo)과 마리오 푸조의 『대부』는 시칠리아를 배경으로 한 대표 소설이다. 두 작품 모두 시대가 바뀌어가는 모습을 담담하게 바라보는 두 거인의 모습이 담겨 있다.

✚ 영화 속에서 「사랑의 테마」는 가사가 없는 연주곡으로 나온다. 이 곡에 래리 쿠식(Larry Kusik)이 곡을 붙이고, 앤디 윌리엄스가 노래를 불러서 인기를 끈 노래가 「Speak Softly Love」이다.

✚ 영화 속에서 알 마티노가 연기하는 조니 폰테인 역은 프랭크 시나트라가 모델이었다. 그가 대부에게 부탁을 해서 출연하게 된 영화는 실제로는 〈지상에서 영원으로〉였다고 한다. 그는 결혼식 장면에서 「I Have But One Heart」를 멋들어지게 부른다. OST 앨범에서는 이 노래가 메인타이틀 곡 바로 다음에 이어져 나온다.

✚ 마이클과 케이가 라디오시티 뮤직홀에서 같이 본 영화는 〈성 메리 성당의 종〉이다. 1945년 레오 매커리(Leo McCarey) 감독이 연출했고, 빙 크로스비와 잉그리드 버그먼이 주연을 맡았다.

✚ 비토 코를레오네가 얘기하는 "그에게 거부할 수 없는 제안을 할 거야."(I'm gonna make him an offer he can't refuse.)는 AFI 선정 '최고의 명대사 100' 중 2위에 올랐다.

갱스터 코미디 제1호

The Sting, 1973년
음악 마빈 햄리시 | **감독** 조지 로이 힐 | **촬영** 로버트 서티스
주연 폴 뉴먼, 로버트 레드포드, 로버트 쇼

✚ 스팅

일반적으로 갱스터 무비는 무겁고 어두운 장르이다. 〈대부〉〈원스 어폰 어 타임 인 아메리카〉〈스카페이스〉 등 갱스터 장르의 대표작들을 보면 그런 공통점들이 느껴진다. 비토 코를레오네든 알 카포네든 마피아 보스들이 던지는 이미지는 그 자체로 두려움을 준다. 마피아란 어쨌거나 모두가 겁을 내는 존재인 것이다. 그런 무거움을 가벼움으로 바꾸어버린다면 어떨까. 즐거운 상상을 정교하고 복잡한 플롯으로 구성해서 관객들을 유쾌하게 한 영화가 〈스팅〉이다. 조지 로이 힐 감독은 〈내일을 향해 쏴라〉에서 호흡을 맞추었던 폴 뉴먼, 로버트 레드포드와 함께 갱스터 영화의 어두움을 밝은 빛으로 바꾸어버렸다. 그리고 거기엔 경쾌한 피아노 래그타임 곡 「엔터테이너」The Entertainer가 있다. 이름 그대로 이 곡은 즐거움을 배가시킨다.

1936년 일리노이 주 조일렛. 시카고에서 그다지 멀지 않은 소읍이다. 후커(로버트 레드포드, '후커'는 낚시꾼, 소매치기 등의 뜻이 있다)는 루터(로버트 얼 존스)와 짜고 길을 가던 한 남자의 주머니를 턴다. 그런데 이게 웬 횡재란 말인가. 지갑에는 무려 1만 달러라는 거금이 들어 있

다. 문제는 이 거액의 주인이 누구냐는 것이다. 무자비하기로 소문난 마피아 보스(로버트 쇼)에게 배달되던 돈을 엉겁결에 훔친 것이니 여기서부터 일이 꼬이기 시작한다. 본보기를 보여주기 위해 암살자들이 작은 도시로 급파된다. 후커는 기분을 내다가 노름판에서 돈을 다 날리고, 루터는 살해당한다. 작은 동네라 소문은 금방 퍼져나가고 악독 형사 스나이더(찰스 더닝)는 후커를 협박하여 훔친 돈을 갈취한다. 그러나 이미 노름에서 돈을 잃은 후커가 건넨 것은 위조지폐다. 후커는 죽은 루터가 소개해준 곤도르프(폴 뉴먼)을 찾아 황급히 시카고행 기차에 오른다. 〈스팅〉은 오래전의 무성영화 또는 연극처럼 몇 개의 막(幕)으로 구성되어 있다. 여기까지가 1막인 '배우들'The Players이다. 등장인물들에 대한 소개가 마무리되고 다음 막인 '공연 준비'The Set Up로 넘어간다. 루터의 죽음으로 인해 조금 느리고 우울한 느낌이 드는 피아노 랙 음악이 막간을 이어준다.

사기꾼들 사이에서 인망이 높던 루터를 죽인 로니건에게 어떻게 복수를 해야 할까. 마피아에게 쫓기고, 위조지폐 때문에 화가 난 형사에게 쫓기고, 심지어 어렵사리 찾아간 곤도르프마저 사기극을 벌여서 FBI에게 수배되어 있는 상황이다. 조무래기급밖에 안 되는 일당들이 모여서 어떻게 이런 위기 상황을 돌파할 것인가. 곤도르프와 후커는 포커 판이 벌어지는 야간열차를 탄다. 로니건이 유일하게 즐기는 사기 도박판이다. 로니건이 어떤 숫자로 장난치기를 좋아하는지 미리 파악해둔 곤도르프는 술에 취한 것처럼 상대방을 방심시키고 화를 돋우면서 판을 키운다. 그의 손에 잡힌 카드는 쓰리 포커. 판돈이 1만 5천 달러까지 올라간다. 로니건이 회심의 미소를 지으면서 나인 포카드를 펴서 보여준다. 로니건이 칩을 가져가려고 하자 잠시 주춤하던 곤도르프

가 씩 웃으면서 자기 패를 보여준다. “잭, 네 장!”Four Jacks! 기적 소리가 뉴욕에 거의 도착했음을 알린다. 이제 로니건은 곤도르프 패거리가 짜놓은 시나리오에 말려들어간다.

영화는 고풍스러운 운치가 있다. 음악을 맡은 마빈 햄리시가 직접 연주하는 「엔터테이너」와 「이지 위너스」The Easy Winners가 건반 위를 물 흐르듯이 경쾌하게 지나간다. 영화가 끝나면 누구나 따라 흥얼거리고 박자를 맞출 수 있을 정도로 단순하면서 신나는 음악들이다. 스코트 조플린Scott Joplin은 1902년 래그타임 곡인 「엔터테이너」를 작곡했다. 래그타임ragtime이란 이어지는 음들의 강세를 약-강으로 반복해 쳐서 흥겨운 리듬감을 만들어내는 음악 스타일인데, 재즈의 싱코페이션syncopation(당김음) 또는 스윙swing의 원조격인 음악이다. 단순한 멜로디로 이루어진 것이 보통이지만, 리듬은 오히려 매우 현대적이다. 「엔터테이너」는 영화의 시간적 배경보다 더 오래전에 히트했고 영화의 제작 시점보다 70년이나 앞서 만들어졌지만, 영화의 유머러스한 분위기와 딱 들어맞는다. 크레디트 타이틀이 뜨면서 영화가 시작될 때 마빈 햄리시가 직접 연주하는 피아노 솔로가 경쾌하게 나온다. 주연 배우들을 소개하면서 피아노 연주는 더욱 빨라지고, 악기들이 더해지며 풍성함을 만들어낸다. 관악기들까지 가세한 「엔터테이너」는 더욱 흥겨운 분위기로 관객들을 끌어들인다. 유쾌한 이야기로 안내하는 통로인 셈이다. 의심 많기로 유명한 로니건은 포커 판에서 1만 5천 달러를 잃으면서 미끼를 물고 만다. 이제 어떻게 로니건에게 결정적인 펀치를 날릴 것인가.

심각하고 어두운 〈대부〉의 색채와 유쾌하고 즐거운 〈스팅〉의 풍경을 비교해보자. 〈스팅〉은 과거의 갱스터 무비에 대한 패러디이자 해학극이다. 영화 중간에 곤도르프가 말한다. "아무것도 얻은 게 없어." 후커가 묻는다. "그런데 왜 해요?" 곤도르프가 대답한다. "할 만하잖아, 안 그래?" 〈스팅〉은 위트와 재미가 있는 영화다. 단순한 복수극을 넘어서, 복수자들도 재미를 만끽해야 한다는 천진함이 있다. 막강한 힘과 자금력을 가진 마피아 보스가 조무래기 같은 사기꾼들에게 한 방 먹을 때 관객들은 짜릿한 쾌감을 느낀다. '스팅'은 벌이 톡 쏘거나 바늘로 콕 찌르는 느낌을 뜻한다. 로니건은 마피아라는 말벌과 싸운 게 아니라, 장난꾸러기 호박벌들에게 한 방 얼얼하게 쏘인 것이다. 당장은 아프지만 어처구니가 없다. 조용히만 있으면 아무도 알지 못하고 넘어갈 일이다. 더 이상 망신만 당하지 않으면 다행이다. 곤도르프 일당은 죽은 루터의 복수도 하고 거금도 챙겼다. 인생을 건 범죄를 저지른 것도 아니다. 이것이 〈스팅〉이 선사하는 유쾌한 재미다.

〈스팅〉은 경제공황, 금주법, 마피아 패밀리들과는 무관한 갱스터 무비이다. 조지 로이 힐 감독은 〈내일을 향해 쏴라〉에서와 마찬가지

:: 갱스터 무비에 짜릿함과 유쾌함을 더한 영화 〈스팅〉

로 세상을 낙관적인 시선으로 보며, 그런 세상을 스크린에 옮겼다. 관객들은 라스트 신을 보면서 짜릿한 쾌감을 느낀다. 로니건은 경마 사기극에 50만 달러를 날리고, FBI까지 개입되어 망신을 당할 판이다. 곤도르프와 후커가 총에 맞아 죽는 걸 본 악독 형사 스나이더는 로니건과 함께 꽁지가 빠져라 달아난다. 죽은 줄만 알았던 곤도르프와 후커가 피를 닦으며 일어선다. 사기극에 가담했던 모두가 한바탕 웃는다. 모든 이야기가 끝나고 다시 흥겹게 「엔터테이너」가 흐른다. 테마 음악으로 쓰인 「엔터테이너」는 때로는 피아노 독주로, 때로는 오케스트라 편곡으로 극의 흐름에 장단을 맞춘다. 이제 마지막으로 마빈 햄리시가 "원, 투, 쓰리!" 박자를 맞춘다. 그리고 스코트 조플린이 작곡한 「래그타임 댄스」가 흐른다. 화려한 익살극이 끝나고 브라스 밴드가 행진하면서 축제는 유쾌하게 막을 내린다.

✚ 「엔터테이너」만큼이나 유명한 곡인 「이지 위너스」는 앨범 타이틀로도 나와 있다. 앙드레 프레빈이 피아노를 치고 이자크 펄만이 바이올린을 연주한 〈The Easy Winners〉다. 스코트 조플린에게 헌정한 이 앨범에는 「엔터테이너」를 비롯해 「Solace」 「The Ragtime Dance」 등 조플린의 여러 래그타임 곡들이 실려 있다.

영화가 마술이 될 때

Barry Lyndon, 1975년
음악 레너드 로젠만 | **감독** 스탠리 큐브릭 | **원작** 윌리엄 새커리
주연 라이언 오닐, 마리사 베렌슨

✚ 배리 린든

〈배리 린든〉은 아주 단순하고 힘차게 시작한다. 스크린이 열리면 먼저 감독 스탠리 큐브릭의 이름이 뜬다. 다음으로 라이언 오닐과 마리사 베렌슨, 두 주연배우의 크레디트가 뜨고, 마지막으로 제목이 뜬다. 오프닝 타이틀에 뜨는 이름은 그게 전부다. 타이틀이 오르는 사이에 헨델의 「사라방드」가 뇌리를 치듯 강렬하게 울린다. 183분, 무려 세 시간에 이르는 이 대하드라마는 이처럼 짧고 인상적인 화면으로 시작된다. 「사라방드」의 울림 하나만으로 장중을 휘어잡으면서.

서울아트시네마에서 '스탠리 큐브릭 특별전'을 한 건 2007년 연말이었다. 〈배리 린든〉을 다시 볼 수 있는 좋은 기회였다. 오래전 이 영화를 모니터 화면을 통해서 볼 때는 꽤나 지루했던 기억이 난다. 순수하게 촛불 조명만 사용해서 찍었다는 일화로 유명했기에 긴긴 시간을 참아내며 봤다. 장면들은 무척이나 어두웠다. 무리해서 들여다보느라 눈물만 찔끔거렸던 기억이 남아 있다. 그런 탓에 극장으로 영화를 보러 갈 때만 해도 그다지 큰 기대는 없었다. 그런데 웬일인가, 내가 전에 봤던 영화는 진정한 〈배리 린든〉이 아니라 전혀 다른 비디오 소

품에 불과했다. 스크린을 통해 다시 본 작품은 긴 상영 시간이 어떻게 지나갔는지 모를 정도로 흡인력이 강했다. 오래된 유화처럼 깊은 톤의 영상과 함께 클래식 명곡들을 감상하는 즐거움만으로도 시간이 빠르게 지나갔다.

큐브릭은 18세기 영국 상류사회의 풍경을 완벽하게 재현하기 위해 전기 조명을 일체 사용하지 않았다. 모든 장면은 자연광과 촛불 조명만으로 촬영되었다. 실내 공간은 당연히 어두울 수밖에 없었고, 기존의 기술로는 촬영이 어려웠다. 그래서 NASA가 아폴로 달 착륙을 위해 개발했던 렌즈를 개조해서 사용했다. 이 렌즈는 어두운 상황에서도 촬영이 가능했다. 그러나 워낙 조도가 낮아 야간 신에서는 인물의 빠른 움직임을 찍을 수 없었고, 카메라를 이동하며 찍는 것도 어려웠다. 잔상이 남는데다가 명확하게 포커스를 맞추기도 힘들었기 때문이다. 그래서 카메라는 고정되었고, 인물들은 느리고 우아한 모습으로 움직이게 되었다. 큐브릭의 이런 연출은 결과적으로 관객들을 18세기 과거로 데려갔다.

그가 만들어낸 실내 장면들은 윌리엄 호가스William Horgarth, 1697~1764의 그림에 비유된다. 풍속화가로 활동했던 호가스의 대표작 〈탕아의 편력〉 시리즈는 이 영화와 내용 면에서도 흡사하다. 아버지로부터 막대한 유산을 물려받았으나 흥청망청하다가 정신병원에서 몰락하는 어떤 탕자의 이야기다. 배리 린든의 삶도 비슷한 운명을 지니고 있다. 큐브릭이 보여준 풍경들은 장 앙투안 와토Jean Antoine Watteau, 1684~1721나 토머스 게인즈버러Thomas Gainsborough, 1727~1788가 그린 풍경화의 세계로 우리를 인도한다. 태양이 빛나고, 구름이 지나가고, 강물이 흘러가는 모습을 18세기 화가의 시선으로 담았다. 큐브릭은 이 모

든 것을 완벽하게 얻기 위해 촬영에만 무려 300일을 소비했다고 한다. 이 엄청난 집요함의 결과가 〈배리 린든〉이다.

이름을 얻는다는 것이 그렇게도 중요한 일일까. 18세기 아일랜드 농촌 출신의 청년 레드몬드 배리(라이언 오닐)는 군대에서 우여곡절을 겪은 끝에, 도박으로 돈을 벌고 그 힘을 빌려 출세한다. 귀족 신분을 얻기 위해 결혼까지 한다. 그는 신분 상승을 위해서라면 아무렇지도 않다는 듯 자기기만과 악행을 일삼는 비열한 인간이다. 결국 배리는 그동안 저지른 죄에 대한 벌로 평생 집착해온 모든 것을 잃고 몰락하고 만다. 큐브릭은 이 모든 현실을 냉소적이고 담담하게 그려나간다. 원작은 윌리엄 새커리1811~1863가 쓴 소설 『배리 린든 회고록』이다.

헨델의 「사라방드」는 원래 〈하프시코드 모음곡 4번〉의 한 곡으로 하프시코드 독주용으로 작곡된 곡이다. 큐브릭은 이 곡에 웅장함을 더하기 위해 하프시코드 외에 관현악을 편성해서 연주한다. 메인타이틀이 뜰 때나 엔딩 크레디트가 뜰 때도 「사라방드」가 장엄하게 흐른

:: 큐브릭은 예술적이고 완벽한 미장센으로 18세기의 풍경을 재현한다.

다. 「사라방드」는 한 인간의 운명과 타락을 그린 이 드라마를 시작하고, 마감한다. 「사라방드」는 절대적이다. 마치 신의 목소리나 의지처럼 느껴진다. 성공을 위해 아무리 발버둥 쳐도 인간에게는 한계가 있다는 사실을 말없이 일깨우는 듯하다.

〈배리 린든〉은 당시 흔하게 벌어지곤 했던 결투 장면에서 시작된다. 아버지가 명분도 없는 결투로 세상을 떠난 것처럼 배리도 질시와 충동으로 인해 결투에 휘말리게 된다. 첫사랑인 사촌 누이가 그를 배신하고 퀸 대위라는 돈 많은 영국 장교와 결혼하게 되었기 때문이다. 퀸 대위와의 결투로 배리는 고향을 등지고 파란만장한 인생유전을 시작하게 된다. 결투가 시작되기 전, 강가에는 물오리 우는 소리들만이 울려 퍼진다. 참관자들이 총에 실탄을 장전한다. 타악기들이 먼 북소리처럼 들려온다. 「사라방드」를 편곡한 「Duel」이다. 처음에 그 음률은 무척이나 단순하게 들려온다. 카메라는 전혀 움직이지 않는다. 위치만 바꾸면서 대상들을 잡을 뿐이다. 전경을 보여주고, 결투를 앞둔 배리와 퀸 대위를 교차해서 잡는다. 인물들의 각도도 똑같다. 배리는 다른 사람들과 함께 풀 쇼트로, 퀸 대위는 약간 아래쪽에서 가슴 사이즈의 클로즈업으로 보여준다. 그런 앵글은 두 사람의 신분 차이를 상징한다. 배리가 사과하지 않겠다고 말할 때도 카메라는 배리를 잡지 않고, 오히려 대위의 당황하는 표정을 드러낸다. 음악을 통해 결투에 임하는 대결자들의 심리 상태가 고스란히 나타난다. 총 소리가 울리고 대위가 쓰러진다. 이제 하프시코드를 포함한 웅장한 연주가 전면에 등장한다.(OST 앨범에는 이 장중한 연주 부분은 제외하고 앞부분만 수록되어 있다.) 「사라방드」는 배리의 운명을 예고하는 듯 도피행을 떠나는 그의 등 뒤로 흐른다. 배리는 그렇게 고향을 떠나지만 얼마 가지 못해서 강도들을 만나고, 갖고 있던 전 재산을 빼앗기고 만다.

돈을 준다는 말에 혹해서 배리는 군에 입대한다. 전장에서 병사들은 의미도 없이 죽어나간다. 다행히 배리는 운이 잘 풀려서 아는 사람을 만나게 되고 편안한 군대 생활을 한다. 그러나 그것도 잠시, 그 친구가 죽어버리자 호시탐탐 탈영할 기회만 노린다. 탈영한 배리는 프러시아 군을 만나 장교라고 속이지만 거짓말은 곧 들통이 나고, 가장 험한 곳에서 군 복무를 하게 된다. 이때 같은 영국인 발리바리가 나타나 그를 구출해준다. 발리바리를 스파이인 양 감시하고 보고하지만, 이미 친구가 된 두 사람이 짜고 거짓 보고를 하며 궁정 생활을 즐기고 있는 것이다. 발리바리가 도박에서 딴 돈 때문에 왕자와 결투해야 할 상황에 빠지게 되자, 두 사람은 도망쳐서 안전한 영국 땅으로 돌아온다.

배리의 감정이 극적으로 바뀔 때마다 등장하는 음악이 슈베르트의 「피아노 트리오 2번」(Op. 100)이다. 슈베르트의 음악은 정말이지 파격적이다. 영화가 후반부로 접어들면서 나오기 시작하는 「피아노 트리오」는 배리와 린든 부인의 관계가 진전되면서 반복적으로 나타난다. 큐브릭이 이 음악을 사용하는 시점은 너무나 놀랍다. 배리와 린든 부인이 만나 사랑에 빠지기 시작하는 장면과 두 사람이 냉정하게 헤어지는 장면에 동일하게 나오기 때문이다. 어떻게 같은 음악으로 정반대의 상황과 극단적인 감정을 묘사하는 게 가능했을까. 사랑이 시작될 때는 그토록 낭만적으로 들리는 음악이, 이별할 때는 몹시도 차갑게 느껴진다. 큐브릭의 차가운 시선과 피아노 소리가 만들어내는 감정의 힘은 경이로울 정도다.

배리가 테라스에 앉아 있을 때, 한 귀족 일가가 정원으로 들어온다. 그와 함께 「피아노 트리오 2번」이 흐르면서 배리의 가슴을 설레게 만들기 시작한다. 병든 린든 백작은 휠체어에 의지하고 있고, 어린 아들 벌링든 경과 매혹적인 린든 백작부인(마리사 베렌슨)이 같이 등장한다. 낮은 밤으로 바뀌고, 궁전에서 벌어진 도박판에 백작부인이 나타난다. 그녀는 배리가 있는 테이블로 와서 앉는다. 카드를 치고 있는 그녀를 촛불 조명만이 은은하게 비춘다. 바이올린은 백작부인의 아름다움을 선율로 노래하는 것 같다. 묵묵하고 차분한, 그러나 요염한 그녀의 자태를 배리는 아련한 마음으로 바라본다. 밖으로 나가는 그녀를 따라 피아노 소리가 고고하게 메아리친다. 우아한 드레스를 입은 백작부인은 테라스에 혼자 서서 먼 곳을 바라본다. 마치 누군가를 기다리는 것처럼. 배리는 그녀를 쫓아 걸어가고 바이올린 선율이 고조된다. 동시에 피아노 소리도 강렬하게 울리면서 배리의 떨리는 감정과 두 사람의 이끌리는 마음에 장단을 넣어준다. 두 남녀의 관계가 시작되기 전의 긴장감을 세 악기가 어우러져 표현하는 것이다. 그리고 배리는 음악에 맞추기라도 하듯이 그녀의 입술에 키스한다.

린든 부인을 만나면서 배리는 '레드몬드 배리'라는 자신의 이름에서 벗어나려는 강한 욕망에 휩싸인다. 배리 린든 경이 되고 싶은 것이다. 그는 사랑을 가장해 백작부인과 결혼한다. 그러나 영화 내내 깔리는 내레이션은 이를 한마디로 축약해준다. "린든 부인은 배리의 인생에서 비싼 카펫이나 한낱 그림처럼 배리를 돋보이게 하는 부속물에 불과했다." 백작 가문의 적장자인 부인의 아들 벌링든 경은 배리가 기회주의자임을 알아차리고 증오한다. 심지어 배리에게 맞아가면서도 자신의 아버지는 찰스 린든 경임을 잊지 말라며 배리를 경멸한다. 불륜을 예사로 저지르던 배리는 부인이 자신의 아들 브라이언을 낳자 잠시 안정을 되찾는다. 뒤를 이을 후계자가 태어난 것이다. 배리를 저주하던 벌링든 경도 집을 떠나버린다. 그러나 배리의 유일한 혈육인 브라이언은 낙마 사고로 죽게 되고, 배리는 크게 낙담하여 술로 나날을 지새운다. 내레이션은 모든 일을 내려다보는 절대자처럼 말한다. "운명은 배리에게 후손을 허락하지 않았고 여생을 가난하고 외롭게 마치도록 정해놓았다."

돌아온 벌링든 경은 배리에게 결투를 신청한다. 배리는 벌링든을 죽일 수 있었음에도 그에게 기회를 준다. 결국 배리는 총에 맞아 다리를 잘라내게 되는 상황에 처한다. 이때부터 「피아노 트리오 2번」은 나락에 이른 배리를 표현하는 음악으로 쓰인다. 다리를 잘라낸 배리의

:: 인간의 운명은 얼마나 타락할 수 있는가.

모습을 보여줄 때, 바이올린 소리는 배리의 상태를 반영하듯이 힘없고 연약하게 울린다. 린든 부인은 배리가 떠나는 조건으로 돈 지불을 약속하는 문서에 서명을 한다. 음악은 동일하지만 처음 만날 때와는 완전히 다른 분위기이다. 슬픈 듯 어처구니없는 듯 미묘한 표정으로 린든 부인은 문서를 내려다본다. 피아노 소리가 아름답게 울리고, 바이올린 소리가 고조되면서 부인의 입에서 탄식이 흘러나온다. 그 자리에 배리는 없다.

마지막 장면이다. 마차의 말발굽 소리와 함께 피아노 소리가 규칙적으로 들려온다. 이어서 바이올린이 슬프게 울리자 배리가 목발을 짚고 나온다. 그가 마차에 오르는 순간 화면은 정지된 채 흐르고, 이야기는 거기서 멈춘다. 내레이션이 말한다. "린든 부인은 그 이후 그를 다시 보지 못했다."

〈배리 린든〉은 고색창연한 카메라 연출과 헨델의 「사라방드」, 슈베르트의 「피아노 트리오 2번」이라는 클래식 곡들의 미학이 함께 만들어낸 영화이다. 기만과 허영에 가득한 한 인간의 운명을 영상과 음악으로 장중하게 그려낸 서사시이다. 이 영화를 통해 스탠리 큐브릭은 영화에서 음악이 어떤 식으로 쓰여야 하는가에 대한 하나의 전형을 제시했다. 음악은 상황에 맞춰 변주되면서 영상과 인물들의 감정을 변주하고 또 통일성을 부여한다. 〈배리 린든〉은 고전음악이 가진 미학의 가능성을 절묘하게 제시한 역작이다.

최고의 스포츠 뮤직

Rocky, 1976년
음악 빌 콘티 | 감독 존 G. 아빌드슨 | 각본 실베스터 스탤론
주연 실베스터 스탤론, 탈리아 샤이어, 버트 영

✚ 록키

1970년대 중반 최고의 인기 스포츠는 권투였다. 당시 국내 최고의 복서라면 홍수환과 유제두가 먼저 떠오른다. 74년 홍수환은 남아공에서 아놀드 테일러를 꺾고 WBA 밴텀급 세계챔피언이 되었다. "엄마, 나 챔피언 먹었어!"라는 멘트는 전 국민의 유행어가 되었다. 75년 유제두는 와지마 고이치와 싸워 WBA 미들급 세계챔피언에 올랐으나, 이듬해 리턴 매치에서 힘 한번 못 쓰고 패배하고 만다. 시합을 지켜본 많은 사람들이 돈을 받았다, 약을 먹었다는 이야기를 하곤 했다. 77년 홍수환은 헥토르 카라스키야와 싸워 네 번 다운된 끝에, 3회에 어퍼컷 한 방으로 KO승을 거두면서 4전 5기의 신화를 썼다. 이런 빅 매치가 열릴 때마다 온 국민이 TV 앞에 앉아 목이 터져라 응원하던 시절이었다. 70년대에는 권투 영화도 종종 나왔다. 마틴 스콜세지는 〈성난 황소〉를 찍었고, 프랑코 제피렐리는 〈챔프〉를 찍었다. 〈챔프〉는 우리나라에 개봉되었을 때 관객들의 손수건을 적신 최루성 영화였다.

실베스터 스탤론은 무하마드 알리와 무명이나 다름없는 척 웨프너Chuck Wepner가 맞붙은 경기를 보고 강한 인상을 받았다. 조 프레이저,

조지 포먼, 켄 노튼처럼 헤비급에는 기라성 같은 선수들이 많았다. 알리의 상대로서 척 웨프너는 뉴스거리도 되지 못했다. 사람들은 척 웨프너가 경기가 시작되자마자 쓰러질 거라고 예상했지만, 그는 15회까지 버티다가 TKO로 패한다. 스탤론은 이 시합에서 영감을 받아 시나리오를 쓰기 시작했다. 승부를 알 수 없는 경기의 의외성과 인간의 의지라는 면을 부각시켰다. 그리고 기회의 땅이라는 요소, 아메리칸 드림의 신화를 담았다.

로버트 레드포드, 버트 레이놀즈, 제임스 칸 등 당대 최고의 흥행 스타들이 록키라는 캐릭터를 마음에 들어했다. 그러나 스탤론은 자신이 직접 주연을 맡아야 한다고 극구 우겼다. 당시까지 스탤론은 변변한 배역 한번 맡아보지 못한 무명배우에 불과했다. 결국 제작자인 어윈 윙클러와 로버트 차토프는 스탤론의 끈질긴 고집에 지고 말았다. 대신 조건이 있었다. 무명배우라는 흥행의 부담 요소 때문에 예산을 극도로 제한한 것이다. 그래서 〈록키〉는 1,100만 달러라는 저예산에, 28일이라는 짧은 기간에 걸쳐 촬영이 진행되었다. 그래도 좋은 시나리오는 좋은 결과를 낳는 법이다. 스타도 출연하지 않고 흥행 요소도 거의 없었지만 서서히 입소문을 탄 〈록키〉는 흥행 가도를 질주하기 시작했다. 거물급 영화평론가 로저 에버트는 스탤론의 연기를 보고 '젊은 시절의 말론 브란도'를 보는 것 같다고 호평했다. 아카데미에서는 작품상과 감독상 등 3개 부문을 석권했다. 빌 콘티가 작곡한 주제가 「Gonna Fly Now」도 크게 히트했다.

실베스터 스탤론은 음악을 잘 몰랐지만 욕심이 많았다. 하지만 예산이 적은 게 문제였다. 그때 만난 이가 빌 콘티다. 빌 콘티 역시 폴 마주르스키 감독의 〈해리와 톤토〉1974 정도를 제외하면 큰 영화를 맡은 적이 거의 없었다. 그는 마르고 예민해 보이는 인상이었다. 스탤론은 빌 콘티의 그런 인상 때문에 처음에는 그에게 별로 호감을 갖지 못했다. 그래도 스탤론은 두서없이 자신이 원하는 음악에 대해 장황하게 말을 늘어놓았다. 강한 남자, 사랑과 용기, 패배자들의 고민 등이 어우러진 음악을 원한다고 말했다. 그 말을 들은 빌 콘티는 악수만 나누고 밖으로 나갔다. 3주 후에 그가 악보를 들고 다시 나타났다. 스탤론은 별로 기대하지 않았지만, 음악을 듣고 있자니 저절로 환호성이 나왔다. 스탤론은 생각했다. '이렇게 볼품없는 사내가 어떻게 짧은 시간에 모든 캐릭터들을 파악해서 음악에 담아냈을까.' 스탤론은 그때 새로운 아침이 열리는 것 같은 느낌을 받았다고 한다. 이렇게 하여 빌 콘티도 〈록키〉 시리즈를 통해 영화음악가로서 확고한 위치에 올라서게 된다.

어릴 적 극장에서 〈록키〉를 처음 보면서 손에 땀을 쥐던 기억이 난다. 결코 이길 수 없는 경기라고 생각했음에도 마지막까지 긴장을 놓을 수가 없었다. 아폴로는 막강했고, 록키는 그의 상대가 되지 않을

:: 서른 살의 록키와 스탤론은 처음으로 진지하게 인생에 도전한다.

것 같았다. 지금 다시 봐도 손에 땀이 밴다. 단순한 시합 하나가 아니라 자기 삶의 모든 것을 건 기회이기 때문이다. 삼류 인생으로 좌초하느냐, 아니면 새로운 삶을 쟁취하느냐. 거기에는 패배자로 살아온 사람이 처음 맞닥뜨리는 진지한 인생의 순간이 그려져 있다. 록키 발보아(실베스터 스탤론)는 말한다. "15회까지 버티기만 하면 돼. 아무도 끝까지 가보지 못했거든. 내가 그때까지 버티면, 종소리가 울릴 때까지 두 발로 서 있으면, 내 인생에서 처음으로 뭔가를 이루어낸 순간이 될 거야." 영화 속에서 록키는 해가 바뀌면 서른 살이 된다. 당시 실베스터 스탤론의 실제 나이 역시 그러했다. 스탤론이나 그의 분신 록키나 지금까지 단 한 번도 성공이라는 것을 경험해보지 못했다. 이제 서른,

:: 중요한 건 이기는 것이 아니라 끝까지 버티는 것이다.

그러나 잔치는 끝나지 않았다. 이제부터 시작이다.

실베스터 스탤론이 액션 스타가 아니라 〈록키〉를 찍을 때처럼 계속 진지한 배우로 살았다면 어땠을까. 삼류 배우였던 그에게 성공의 단맛은 너무나 달았던 것일까. 아니면 액션 스타로서 자신을 과시하고 싶었던 걸까. 〈람보〉 〈클리프행어〉 등의 성공 이후 스탤론의 필모그래피에서 진지한 영화를 찾아보긴 어렵다. 그저 액션 배우의 대명사처럼 느껴질 뿐이다. 그러나 실질적인 주연 데뷔작 〈록키〉는 다르다.

록키는 스탤론 자신의 실제 상황과 감정이 제대로 이입됨으로써 대단히 리얼한 캐릭터로 탄생한다. 그가 살아가는 인생은 한마디로 쓰레기 같다. 뒷골목 경기장에서 권투 시합이 벌어지지만 받는 개런티라곤 고작 40달러밖에 안 된다. 호감이 가는 에이드리언을 꼬셔보려고 할 일 없이 애완동물 가게를 들락거리지만 싸늘한 대답만 들을 뿐이다. 가끔씩 시합에 나가긴 하지만 평소에는 술, 담배 다 하면서 제대로 된 운동선수답지도 않다. 낮에는 고리대금업자의 하수인 노릇을 하고, 자기가 다니던 체육관에서는 후배에게 라커까지 빼앗기는 처지가 된다. 어릴 적 사진을 바라보지만 그때의 꿈은 이미 사라진 지 오래다. 추수감사절이 다가오지만 같이 식사를 할 사람조차 없다. 이런 막장 인생에게 처음으로 기회가 온다. 믿을 수 없는 기회가.

〈록키〉는 시간적 배경도 절묘하다. 미국이 독립 200주년을 맞이하는 1976년 1월 1일이 타이틀 매치가 벌어지는 날로 설정되어 있다. 경기가 열리는 장소도 독립선언문을 선포했던 도시 필라델피아다. 미국인의 가슴 속에 깃들어 있는 애국심과 자부심을 연상시키는 도시다. 건국 때부터 이민자들에게 희망을 선사한 '미국은 기회의 땅'이라는 이상을 일깨우기에 적격인 곳이다. 이탈리아계 무명 복서에게 헤비급 세계챔피언은 세계 타이틀전을 치를 기회를 허용한다. 매스컴들은 이 불가능한 시합을 지극히 미국적인 발상이라며 치켜세운다.

타이틀 매치가 결정되자 록키는 훈련을 하기 위해 새벽 4시에 일어난다. 일어나는 것조차 힘들다. 제대로 된 훈련은 처음이다. 트럼펫 소리가 전주로 울리고, 몸을 풀면서 새벽길을 달린다. 미술관 계단을 올라가지만 처음이라 힘들다. 아직 몸이 받아내지 못한다. 이때는 전반적인 음악의 템포도 느리다. 록키의 힘든 호흡을 대신하듯이 피아노 소리로만 받쳐준다. 훈련이 본격적으로 궤도에 오르면서 음악도 경쾌해지기 시작한다. 드디어 테마 곡 「Gonna Fly Now」가 힘차게 흐른다. 록키가 거리를 달릴 때 필라델피아의 전경이 비추어진다. 펀치 볼을 두드리고, 한 팔로 팔굽혀펴기에 윗몸 일으키기, 배를 맞으며 복부 단련 훈련을 하는가 하면, 얼어붙은 쇠고기를 주먹으로 친다. 드에타 리틀DeEtta Little과 넬슨 피그퍼드Nelson Pigford가 듀엣으로 부르는 노래가 힘차게 거리에 울려 퍼진다. 나중에 '록키 계단'Rocky Steps으로 불리게 되는 필라델피아 미술관 계단을 올라가는 모습에서 음악은 절정에 달한다. 노래도 록키와 함께 클라이맥스를 향해 달린다. 록키의 모습이 슬로 모션으로 느려지면서, 노래는 록키와 하나가 되어 끝을 맺는다. 「Gonna Fly Now」는 설령 시합에서 이기지 못할지라도 제대로 된 승부를 벌이고 싶은 록키의 꿈을 남김없이 담아낸다.

록키는 마지막까지 굴하지 않고 챔피언 아폴로를 로프에 밀어붙인다. 경기가 끝났음을 알리는 종이 울린다. 서로 상대방에게 질린 두 사람은 다시는 싸우지 않겠다고 말한다. 그 사이 빌 콘티의 음악 「The Final Bell」이 흐른다. 카메라는 승부의 결과에 초점을 맞추는 게 아니라 록키라는 한 인간을 비춘다. 경기가 끝나자 에이드리언을 외치며 찾는 록키. “재시합은 안 해요. 오늘 맞은 걸로 충분하니까.” 열광하는 관중들을 뚫고 에이드리언은 겨우 링 위로 올라온다. 록키가 묻는다. “모자는 어딨어?” 에이드리언이 대답한다. “사랑해요.” 록키도 진정으로 고백한다. “사랑해.” 상처 입은 록키의 얼굴을 정지 화면으로 잡으면서 엔딩 크레디트가 올라간다. 마지막 곡 「Rocky's Reward」가 함께 흐르며 마지막을 장식한다. 〈록키〉는 스포츠 경기가 주는 의외성을 극적으로 보여준다. 그러면서도 경기보다는 인간에게 초점을 맞춘다. 눈이 퉁퉁 부은 채로 에이드리언을 부르던 록키의 목소리가 영화가 끝난 후에도 귓전에 울린다.

✚ 영화에서 세계 타이틀 매치가 벌어지던 날, 링에는 실제로 헤비급 세계챔피언이었던 조 프레이저가 깜짝 등장을 한다.

✚ 〈록키〉에서 필라델피아 거리 풍경과 명소들을 엿보는 것은 또 다른 재미이다. 특히 필라델피아 미술관 계단과 광장은 영화 이후 록키의 트레이닝 코스로 유명해졌다. 심지어 1982년에는 록키 기념동상이 세워지기까지 했다.

✚ 얼마 전 『뉴욕타임스』는 최고의 운동용 노래로 「Gonna Fly Now」를 소개한 바 있다. 영국 브루넬 대학의 코스타스 카라게오르기스 교수에 따르면, 이 노래는 듣는 이들에게 낙관적인 기분이나 흥분 상태를 불러일으킨다고 한다.

그대에게 '포스'가 함께 하리라

Star Wars, 1977년
음악 존 윌리엄스 | 감독 조지 루카스 | 주연 마크 해밀, 캐리 피셔, 해리슨 포드

✚ 스타워즈

〈스타워즈〉는 일찍이 만들어진 적이 없었던 대형 SF 오락영화다. 그러나 〈스타워즈〉에는 대중성을 넘어서는 힘이 존재한다. 한마디로 '포스'Force가 강하다고 할까. 스토리는 단순하지만 신화적인 요소들이 결합되면서 강한 에너지를 발산한다. 그게 〈스타워즈〉의 신비로움이며 신화다움이다. 영화는 지금 봐도 30년 전 과거에 만들어졌다는 사실을 잊게 만든다. 스토리와 액션, 특수효과가 한 치도 어긋남 없이 조화되어 전개된다. 이야기는 고대 신화와 기사들의 영웅담 그리고 공상과학 소설을 잘 버무린 것 같다. 그리스 신화와 아서 왕 전설, 아서 C. 클라크의 소설을 하나로 멋지게 합치면 이런 결과가 나오지 않을까? 조지 루카스는 인류의 보편적인 이야기인 신화와 영웅담을 우주 공간으로 옮겼다. 찬란한 영상과 특수효과를 이용해 완전히 새로운 영화 속 전설의 세계를 창조해냈다. 그리고 거기에는 또 하나의 이름, 존 윌리엄스가 있다. 〈스타워즈〉는 루카스의 영화이되, 작곡가 존 윌리엄스야말로 그의 오선지 위에서 〈스타워즈〉라는 오페라를 만든 것이 아닐까? 〈스타워즈〉 같은 SF가 '스페이스 오페라'라 불리는 것처럼.

〈스타워즈〉 시리즈는 총 6개의 에피소드가 제작되었다. 그중 4~6번째 에피소드가 먼저 만들어지고 훨씬 나중에서야 1~3번째 에피소드가 뒤늦게 제작되었다. 나중에 만들어진 시리즈는 CG의 완성도나 특수효과 면에서 확실히 진일보했지만, 그래도 〈스타워즈〉 하면 최초로 제작된 4번째 에피소드를 들 수밖에 없다. 충격과 놀라움이란 첫 번째에나 유효한 법이니까. 이 작품은 "새로운 희망"A New Hope라는 부제를 달고 있다.

제국군에게 쫓기던 레이아 공주(캐리 피셔)는 로봇 R2D2에게 데스 스타의 설계도를 입력해 넣고 휴머노이드형 로봇인 C3PO와 함께 타투인 행성으로 내려보낸다. 두 로봇을 만난 루크(마크 해밀)는 사막에 은거하는 노인 벤 케노비(알렉 기네스)를 찾아간다. 벤의 진짜 이름은 오비원 케노비, 이제는 한 명밖에 남지 않은 과거의 제다이 기사이다. 그들에게 주어진 임무는 데스 스타의 설계도를 공화군 측에 전달하는 일. 루크는 벤과 함께 공주의 고향인 알데란으로 가는 우주선을 구하기 위해 인간쓰레기와 악당들이 우글거리는 도시로 간다. 그렇게 하여

:: 〈스타워즈〉는 우주에서 영웅 신화를 재탄생시켰다.

루크와 벤은 밀수업을 하는 조종사 한 솔로(해리슨 포드)와 고릴라 인간 추바카를 만나게 된다. 거의 고물 수준이지만 속도에서는 뒤지지 않는 밀레니엄 팰컨 호를 타고 알데란에 도착하지만, 이미 행성은 데스 스타의 강력한 공격을 받고 흔적도 없이 사라져버린 후였다. 그리고 그들은 엄청난 흡인력에 이끌려 데스 스타 안으로 끌려들어간다. 루크와 한 솔로는 감옥에 갇힌 공주를 구출하고 밀레니엄 팰컨으로 되돌아간다. 강력한 포스의 존재를 느낀 다스 베이더는 오비원을 찾아내고 광선 검 결투를 벌인다. 공주를 탈출시키기 위해 오비원은 스스로 죽음을 택하고, 살아남은 이들은 공화군의 비밀기지로 간다. 이제 우주의 운명을 건 마지막 전투가 기다리고 있다. 데스 스타의 막강한 힘에 대항할 수 있는 유일한 방법은 소형 전투우주선들뿐이다. 데스 스타가 행성을 파괴할 에너지를 끌어올리는 사이, 공화군 전투선들이 빠른 속도로 데스 스타를 향해 날아간다.

〈스타워즈〉는 신화적인 스토리 위에다 잠시도 눈을 뗄 수 없을 만큼 화려한 특수효과를 더하여 완성도를 높였다. 이로써 영화 산업에서 특수효과의 시대가 열리게 된다. 할리우드만이 만들어낼 수 있는 거대한 스케일의 영화가 탄생한 것이다. SF는 가장 할리우드다운 장르로 자리매김하면서 영화 산업을 이끌어나가기 시작한다.

존 윌리엄스는 〈스타워즈〉에서 대형 서사극이 유행하던 1940~50년대를 연상케 하는 스케일 큰 음악들을 선보인다. 60년대 이후 왜소해지고 있던 영화음악의 규모를 다시 교향곡과 오케스트라의 시대로 되돌린 것이다. 그것은 코른골드Erich W. Korngold, 1897~1957나 아론 코플랜드Aaron Copland, 1900~1990가 이루어냈던 영화음악의 성취를 다시금 재현하는 것이었다. 〈스타워즈〉의 「메인 타이틀」Main Title은 웅대한 서사시가 시작됨을 알리는 서곡이다. 우주 공간에 팡파르가 울려 퍼진다. "밤밤, 바바바빠~밤, 바바바밤…." 마치 행진곡의 리듬처럼 힘차면서도 웅장하고, 무엇보다 남성적인 기개가 넘치는 테마 음악이다. 누구나 멜로디를 들으면 〈스타워즈〉를 떠올리게 되는 이 주제부는 「루크의 테마」Luke's Theme이기도 하다. 오비원 케노비를 만나면서 자신의 과거를 알게 되고, 삼촌과 숙모가 제국군들에게 죽임을 당하고 레이아 공주를 찾아가게 되며, 자신에게 강력한 '포스'가 잠재해 있음을 알게 되고, 데스 스타에 마지막 일격을 가해 영웅이 되는 루크 스카이워커를 상징하는 음악이다. 이 음악은 루크와 그의 앞에 펼쳐진 운명적 모험을 예고한다. 대담하면서 남성적이고, 중세의 기사다운 격조가 넘친다. 런던심포니 오케스트라의 관악 파트가 이 음악에 강렬한 힘을 불어넣었다. 존 윌리엄스는 영화 내내 이 주제부를 반복해 들려준다. 루크의 존재감을 상기시키고, 한 사람의 영웅이 탄생할 것이라는 사실을 알려준다. 「메인 타이틀」은 「루크의 테마」로부터 시작하여 「레이아 공주의 테마」Princess Leia's Theme로 짧게 이어진다. 이 테마 곡은 플루트를 이용한 관악기들로 동화 같고 비현실적인 느낌을 불러일으킨다. 루크가 처음 R2D2의 영상으로 공주를 보았을 때 느꼈던 아름다움을 음악으로 표현해낸 것이다. 「메인 타이틀」의 주제부들이 끊임없이 다른 스코어들과 섞이면서 영화 중반에 이를 즈음이면 「메인 타이틀」에서 처음 나왔던 「루크의 테마」는 관객들의 귀에 완전히 각인된다. 이렇게 테마 음악들은 서로 섞이면서 전체적으로 발전되어 대단원을 향해 나아간다. 루크의 모험담은 음악과 완벽하게 동화된다.

공주가 타고 있는 우주선이 제국군에게 잡힌 후 다스 베이더가 등장한다. 상대방의 목을 조이면서 엄청난 포스를 발산하는 다스 베이더에게도 테마 음악이 있다. 그를 상징하는 악기는 바순처럼 낮은 음색의 관악기이다. 여기에 일시적으로 중단되곤 하는 트롬본 소리가 그의 존재감에 무게를 더한다. 낮은 사운드의 관악기들로 음산하면서도 묵직한 분위기를 자아내는 것이다. 그러나 다스 베이더는 음악이 없더라도 몹시도 위력적인 숨소리를 갖고 있다. 조지 루카스가 부여한 낮고 불규칙한 호흡만으로도 모두에게 두려움을 불러일으키는 존재이다.

우주선들이 날아다니고 첨단 무기들이 등장하지만, 〈스타워즈〉의 배경은 미래라기보다는 먼 옛날에 가깝다. 공화군은 제국군에 저항하지만 힘에 부친다. 영화 속에서 언급만 될 뿐 등장하지 않는 황제는 절대 권력으로 의회마저 해산시켜버린다. 로마시대 공화정과 제정의 교

체를 연상시킨다. 다스 베이더의 복장은 역사상 가장 멋진 군복으로 평가받는 독일군을 연상하게 한다. 검은 복장에 헬멧을 쓰고 망토를 날리는 그의 존재감은 압도적이다. 광선검은 낭만적인 무기다. 기사들과 영웅들의 로망이 떠오른다. 제다이들의 정신세계는 동양적인 선(禪)의 정서가 반영되어 있다. 서구의 물질문명과 동양의 정신세계가 결합되는 것이다. 이런 모든 요소들은 가상의 영화적 장치들마저 익숙한 현실처럼 보이게 한다. 오비원은 루크에게 "눈에 보이는 것을 믿지 말라."고 말한다. 그는 '포스'가 루크와 함께 할 것임을 안다. 오비원은 루크의 정신적인 스승으로서, 루크가 제다이 기사의 대를 이을 것임을 암시한다.

스토리나 캐릭터는 어떤 면에서는 간결한 편이다. 그래서 보는 이들로 하여금 다양한 상상을 불러일으킨다. 등장인물들의 디테일은 거의 밝혀지지 않는다. 루크의 아버지가 어떤 사람인지, 왜 루크가 삼촌과 함께 살게 됐는지, 제다이 기사들은 어떤 사람들인지, 다스 베이더는 어떻게 해서 제국군의 편에 서게 되었는지 등을 〈스타워즈〉 에피소드 4편 하나로는 알 수가 없다. 제국의 황제는 어떤 인물인지, 레이아 공주는 어떤 배경을 지니고 있는지도 알 수 없다. 그러나 이들은 모두 보편성을 갖춘 캐릭터들이다. 그렇기 때문에 관객들은 내용을 완전히 알지 못하더라도 영화를 텍스트 자체로 이해하게 된다. 어릴 때부터 익히 들어왔던 왕과 공주, 궁정을 드나들던 기사들의 영웅담이 우주 공간에서 펼쳐지는 것이니까.

〈스타워즈〉의 성공담에 있어서 감독 조지 루카스와 더불어 가장 중요한 인물은 음악을 담당했던 존 윌리엄스이다. 스티븐 스필버그는 자신의 영화 〈죠스〉1975에 멋진 사운드를 선사했던 존 윌리엄스를 친구인 루카스에게 소개해주었다. 그렇게 해서 영화가 기획 중이던 1975년부터 윌리엄스와 루카스는 시나리오를 보면서 어떤 음악이 필요할지 의논하기 시작한다. 그리고 시험적으로 외계인 밴드들이 떠들썩하게 부르는 곡인 「Cantina Band」 장면과 음악을 구상하면서 쇼트와 쇼트 사이의 리듬감과, 음악의 리듬이 어떻게 지속성을 유지해야 하는가에 대한 의견 일치를 보았다.

1977년이 되자 윌리엄스는 아직 완성되지 않은 워크프린트workprint를 보게 된다. 그는 관객들이 들으면 곧 기억할 수 있도록 각인되는 음악이 필요하다고 느꼈다. 그리고 두 달 동안 본격적인 창작 작업에 들어간다. 루카스는 자신의 영화에 어떤 작풍의 음악이 필요한지 설명했고, 윌리엄스는 이를 납득했다. 영화는 아주 독창적이었고, 기존의 영화와는 완전히 달랐다. 관객들은 영화 속에서 처음 보는 창조물들을 보게 될 것이고, 본 적이 없는 공간들을 접하게 될 것이며, 들어보지 못한 소리들을 듣게 될 터였다. 그렇기 때문에 음악은 친숙하게 공감을 이끌어내는 역할을 맡아야 했다. 루카스는 전자음악이 아니라 낭만적인 교향곡 같은 음악을 원했다. 장대한 서사시에 어울리는 것으로.

〈2001년 스페이스 오디세이〉처럼 클래식 음악들을 선곡해서 쓰는 것도 염두에 두지 않은 건 아니었다. 구스타프 홀스트Gustav Holst, 1874~1934의 관현악 모음곡인 〈행성〉The Planet을 비롯해서 드보르작과 차이코프스키의 음악도 검토했다. 그러나 〈스페이스 오디세이〉와 〈스타워즈〉는 성격이 많이 달랐다. 〈스타워즈〉는 〈스페이스 오디세이〉처럼 상징적인 영화가 아니라 드라마 줄거리가 명확한 영화였다. 클래식 음악들은 주인공들의 캐릭터와 결합시키기에는 너무 거리가 멀었다. 루카스와 윌리엄스는 음악이 캐릭터들을 묘사하는 게 중요하다고 여겼다. 그래야 관객들도 음악을 들으면서 자연스럽게 캐릭터들과 동화되고 영화에 몰입할 것이라고 생각했던 것이다.

이 모든 것을 만족시키려면 존 윌리엄스가 스코어들을 완전히 새로 만들어야 했다. 귀에 익은 듯한 음조를 만들어야 했으며, 영화의 스케일에 걸맞게 풀 오케스트라 연주가 이루어져야 했다. 이렇게 하여 과거의 대가들이 작곡했던 것과 비슷한 멜로디들이 도처에 배치되었다. 「메인 타이틀」은 코른골드의 「King's Row」와 비슷하고, 「The Throne Room」은 에드워드 엘가Edward Elgar, 1857~1934의 「위풍당당 행진곡」과 유사하다는 평가를 듣기도 한다. 〈스타워즈〉에서 고대의 신화가 반복되듯이, 윌리엄스도 거장들의 소리를 다시 쓴다. 영화의 비현실성을 보완하도록 고전적인 악기들이 사용되었고, 런던심포니 오케스트라가 녹음을 맡았다. 영화는 음악으로 인해 웅장한 힘을 더한다. 거대한 오프닝과 엔딩 신을 모두 담아낸 존 윌리엄스의 음악은 〈스타워즈〉라는 영화의 격을 한 단계 높여주는 역할을 훌륭히 수행해냈다.

거대한 화면과 장쾌한 음악이 만나 생겨난 결과는 경이로운 것이었다. 초등학교 때 극장에서 처음으로 〈스타워즈〉를 보면서, 눈앞에서 펼쳐지는 광경을 도저히 믿을 수가 없었다. 완전히 새로운 경험이었기 때문이다. 당시 국내에는 전자오락실조차 대중화되기 전이었다. 흑백화면에 조악하게 만들어진 '자동차 경주'나 '벽돌 깨기'도 만나기 쉽지 않던 시절이었다. 그런데 영화는 시간을 엄청나게 앞질렀고, 이후 나타날 영화와 PC 게임에 대해 하나의 원형을 제시하고 있었다. 이것이 〈스타워즈〉라는 신화의 힘이다. 〈스타워즈〉는 장대한 서사시요, 스페이스 오페라였다. 아이들은 짧은 막대기를 하나씩 들고 광선검 흉내를 내면서 놀았다. 적어도 이소룡 시절의 쌍절곤보다는 덜 위험한 놀이였다.

✚ 〈스타워즈〉 OST는 두 장짜리 더블 LP로 만들어졌다. 처음부터 끝까지 OST를 다 들은 사람은 그다지 많지 않을 것이다. 가장 첫 번째로 등장하는 음악이 5분 20초짜리 「메인 타이틀」이다. 1977년 3월 존 윌리엄스의 지휘로 런던심포니 오케스트라가 연주하고 녹음했다.

✚ 〈스타워즈〉에는 완전히 다른 성격의 스코어가 한 곡 끼여 있다. 그건 루크와 케노비가 알데란으로 가기 위해 도시의 술집에 갔을 때 밴드들이 연주하던 곡인 「Cantina Band」이다. OST 앨범에서 런던심포니 오케스트라가 유일하게 연주하지 않은 곡이 이 곡이다. 존 윌리엄스의 다른 곡들이 클래식다운 면모를 가진 반면, 이 곡은 유일하게 재즈풍의 음악이다. 1930년대 배니 굿맨의 연주를 듣는 듯한 이 곡에서 존 윌리엄스는 친숙하게 들리지만 뭔가 기이한 느낌이 들도록 음악을 변주시켰다. 리듬감을 색다르게 처리함으로써 우주의 다양한 악당들이 모여드는 공간의 이미지를 표현한 것이다.

✚ 다스 베이더의 목소리는 제임스 얼 존스가 맡았다. 애니메이션 영화 〈라이온 킹〉에서도 그는 주요 배역을 목소리로 연기했다.(〈라이온 킹〉 편 참고.)

✚ 〈스타워즈〉와는 직접 관계가 없지만, 본문에서 언급한 코른골드를 좀 더 소개한다. 에리히 볼프강 코른골드는 1897년 오스트리아-헝가리 제국의 브륀(현재는 체코 브르노)에서 태어났다. 여섯 살 때 구스타프 말러로부터 음악 신동이라 불릴 정도로 재능이 뛰어났다. 그는 1934년 무대 연출의 대가였던 맥스 라인하르트의 초청으로 할리우드에 온다. 〈한여름 밤의 꿈〉의 음악을 맡은 코른골드는 이후 몇 년 동안 영화음악의 개척자로 활동하며 큰 명성을 얻었다. 에롤 플린이 주연을 맡았던 활극 〈로빈 후드의 모험〉을 비롯하여 〈엘리자베스와 에섹스의 사생활〉 〈바다의 매〉 등이 대표작이었다. 말년에는 교향곡과 협주곡 등을 작곡하면서 영화음악 활동은 거의 하지 않았으나, 맥스 스타이너와 함께 영화음악의 아버지라고 불릴 정도로 초기 영화음악에 지대한 영향을 끼친 대가였다.

어느 날 소녀에게 첫사랑이 찾아왔다

La Boum, 1980년
음악 블라디미르 코스마 | **감독** 클로드 피노토
주연 소피 마르소, 클로드 브라쇠르, 브리지트 포세

✚ 라붐

소피 마르소는 386세대들에게는 정말이지 매우 친숙한 이름이다. 그들이 청소년기를 보내던 1980년대 초, 어른들에게 정윤희, 장미희, 유지인이라는 여배우 트로이카가 있었다면, 어린 386들에게는 또 다른 트로이카가 있었다. 소피 마르소, 브룩 실즈, 피비 케이츠라는 세 명의 외국 하이틴스타들이다. 까까머리 혹은 단발머리의 고등학생들은 갑갑한 검정색 교복에 시도 때도 없는 선생들의 체벌과 구타, 땡볕 아래서의 교련 시간 속에서도 교과서 겉종이, 플라스틱 책받침에 인쇄된 또래 여배우들의 사진을 보며 마음을 졸였다. 세 여배우는 한때 모든 한국 청소년들의 연인이었다. 이들이 출연한 영화들은 한결같이 10대의 사랑을 다루고 있었고, 또한 영화를 꿈결처럼 만드는 아름다운 주제가들을 들려주었다. 〈끝없는 사랑〉Endless Love, 1981, 〈파라다이스〉paradise, 1982가 동명의 주제곡과 함께 상영되었고, 〈라붐〉은 「Reality」라는 청순하고도 감미로운 노래를 담고 있었다.

브룩 실즈 주연의 〈끝없는 사랑〉을 제외하면 영화가 바로 수입되지는 않았다. 그래서 10대들은 몰래 해적판 '비짜' 테이프를 구해서

보곤 했다. 그런 식으로 겨우 본 영화가 입소문으로 퍼지고, 소피 마르소, 브룩 실즈, 피비 케이츠를 찍은 스타 포토가 문방구에서 불티나게 팔렸다. 몇 년이 지나서야 〈라붐〉이 극장 개봉되었지만, 이미 10대들은 훌쩍 커버린 뒤였다. 그 후로도 소피 마르소는 심심치 않게 연기 활동을 이어가고 있지만, 이제 그녀는 과거의 연인일 뿐이다.

〈라붐〉은 한 소녀의 눈동자를 통해서 들여다본 학창 시절의 이야기다. 어른들이 본 아이들 세상이 아니라, 아이들 입장에서 세상을 보고 받아들이는 이야기인 것이다. 영화가 시작되면 주제곡 「Reality」가 흐른다. 리처드 샌더슨이 맑고 감미로운 목소리로 부른 이 노래는 영화의 주인공인 빅(소피 마르소)뿐 아니라 관객들의 마음에도 어필하며 가슴 설레는 분위기를 만들어준다. 부드럽고 나긋나긋하지만 감정에 호소하는 바가 큰 노래다. 중학교가 개학하자 파리 근교 베르사유에 살던 빅은 시내로 전학을 온다. 첫 등교를 하는 날, 아버지(클로드 브라쇠르)가 빅을 데려다주고 어머니(브리지트 포세)도 근처에서 기다리고 있

:: 댄스파티에서 만난 첫사랑의 열병

다. 곧바로 스스럼없이 친구가 된 아이들은 자기들끼리 수다를 떤다. 여자아이들의 가장 큰 관심사는 당연히 데이트다. 과연 누가 남자친구랑 가장 먼저 데이트를 하고 사귀게 될까. 이성에 대한 호기심이 충만한 사춘기 시절이다.

당시 파리 청소년들 사이에서 유행하던 행사는 '라 붐'La Boum, 즉 댄스파티였다. 부모님들을 집에서 몰아내고, 콜라와 음료수를 꺼내놓고, 친구들 중 누군가가 DJ를 맡아서 중학생 또래 친구들끼리 여는 파티. 춤을 추고 대화를 나누며 이성 친구도 만날 수 있는 기회인 것이다. 겉으로는 남자아이들에게 무관심한 척하는 빅도 여자들끼리 있을 때는 이성에 대한 속내를 털어놓곤 한다. 과연 남자애들이 우리를 언제 파티에 초대할까. 드디어 처음으로 라 붐에 초대받은 빅은 고민한다. 부모님이 허락해줄까. 옷은 뭘 입고 갈까. 그렇게 난생 처음 댄스파티에 가는 소녀의 설렘이 전해진다.

파티에서 아이들은 당시에 유행하던 디스코 음악을 틀어놓고 흥겹게 몸을 흔든다. 비지스의 디스코 음악이 연상되는 멜로디다. 그러나 빅은 어색하기만 하다. 그녀가 기대하던 파티는 아니었던 것이다. 빅은 아빠에게 데리러 와달라고 전화를 건다. 그때 빅의 뒤에서 마티유가 말없이 다가와 헤드폰을 씌워준다. 노래를 듣는 순간 파티장은 다른 공간으로 바뀐다. 노래 하나만으로도 세상이 변한다. 빅은 몸을 돌리고 마티유에게 안겨 춤을 춘다.

> 갑자기 당신을 만났을 때도
> 나는 깨닫지 못했어요.
> 내 인생이 영원히 바뀌어버렸음을.
> 저만치 당신이 서 있는 걸 보았을 때도
> 나는 알지 못했어요.
> 허공에 뭔가 특별한 것이 감돌고 있음을.
> 꿈은 나의 현실,
> 오직 단 하나의 진짜 환상이죠.

이렇게 빅은 리처드 샌더슨의 목소리를 통해 남자친구의 존재감을 느끼게 된다. 감상적인 노래 한 곡을 통해 열병 같은 첫사랑에 빠진 것이다.

아빠는 바람을 피우다 걸리고, 엄마는 빅의 학교 선생님과 사귀기

:: 빅(소피 마르소)은 사랑을 하면서 성장해간다.

시작한다. 영원한 청춘 같은 개방적인 할머니는 언제나 유쾌하고 낭만적인 사랑을 꿈꾼다. 조연으로 등장하는 어른들도 양념 같은 역할을 한다. 아이들과 어른들의 고민이 대조되어 묘사되면서 영화에 입체감을 불어넣는다. 어느덧 빅도 중학교 3학년이 되고 열네 살 생일을 맞이한다. 부모님께 허락을 받아 설레는 마음으로 자기 집에서 라 붐을 열고 친구들을 초청한다. 집을 꾸미고 음식들을 장만하고 춤 연습을 하지만 빅의 관심사는 하나뿐이다. 이제는 서먹해져버린 마티유가 올까. 할머니는 축하 꽃다발을 사다주면서 빅을 응원한다. 그러나 다른 여자아이와 함께 나타난 마티유. 마티유가 춤을 청하자 빅은 그와 함께 춤을 추면서 할머니에게 윙크를 보낸다. 그때 처음 보는 남자아이가 파티장으로 들어온다. 순간 숨이 멎는 느낌이다. 자꾸 그 아이만 의식하게 되고 서로 눈이 마주친다. 마티유와의 춤이 끝나고 다음 곡「Go On Forever」가 흐르자 빅은 뭔가에 이끌린 듯 새 남자아이를 포옹하고 춤을 춘다.

지금까지와는 전혀 다른 느낌…. 커간다는 것이 이런 것일까. 첫사랑이란 한순간의 꿈에 불과한 것일까. 중학생 시절의 라 붐, 그들만의 파티에서 새로운 친구와 이성들을 만나면서 빅은 성장해간다. 카메라는 남자아이를 더욱 힘차게 끌어안고서 즐겁지만 생각에 가득한 표정으로 허공을 바라보는 빅을 클로즈업으로 잡는다. 다시 리처드 샌더슨의 목소리로「Reality」가 흐르면서 엔딩 크레디트가 올라간다. 십대의 사랑이란 즉흥적인 것 같지만, 거기엔 그 시절의 감정과 세계가 있는 것이다.

✚ 영화에서 엄마 역을 맡은 브리지트 포세는 아역 배우 출신이다. 성인으로 배우 활동을 계속하기 전에 그녀가 가장 인상적인 역을 맡았던 작품은 〈금지된 장난〉이었다. 여섯 살 때 르네 클레망 감독의 슬픈 영화 〈금지된 장난〉에서 폴레트 역을 맡아 전 세계 관객을 울음바다에 빠뜨렸던 꼬마 주인공이다.

✚ 블라디미르 코스마는 가장 대중적인 영화음악가 중 한 명이다. 1940년 루마니아의 수도 부다페스트에서 태어났고, 1963년 파리로 이주한 이래 프랑스에서 음악 활동을 계속해왔다. 그의 영화음악 중 가장 높은 평가를 받은 것은 〈디바〉(Diva, 1981)이지만 국내에는 개봉되지 않았다. 〈라붐〉 시리즈 외에도 〈유 콜 잇 러브〉〈마르셀의 여름〉〈마르셀의 추억〉 등의 음악을 맡았다.

댄서를 꿈꾼 신데렐라

Flashdance, 1983년
음악 조르조 모로더 | **감독** 에이드리언 라인
제작 돈 심슨, 제리 브룩하이머 | **주연** 제니퍼 빌즈, 마이클 누리

✚ 플래시댄스

〈플래시댄스〉는 스타가 없는 저예산 영화다. 하지만 이런 조건에서도 어떻게 흥행 전략을 짜고 영화를 성공시킬 수 있는지를 보여준 실례이다. 돈 심슨과 제리 브룩하이머는 이 영화에서 처음으로 공동 제작을 맡았다. 젊은이들의 감수성에 딱 맞는 〈플래시댄스〉로 대박을 터뜨리면서 호흡을 맞춘 그들은 이후에도 지속적으로 공동 작업을 하게 된다. 그들의 흥행 리스트에는 〈탑 건〉 〈더 록〉 등의 영화가 포진되어 있다. 돈 심슨이 죽을 때까지 두 사람은 호흡을 맞추면서 할리우드 블록버스터들을 만들었다. 두 사람의 공동 데뷔작 〈플래시댄스〉는 미국 내 박스오피스에서는 3위를 기록했지만, 세계적으로는 1억 달러가 넘는 흥행 수입을 올리면서 젊은 관객들을 극장으로 끌어들였다.

영화평론가들은 〈플래시댄스〉를 혹평했다. 그러나 대중들은 〈플래시댄스〉를 사랑했다. 영화를 받아들이는 두 집단 사이에는 엄청난 간극이 있다. 완성도나 논리를 따지자면 〈플래시댄스〉는 허점이 많고 빤한 영화이다. 영화 전개는 지극히 감정적이며, 신들은 점프 컷처럼 때때로 이야기의 흐름을 비약시킨다. 하지만 이런 불완전함이야말

로 오히려 젊음의 미숙함을 보여주기라도 하는 듯 관객들은 아무런 신경도 쓰지 않았다. 젊은 관객들은 논리정연하게 조목조목 따지기보다 주인공이 멋지게 어려움을 극복해내기만을 바랐을 것이다. 〈플래시댄스〉는 청순한 제니퍼 빌즈의 매력, 시종일관 이어지는 완성도 높은 노래와 흥겨운 춤 같은 볼거리와 들을 거리들로 넘친다. 그것은 또 하나의 기분 좋은 신데렐라 스토리였다.

〈플래시댄스〉는 처음부터 끝까지 춤과 노래가 이어지는 탓도 있지만, 연출 자체가 뮤직비디오 스타일이다. TV 광고를 주로 찍던 에이드리언 라인이 영상에서 의도적으로 그런 효과를 노렸기 때문이다. 그는 각 장면들을 과감하고 섹시하게 연출했다. 빠른 비트의 노래와 감각적인 영상들은 TV와 광고에 익숙한 젊은 층들의 눈길을 사로잡기에 충분했다. 시각적인 면이 두드러지면서 춤과 노래 역시 관객들에게 강렬하게 어필할 수 있었다. 클럽에서 춤을 추는 장면들은 야하지만, 그렇다고 해서 너무 노골적으로 느껴지지는 않는다. 그것은 주인공 알렉스(제니퍼 빌즈)가 밤에 클럽의 댄서로 일하는 것을 보여주기 위한 의

:: 그녀에게 춤은 곧 꿈이다.

도이지, 선정적이고 섹시한 춤만 보여주려는 것이 아니기 때문이다. 이처럼 세심한 전략으로 관객들의 정서를 알렉스의 감정에 이입할 수 있게 한 것이 〈플래시댄스〉가 성공을 거둔 일차적 요인이었다.

열여덟 살 알렉스는 블루칼라 노동자이다. 낮에는 용접공으로 일하면서 밤에는 클럽에 나가 춤을 춘다. 꿀꿀이라는 개 한 마리를 데리고 사는 알렉스의 꿈은 피츠버그에 있는 일류 무용학교에 입학하는 것이다. 영화가 시작되면 음악과 춤에 빠져 사는 그녀의 마음을 대변하듯이 아이린 카라Irene Cara Escalera의 목소리로 「What A Feeling」이 흐른다. 평범한 클럽에서 일하는 알렉스의 주변 친구들은 모두 삼류 인생이나 다름없다. 요리사 리치는 스탠딩 코미디언이 되려 하고, 지니는 아이스 스케이팅 선수가 되고 싶어 한다. 그러나 그들은 꿈을 이루지 못하고 좌절에 빠진다.

닉(마이클 누리)은 클럽에서 춤을 추는 알렉스를 발견한다. 공교롭게도 닉은 알렉스가 일하는 공장의 사장이다. 두 사람은 사랑에 빠지지만, 알렉스는 자신의 인생을 스스로 개척하려 한다. 그러나 알렉스가 무용학교에 원서를 낸 사실을 안 닉은 주변에 영향력을 발휘해서 알렉스가 오디션을 받을 수 있도록 도와준다. 그 사실을 알게 된 알렉스는 화를 내지만, 닉은 "꿈을 버리면 죽는다는 걸 왜 모르니?"라며 충고한다.

고민하던 알렉스는 오디션에 나가서 「What A Feeling」을 틀어놓고 춤을 추기 시작한다. 처음에는 냉정하거나 무관심하던 심사위원들도 서서히 그녀의 춤에 빠져들어간다.

처음엔 아무것도 없었어요.
하지만 한 줄기 꿈이 서서히 피어올랐죠.
너의 두려움은 마음 깊이 숨어버린 것 같다고.
긍지를 품고서 나는 홀로 소리 없이 눈물 흘렸죠.
무쇠로 이루어진 세상, 돌로 만든 세상에서
음악이 들리는 곳에서
난 눈을 감고 리듬을 느껴요.
음악은 나를 감싸고 마음을 다독이죠.

발라드풍으로 부드럽게 알렉스의 내면을 얘기하는 듯 시작되는 노래는 리듬을 타면서 서서히 고조된다. 그러다가 'What a feeling!'(이 놀라운 느낌!)이라는 가사가 격정적으로 터져 나오면, 알렉스의 춤도 역동적으로 변한다. "부디 믿어보아요. 지금 내가 모든 걸 가질 수 있다는 것을. 나는 인생을 바쳐 춤을 추고 있어요. 열정을 쏟아보아요. 내가 이룰 테니까." 심드렁하던 심사위원들은 갑자기 불에 데인 듯 자리를 고쳐 앉고, 알렉스의 춤에 따라 발을 구르며, 코를 푸는 동작마저 박자에 맞춘다. 그녀의 춤이 시원스럽게 펼쳐지고 창밖에서는 밝은 햇살이 들어온다. 알렉스는 오디션을 마치고 나와 터질 듯한 마음으로 거리를 힘껏 달린다. 장미꽃다발을 든 닉이 꿀꿀이와 함께 기다리는 그곳으로.

젊은 관객들은 알렉스가 꿈을 이루는 것에 함께 환호한다. 실제 영화를 보던 극장 안에서도 젊은 사람들은 마치 자기가 알렉스처럼 춤을 추고 있는 것 같은 환상에 빠졌을 것이다. 그녀의 춤은 젊음의 언어로 승화된다. 「What A Feeling」을 부른 아이린 카라는 뮤지컬 영화

〈페임〉의 주제가를 부른 가수이기도 하다. 조르조 모로더가 프로듀싱한 이 곡은 〈플래시댄스〉를 위해 특별히 작곡된 것이다. 그래서 가사 내용과 음악의 분위기가 영상과 긴밀하게 일치된다. 오프닝과 클로징 신은 물론이요, 알렉스가 공장에서 나와 꿀꿀이를 만나는 장면, 닉에게 화가 난 알렉스가 유리창을 깨는 신에서도 같은 음악이 흐른다. 조르조 모로더는 「What A Feeling」 하나만으로 관객들에게 마법을 걸어버렸다. 모두가 알렉스의 신데렐라 스토리를 믿게 만드는 주문을.

✚ 「What A Feeling」은 1984년 아카데미상과 골든글로브 주제가상을 모두 차지했다. 싱글 커트된 곡도 빌보드 차트에서 1위에 올랐다. 영화주제가가 받을 수 있는 모든 영광을 누린 것이다.

✚ 앨범에 실린 노래 전부가 하나도 빠지지 않을 정도로 OST 앨범은 인기를 끌었다. 전 세계적으로 2천만 장이 팔려나가는 대 히트를 기록했다. 두 번째로 싱글 커트된 마이클 셈벨로의 「Maniac」도 빌보드 차트 1위를 석권했다. 클럽에서 극단적인 파란 등불과 빨간 슬립으로 자극적인 춤을 출 때 등장하는 카렌 케이먼의 「Manhunt」, 클럽에서의 가장무도회 때 배경에 깔리는 도나 서머의 「Romeo」, 알렉스가 답답하고 슬픔에 잠겨 있을 때 나오는 킴 칸스의 「I'll Be Here Where The Heart Is」 등 앨범 전체가 짜임새 있으면서도 화려하다. 마이클 잭슨의 〈Thriller〉가 빌보드 앨범 차트를 몇 주째 석권하던 당시에도 〈플래시댄스〉 OST 앨범은 그 틈에 끼어 2주 동안 1위를 차지하기까지 했다. 〈플래시댄스〉의 매력은 영화뿐 아니라 OST 앨범에서도 맘껏 발휘된 것이다.

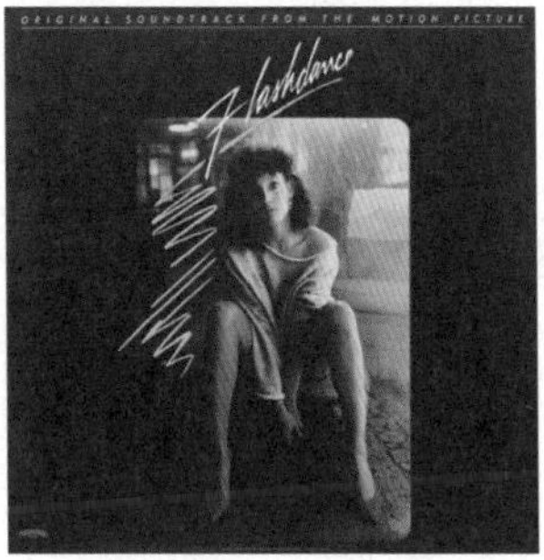

극장에서 모차르트의 음악을 듣다

Amadeus, 1984년
음악 네빌 마리너 | **감독** 밀로스 포만 | **제작** 사울 자엔츠 | **원작·각본** 피터 셰퍼
주연 F. 머레이 에이브러햄, 톰 헐스

✚ 아마데우스

어두운 밤거리 어디선가 "모차르트, 용서해주게!" 하는 절규가 들려온다. 모차르트가 죽은 지 32년의 세월이 흐른 1823년. 울부짖는 소리를 듣고 하인들이 올라가보니 모차르트를 살해했다는 죄책감에 시달리던 노인 살리에리(F. 머레이 에이브러햄)가 자살을 시도했다. 상처를 치료받고 정신병원에 수용된 노음악가의 고해를 듣기 위해 젊은 신부가 찾아온다. 살리에리는 영광스러웠던 과거를 회상하며 자신이 작곡한 음악을 연주한다. 살리에리의 전성기에 빈 전체에 울려 퍼지던 음악이다. 그러나 신부는 그의 음악을 기억하지 못한다. 지난날 관객들의 환호성은 일장춘몽에 불과했다. 불과 30년이라는 시간 사이에 살리에리의 음악은 아예 잊힌 것이다. 살리에리는 다른 곡을 연주한다. 신부는 멜로디를 따라 흥얼거리면서 아주 매혹적인 곡이라고 말한다. 모차르트의 「아이네 클라이네 나흐트무지크」이다. 살리에리의 음악적 재능은 범인(凡人)의 것에 불과했고, 모차르트의 음악이야말로 영원성을 가지고 있음을 짧은 음악 하나로 나타내는 장면이다. 일생 동안 평범한 음악밖에 작곡하지 못했다는 사실에 자괴감을 느끼면서 살리에

리는 긴 회상을 시작한다. 모차르트의 생애 중 마지막 10년에 대하여.

〈아마데우스〉가 개봉하던 무렵 서울 시내엔 클래식 음악다방들이 많았다. 그때는 누구나 쉽게 클래식 음악을 접할 수 있는 시절이 아니었다. FM 라디오와 음악다방이 다소나마 아쉬움을 달래주었다. 명품 하이파이오디오 한 세트가 집값을 호가하던 때다. 전문적으로 음악을 틀어주는 클래식 음악다방은 세련된 느낌이 들었다. 팝송을 틀어주는 다방들과 달리 클래식 음악다방에서는 DJ의 멘트도 자제되었다. DJ는 작은 칠판에 분필로 곡명만 적어놓고 자리로 돌아가곤 했다. 커피 한 잔을 놓고 공간에 흐르는 음악을 따라 오후의 시간들도 흘러갔다.

클래식 음반에 대한 몇몇 단상들이 남아 있다. 친구의 할아버지 한 분은 평생 모은 클래식 음반마다 손수 고운 글씨로 감상을 적어 두셨다. 다른 친구 아버지는 지하에 방음 시설을 갖춘 철옹성 같은 리스닝 룸을 만들어 놓을 정도로 오디오 마니아였고 클래식 광이었다. 그러나 여전히 클래식 음악을 듣는 계층은 무척이나 한정되어 있었다. 그런 시절에 〈아마데우스〉가 개봉했다. 지금은 명보아트홀로 바뀐 명

:: 음악과 마주한 모차르트는 완전히 다른 사람이 된다.

보극장에서였다. 모차르트의 다채로운 음악과 함께 그의 짧은 생애가 극적으로 스크린에 펼쳐졌다. 아카데미 작품상 수상이라는 후광 효과도 컸다. 명보극장의 어둠 속에서 영화 팬들과 클래식 애호가들이 어울려 모차르트의 음악을 함께 즐겼다. 영화는 흥행에 성공했다. 영화라는 매체가 얼마나 막강한 파급 효과를 지니고 있는지를 실감할 수 있었던 건 OST 앨범에서였다. 더블 앨범으로 발매된 OST 앨범도 불티나게 팔렸다. 교양인 행세를 하려면 누구나 구입해야 할 아이템으로 자리 잡아버린 것이다.

모차르트는 다른 작곡가들에 비해 영화에서 그 음악이 유독 많이 쓰인 작곡가다. 동명의 영화 주제곡으로 쓰인 후 「엘비라 마디간」이라는 이름으로 불리기까지 한 「피아노 협주곡 21번」, 영화 〈쇼생크 탈출〉에서 교도소 안에 울려 퍼지던 〈피가로의 결혼〉 중 아리아 「저녁 바람은 산들거리고」, 우디 앨런의 〈애니 홀〉에 등장하는 교향곡 41번 C장조 「주피터」 등 모차르트의 음악은 여러 영화에 등장하여 주옥같은 장면을 만들어냈다. 그러나 〈아마데우스〉만큼 풍성하게 모차르트 음악의 향연이 펼쳐진 영화는 없었다. 영국의 명지휘자 네빌 마리너가 지휘한 〈아마데우스〉 음반은 클래식 음반 역사상 최고의 베스트셀러 반열에 올랐다. 음악감독을 맡은 네빌 마리너는 〈아마데우스〉의 음악에 대해 이렇게 말했다. "영화에 맞추느라 음악을 자를 수는 없다. 〈아마데우스〉에 있어서 훌륭했던 점은 영화가 음악을 싸고돈다는 점이다."

고향 이탈리아를 떠나 살리에리는 요제프 2세 치하의 빈으로 찾아온다. 음악애호가인 황제의 후원으로 인해 빈은 '음악가들의 도시'라는 별명으로 불리고 있었다. 살리에리는 승승장구했고 궁정악장의 지위에까지 오른다. 그는 이 모든 행운이 신의 축복이라고 생각했다. 적어도 신의 소리를 만들어내는 존재, 신을 두려워하지 않는 천재 볼프강 아마데우스 모차르트(톰 헐스)가 나타나기 전까지는. 모차르트는 여섯 살 때부터 오스트리아는 물론 파리, 런던, 프라하 등지로 연주 여행을 다니면서 왕과 귀족들 앞에서 자신의 천재성을 드러낸 신동이었다. 심지어 요제프 2세는 어린 모차르트가 자기 여동생 마리 앙투아네트에게 안기면서 나중에 결혼하겠다고 했던 일화까지 기억하고 있을 정도다. 모차르트가 그의 후견인인 잘츠부르크 대주교와 함께 빈에 왔다는 소식을 접한 살리에리는 비밀리에 모차르트의 음악을 들으러 간다.

유럽 대륙을 떠들썩하게 만들었던 음악 천재는 이제 어떤 모습으로 성장했을까. 살리에리는 호기심에 은밀히 모차르트를 찾아나선다. 그러나 기대하던 바와 달리 모차르트는 철없는 장난꾸러기에 망나니 같은 존재였다. 살리에리는 식탁 뒤에 몸을 숨기고서, 모차르트가 아내 콘스탄체에게 저속한 농담을 늘어놓는 광경을 본다. 숨이 넘어갈 것 같은 경박한 웃음소리에서 천재의 모습은 더 이상 찾아볼 수 없었다. 그러나 악단을 마주하고 지휘봉을 잡는 순간 모차르트는 완전히 다른 사람이 된다. 살리에리는 아직까지 들어본 적이 없는, 완전히 새로운, 그러면서도 엄청난 음악을 경험한다. 이것이 진정 인간의 솜씨란 말인가. 마치 신의 음성을 접하는 기분이었다. 살리에리는 깊은 갈등에 빠진다. 왜 신은 자신의 도구로 모차르트를 선택한 것일까. 나의 존재란 무엇인가. 모차르트를 처음 본 날, 살리에리의 인생과 운명은 영원히 바뀌어버리고 만다.

'아마데우스'라는 이름에서 '데우스'Deus는 '신'이라는 뜻이다. 아마데우스라는 이름은 상징적이다. 영어식으로 단어를 풀어보면 'a mad deus', 즉 '미친 신'이 된다. 살리에리의 입장에서 보면 머릿속에 악보를 다 채워 넣고 언제든 신의 소리를 완성시킬 수 있는 모차르트는 '미친 신'이나 다름없었을 것이다. 아마데우스를 또 다른 방식으로 풀어보면 'am a deus', 즉 '나는 신이다'라는 뜻으로 바뀐다. 모차르트는 언제든 완벽한 음악을 만들어낼 수 있었다. 그는 자신이 천재임을 알고 있었고, 사람들이 자신을 모두 이해할 수는 없으리라는 것도 느끼고 있었다. 모차르트가 자기 자신을 신적인 존재라 생각하지 못할 이유는 없었던 것이다.

모차르트가 빈 황실에 들어오자 사람들은 견제한다. 당시 합스부르크가의 궁정을 장악하고 있던 음악가들은 대개 이탈리아 출신들이었다. 궁정은 '정치'가 필요한 곳이었다. 모차르트는 타협할 줄도 몰랐고 사교술도 부족했다. 황제의 명에 따라 모차르트는, 오페라는 이탈리아어로 만들어져야 한다는 관례를 깨고 독일어 오페라 〈후궁으로부터의 도주〉를 만든다. 그러나 이 오페라는 모차르트와 살리에리의 관계를 완전히 멀어지게 만든다. 살리에리가 마음속의 연인으로 생각했던 가수 카발리에리가 모차르트의 오페라에 주인공으로 등장한 것이다. 더군다나 살리에리는 음탕한 모차르트가 그녀를 건드렸음을 알고 증오한다. 많은 천재들이 그렇듯 모차르트는 자신과 음악밖에는 몰랐다. 그리고 영화 속에서는 노골적으로 여자까지 밝힌다. 실제로 모차르트의 친구였던 멜히오르 그림Melchior Grimm은 모차르트 아버지에게 보낸 편지에서 "볼프강이 지금보다 재능은 절반, 사람을 사귀는 데는 곱절이 되었으면 좋겠습니다."라고 쓸 정도였다.

모차르트를 완벽하게 이해한 사람은 살리에리였다. 그러나 모차르트를 가장 질투한 사람 역시 살리에리였다. 그는 모차르트를 도와줄 수 있는 지위에 있었지만 의도적으로 그를 방해한다. 이미 모차르트는 성격 탓에 후원자를 구할 수도 없었고 가르칠 학생도 없었다. 경제적으로 쪼들리기 시작한 데다 자신을 이해해주던 아버지마저 죽고 만다. 〈아마데우스〉에서 레오폴트 모차르트의 죽음은 극적인 장치로 설정되어 있다. 모차르트의 몰락은 아버지의 죽음으로부터 시작된다. 모차르트는 엄격한 시선으로 자신을 내려다보고 있는 아버지의 초상화에서 압박을 받는다. 누군지 알 수 없는 존재가 모차르트를 찾아온다. 아버지가 썼던 야누스의 가면을 쓴 낯선 인물은 보수를 넉넉히 주겠다면서 「레퀴엠」의 작곡을 의뢰한다. 죽은 자들을 위한 진혼곡이다. 병

:: 질투의 화신으로 등장하는 살리에리

든 모차르트에게 낯선 자는 죽음의 사자를 연상케 한다. 모차르트는 강박관념에 붙들리고 정신 상태는 황폐해진다. 건강이 악화된 모차르트는 마지막 오페라 〈마술피리〉를 끝마친다. 아내마저 집을 나가버린다. 장모는 화를 내면서 고함을 지르고, 그 소리는 「밤의 여왕의 아리아」로 오버랩된다. 그리고 모차르트는 극장에서 쓰러지고 만다. 모차르트는 마지막 남은 기운을 내서 살리에리에게 「레퀴엠」의 악보를 구술해준다. 살리에리는 모차르트의 머릿속에서 자연스럽게 흘러나오는 천상의 소리를 듣는다. 아내가 돌아와서 두 사람을 발견하고 「레퀴엠」을 작곡하지 못하게 막지만 이미 모든 게 늦고 말았다. 모차르트는 침대에서 조용히 숨을 거둔다.

세월이 흐른 후 살리에리는 그 모든 과거사를 회상하며 고백한다.

천재를 그저 바라볼 수밖에 없는 범인의 마음을. 살리에리는 휠체어를 타고 가면서 감춰두었던 자신의 마음, 열등감과 시기심을 토로한다. 모차르트의 높고 기괴한 웃음소리와 함께 영화는 끝난다. 「피아노 협주곡 20번 D단조」만 화면에 흐르는 채….

〈아마데우스〉는 그 구성이 대단히 극적이었던 탓에 영화가 개봉된 후 갑자기 살리에리까지 유명세를 타게 됐다. 살리에리는 살인자 취급을 받았다. 그러나 〈아마데우스〉는 사실에 기반을 둔 허구일 뿐이다. 원작자인 피터 셰퍼는 "이것은 모차르트의 전기 영화가 아니며, 그럴 의도도 없었다."라고 밝혔다. 밀로스 포맨 감독은 그것을 실증하듯이 빈이 아닌 프라하에서 영화를 찍었다. 허구의 이야기를, 허구의 빈에서 찍은 것이다. 그러나 〈아마데우스〉는 피터 셰퍼의 원작이 워낙 치밀하게 구성되어 있고, 음악적인 고증이나 인물들의 디테일이 살아 있기 때문에 정말 있었던 일처럼 여겨지곤 한다.

영화에서뿐 아니라 실제로도 극적인 일이 벌어졌다. F. 머레이 에이브러햄과 톰 헐스가 동시에 아카데미 남우주연상 후보에 오른 것이다. 주연상은 모차르트가 아닌 살리에리의 몫이었다. 그의 연기는 살리에리라는 인물의 질투심, 분노를 극적으로 표현했다. 그러나 살리에리는 신의 창조물을 바라볼 수밖에 없는 존재였다. 〈아마데우스〉는 질투로 가득한 어느 평범한 음악가가 지켜본 천재의 삶을 그린 영화였다. 모차르트의 음악이 그 모든 것과 함께 한다.

그에게 사랑을 느끼지 않은 여자가 어디 있으랴

Out of Africa, 1985년
음악 존 배리 | **감독** 시드니 폴락 | **원작** 카렌 블릭센(이자크 디네센)
주연 로버트 레드포드, 메릴 스트립, 클라우스 마리아 브랜다우어

✚ 아웃 오브 아프리카

그대가 고향에 승리를 안겨주었을 때,
우리는 그대를 의자에 올려 앉히고 장터를 돌았지.
어른 아이들 일어서서 환호하는 가운데,
우리는 그대를 어깨에 올려 앉히고 집으로 갔네.

명민하였다 젊은이여, 영광은 금방 지나가고
더 이상 벌판에 머무르지 않네.
월계수는 일찍 자라지만,
장미보다 빨리 시들어버리는구나.

모차르트의 음악과 함께 시(詩)를 듣는다. 누구였을까, 일찍 시들어버려 시인을 애통케 만든 젊은이는. 데니스(로버트 레드포드)는 비행기 사고로 갑작스럽게 죽음을 맞이하고 만다. 카렌(메릴 스트립)은 묘지 앞에서 그를 추모하는 시를 낭송한다. 재능 넘치는 젊은이들이 자신의 인생을 꽃피우지 못하고 젊은 나이에 죽어가는 것을 안타까워하는 내

용이다. 영국 시인 A. E. 하우스먼Alfred Edward Housman은 보어 전쟁에서 죽어나간 젊은이들을 안타까워하며 이 시를 썼다. 조국을 위한 영광을 누렸으나 젊은 나이에 때 이른 죽음을 맞이한 그들을 한 편의 시로 추모했던 것이다. 〈아웃 오브 아프리카〉의 배경이 되는 1차 대전 중에 이 시는 더욱 사랑을 받았다. 전투는 치열했고, 젊은 사상자들은 사람들에게 애끓는 비감만 남기고 떠나버렸다. 전쟁 때문은 아니지만 데니스도 이른 나이에 급작스러운 죽음을 맞이했다. 아직 그의 죽음을 받아들이기가 힘든 카렌은 하우스먼의 시를 읽으며, 낡은 시집을 가슴에 안고 슬픈 눈동자로 먼 곳을 바라본다. 데니스와 함께했던 자리, 아프리카 초원의 나무와 풍경은 그대로이다.

카렌은 데니스와 함께 사파리를 떠난다. 지프를 몰고 둘이 떠난 여행은 아름다웠다. 아프리카의 정경이 두 사람 앞에 펼쳐지고 있었다. 그러나 며칠이 지나자 제대로 씻지 못한 그녀의 머리는 엉망이 된다. 헝클어진 머리카락을 힘들게 빗고 있을 때 데니스가 다가온다. 카렌을 의자에 앉히고 하얀 거품을 일으키면서 머리를 감겨준다. 이 영화에서 여성 관객들에게 가장 인상적으로 다가오는 장면이다. 아무것도 없는 아프리카 오지의 밀림 속에서 연인이 머리를 감겨준다는 게 현실의 일 같지 않기 때문이다. 데니스는 시를 암송한다. "하하 웃으며 그는 말했지. 모든 게 잘 보이는군. 악마는 노를 저을 줄 알지. 잘 있어요, 안녕히. 그러나 그대와 결혼 축하객들에게 하는 말이라오. 사랑을 잘 하는 사람이 기도도 잘 한다오. 그건 사람이나 새나 동물들도 마찬가지이지." 시를 다 들은 카렌이 몇 구절 빼먹었다고 이야기하자, 데니스는 지루한 부분을 뺐다고 말한다. 연인에게 다감한 배려를 할 줄 아는 남자. 그가 하얀 물병에 담긴 물로 머리를 헹구어주자 카렌의 얼굴이 밝게 빛난다. 그녀 앞에 서서 미소 짓는 데니스의 얼굴 뒤로 아프리카의 찬란한 태양이 넘실거린다. 이 장면은 〈아웃 오브 아프리카〉를 본 모든 여성들로 하여금 사랑을 꿈꾸게 하고, 당장이라도 연인과 함께 이국으로 떠나고 싶게 만들 정도로 강한 인상을 남겼다.

만일 무인도나 혹은 아프리카의 오지로 떠나게 될 경우, 몇 장의 음반을 가져갈 수 있다면 당신은 어떤 음악을 선택할 것인가. 데니스의 선택은 모차르트였다. 모차르트가 세상을 떠나기 두 달 전에 작곡했다는 그의 마지막 협주곡이자 유일한 클라리넷 협주곡인 「클라리넷 협주곡 A장조」(K.622)이다. 오케스트라와 클라리넷이 만들어내는 서정적 아름다움이 영화의 이미지를 잘 보여준다. 느리고 웅장한 오케스트라 연주는 드넓은 아프리카 대륙을 상징하며, 그와 대비되는 클라리넷의 목가적인 소리는 아마도 데니스일 것이다. 아프리카와 데니스는 오케스트라와 클라리넷처럼 조화를 이룬다. 오케스트라의 넉넉한 품 안에서 클라리넷은 느리거나 빠르게, 혹은 높거나 낮게 노래하며 작지

:: 절대로 길들여지지 않는 남자, 데니스(로버트 레드포드)

만 자유로운 영혼을 표현한다. 데니스는 거대한 아프리카에서 뛰놀아야 마땅한 영혼인 것이다. 심지어 사랑하는 연인과의 관계에서도 자기만의 시간과 공간을 필요로 하는 존재이다. 모차르트의 클라리넷 소리는 부드럽고 목가적이지만 한편으로는 변화무쌍하다. 저음에서 고음으로 옮겨가며 음색과 표현의 폭이 달라진다. 데니스는 자신만의 세계에서 독서하고 시를 읽고 음악을 듣고 꿈을 꾼다. 그러나 클라리넷은 오케스트라의 음향과 맞서거나 자신의 소리를 과장하지 않는다. 자유를 구가하지만 데니스의 삶에 배인 쓸쓸함과 처연한 아름다움까지 군더더기 없이 섬세하게 그려낸다. 클라리넷의 우수는 만년의 모차르트와 그의 죽음, 자유로운 영혼 데니스의 죽음까지도 암시하는 듯하다. 슬픔은 딱 거기까지, 더 지나침이 없지만, 클라리넷 소리는 아프리카의 우수를 남김없이 관객들에게 전해주고 마음을 아리게 한다.

그러나 모차르트의 클라리넷 협주곡만이 〈아웃 오브 아프리카〉

:: 〈아웃 오브 아프리카〉는 한 자유로운 영혼에게 바친 영화다.

의 음악을 채우는 전부는 아니다. 확실히 모차르트의 음악은 주인공이다. 하지만 존 배리의 음악이 다른 주연 혹은 조연들처럼 광활한 아프리카 대륙의 영상을 채운다. 그의 메인 테마를 듣고 있노라면 끝없이 펼쳐진 검은 대륙 아프리카의 초원이 떠오른다. 지평선은 끝이 없고 동물들이 떼를 지어 달려간다. 이 테마 음악에는 「I Had A Farm In Africa」라는 부제가 붙어 있다. 존 배리는 장엄한 대륙의 이미지를 견고하고 웅장하게 묘사한다. 이 음악 속에서 카렌이나 데니스는 거대한 자연의 일부가 된다. 아프리카의 위대한 자연 속에서 두 발을 딛고 서 있는 카렌의 의지가 느껴지는 듯하다.

존 배리는 여러 스코어들을 통해서 지속적으로 카렌의 감정을 포착해내고 있다. 〈아웃 오브 아프리카〉는 원작자인 카렌 블릭센(이자크 디네센)의 시선으로 바라본 아프리카이다. 영화도 음악도 이 이야기는 그녀의 경험이자 삶임을 결코 잊지 않는다. 그래서 「Karen's Theme」는 그녀의 감정 변화를 담아내며 다양하게 변주된다. 데니스의 방에 가득 꽂힌 책들, 자신이 지어낸 이야기를 흥미롭게 들어주던 데니스의 모습, 나침반을 건네주던 그의 다정함이 카렌의 기억을 통해서 드러난다. 카렌에게 사자가 다가올 때 데니스는 총을 함부로 쏘지 않았다. 잔뜩 겁을 집어먹고 있던 카렌은 살아났다는 사실조차도 믿기 어려웠다. 음악은 그런 카렌을 따라간다. 두 사람은 비행기를 탄다. 온 세상이 눈 아래에 펼쳐진다. 「Flying Over Africa」에는 데니스와 함께 아프리카의 창공을 날면서 대륙을 내려다보는 경이로운 느낌이 잘 살아 있다.

카렌의 아프리카는 존 배리의 음악을 통해서 위대하지만 낭만적인 공간, 데니스와의 기억으로 충만한 공간이 된다. 카렌은 사랑했던 남자 데니스를 회상하면서 가슴 아파한다. 그리고 자신도 그를 소유하지 못했음을 인정한다. 그가 마사이 족에 대해 들려주었던 이야기는 데니스 자신에 대한 이야기나 다름없었다. "마사이는 절대 길들여질 수 없어요. 만약 감옥에 가둔다면 곧 죽고 말 거예요. 현실에만 충실하기 때문이죠. 그들은 미래라는 개념이 없어요." 아프리카의 초원에 축음기를 가져가 모차르트를 감상하던 남자 데니스. 시와 자연 그리고 자유를 사랑했던 그의 삶이 카렌의 눈을 통해 아름다우면서 애잔하게 펼쳐진다.

✚ 카렌이 데니스의 장례식에서 읊는 시는 A. E. 하우스먼의 시집 〈슈롭셔의 젊은이〉에 실려 있는 「젊어서 죽은 운동선수에게」이다.

✚ 데니스가 카렌의 머리를 감겨주면서 암송하는 시는 새뮤얼 콜리지(Samuel Taylor Coleridge)의 산문시 「늙은 선원의 노래」(The Rime of the Ancient Mariner)이다. 어느 결혼식에 나타난 늙은 선원이 한 하객에게 자신의 모험담을 들려주는 내용으로, 암송하는 부분은 카렌의 말대로 시 전편 중 마지막 장의 극히 일부이다. 콜리지와 윌리엄 워즈워스가 함께 펴낸 시집 「서정가요집」(Lyrical Ballads)에 실려 있다.

✚ 존 배리는 〈아웃 오브 아프리카〉에 훨씬 앞서서 1960년대부터 〈007 시리즈〉의 음악을 맡으며 유명세를 올린 음악가이다. 그에게 국제적인 명성을 가져다준 작품은 1966년 작 〈야성의 엘자〉였다. 〈아웃 오브 아프리카〉와 마찬가지로 아프리카를 배경으로 한 작품으로, 존 배리는 이 영화로 아카데미 주제가상과 작곡상을 받았다. 그 밖에도 〈미드나잇 카우보이〉(1969) 〈킹콩〉(1976) 〈늑대와 춤을〉(1980) 등 빼어난 음악을 들려준 영화들을 여럿 맡았으며, 〈아웃 오브 아프리카〉를 포함해서 아카데미 작곡상을 세 번 더 받았다.

여섯 살 꼬마가 보았던 세상

When Father Was Away On Business, 1985년
음악 조란 시마노비치 | **감독** 에밀 쿠스트리차
주연 모레노 데 바르톨리, 미키 마놀로비치

✚ 아빠는 출장 중

이제 더 이상 '유고슬라비아'라는 국가는 존재하지 않는다. 참혹한 인종 청소를 겪으면서 내전이 진행되었고, 여섯 개의 나라로 분할되고 말았다. 마케도니아, 크로아티아, 보스니아-헤르체고비나, 슬로베니아, 세르비아, 몬테네그로 등의 나라들로 나누어진 것이다. 그런 역사의 아픔을 증언이라도 하듯이 에밀 쿠스트리차가 처음 칸 영화제에 이름을 알렸을 때는 유고슬라비아 국적이었으나, 지금은 보스니아-헤르체고비나 국적을 갖고 있다. 그의 세 번째 작품 〈집시의 시간〉처럼 아직도 유랑이 계속되고 있는 것이다.

〈아빠는 출장 중〉의 배경은 1950년대이다. 티토가 대통령이 되었지만, 유고슬라비아는 힘이 없었다. 신생 사회주의 공화국으로 어쩔 수 없이 소련의 영향력 하에 있었지만, 서방과의 균형감각을 유지하면서 독자노선을 걷고자 했다. 그러나 외세에 의해 좌우되는 국내의 정치적 상황은 공산당 내부에서도 갈등을 빚었다. 같은 공산주의자들이었지만 누가 권력을 쥐는가를 둘러싸고 투쟁과 숙청이 계속되었다. 어느 편을 들어야 옳은지 알 수 없는 혼돈의 시기였다.

〈아빠는 출장 중〉은 여섯 살 꼬마 말리크의 시선으로 바라보는 세상이다. 어린 말리크가 어른들의 세계를 완전히 이해할 수는 없지만 무언가 꼬여 있는 것만은 사실이다. 카메라가 담담하게 대지에 서 있는 거대한 고목 한 그루를 공허하게 비추면서 영화는 시작된다. 기타 연주가 찢어질 듯이 흐른다.

치키타여, 산사나무 꽃이 피는 스페인 땅이여,
아이들이 사랑하는 나라여.
캐스터네츠 소리가 그리워라.
솜브레로를 쓰고 너를 생각하네.
…
바르셀로나로 날 데려가주오, 옛 사랑을 찾으러.
긴 세월을 살아왔지만 난 여전히 이방인이라네.

후라뇨 아저씨가 부르면 아이들이 후렴구를 합창하는 이 노래는 「치키타」Chiquita이다. 후라뇨 아저씨는 사랑하는 사람이 있어도 자신은 유랑자임을, 여전히 부유하는 인생을 살 수밖에 없음을 애타게 토로한다. 아낙들은 곡식을 빻고, 아이들은 일을 도우면서 게으름을 피고 있다. 이데올로기 투쟁의 창끝이 어디로 향할지 모르는 위험한 시대, 후라뇨 아저씨는 이런 시절에는 가사에 별다른 의미가 없는 멕시코 노래가 무난하다고 말한다. 하지만 슬픈 사랑 노래에도 시대의 아픔이 배어 있다. 다만 그 대상이 국가나 민족이 아니라 사랑으로 바뀌어 있을 뿐. 후라뇨 아저씨는 노래를 부르거나 허구한 날 술이나 퍼마신다. 그는 "맨 정신이면 더 위험해요."라고 말한다. 그렇게 영화는 1950년대

스탈린 치하에서 독자적인 노선을 꾀하던 유고슬라비아에 카메라를 들이댄다.

신문에 실린 카툰 하나에도 정치적인 발언이 포함되면 위험하던 시절이었다. 누구나 입단속을 잘해야 한다. 누가 감시자이고 누가 밀고자인지 알 수가 없다. 당국의 귀에 잘못된 이야기가 들어가서 좋을 일은 하나도 없다. 아빠는 정부 안키차와 출장을 갔다가 돌아온다. 기차 안에서 아빠는 스탈린과 마르크스가 그려진 신문 카툰을 보면서 "너무 심했군." 하고 말한다. 무심결에 해서는 안 될 정치적 발언을 한 것이다. 안키차는 아빠가 이혼을 안 한다는 이유로 다투고 화해한다. 이때 메인 테마가 흐른다. 여기서 음악은 금지된 사랑과 그로 인한 위험을 암시하는 것처럼 들린다. 이때부터 메인 테마가 지속적으로 반복된다. 음악감독 조란 시마노비치는 루마니아 작곡가 요지프 이바노비치Iosif Ivanovici가 작곡한 「도나우 강의 잔물결」Donauwellen Walzer을 영화의 주제음악으로 사용한다. 영화가 대지라면, 메인 테마는 그 대지를 따라 흐르는 거대한 강물 같다. 노래에는 슬픔도 있고 기쁨도 있다. 음악은 상황에 맞게 편곡되면서 어려운 시절을 살아가는 민중들의 삶을 묵묵하게 지켜보고 담아낸다.

아빠는 집으로 돌아오고 큰 아들 미르자가 만든 만화영화를 온 가족이 볼 때 다시 메인 테마가 흐른다. 이 장면에서 음악은 몽환적이고 신비롭다. 말리크는 손으로 영사기를 돌리면서 영화를 틀고, 큰아들 미르자는 아코디언을 연주하면서 테마 음악에 유쾌함을 불어넣는다. 그 활발한 리듬에 맞춰 영사기를 돌리는 말리크의 손놀림도 빨라진다. 「도나우 강의 잔물결」은 가족의 즐거운 한 때를 묘사한다. 그러나 인생이 언제나 무도회의 왈츠처럼 행복한 것은 아니다.

아빠는 정부인 안키차의 고자질 때문에 정부기관에 끌려간다. 아빠를 취조하는 건 아이러니컬하게도 외삼촌이다. 이데올로기 앞에서는 가족관계도 무력하던 시절이다. 어쨌거나 가족 이전에 당이 있는 것이다. 체제비판적인 언동은 허용되지 않는다. 이제 아빠는 '긴 출장'을 떠나야 한다. 어디로 끌려갔는지 아무도 알려주지 않고, 추운 겨울날 옷을 보내줄 수도 없다. 시간이 한참 흐르고 난 후 아빠에게서 처음으로 편지가 온다. 아빠가 살아 있다. 온 가족이 식탁에 모여들어 편지를 읽는다. 말리크만 혼자 테이블 반대편에 앉아 가족들을 바라본다. 메인 테마가 다시 흐른다. 어린 말리크는 아빠가 '긴 출장 중'이라고 생각한다. 언제 끝날지 모르는 기나긴 출장. 말리크와 엄마가 기차를 타고 아빠를 찾아갈 때 테마 음악은 다시 밝고 활기차게 변주된다. 재회의 기쁨을 앞두고 음악도 기대감을 담아 연주되는 것이다. 메인 테마는 이처럼 영화 내내 주인공들의 감정과 상황에 맞춰 흘러나온다. 음악은 도나우 강처럼 도도하다. 인간은 역사라는 거대한 흐름 속

:: 가족 간의 유대도 역사의 냉혹함을 피할 수는 없다.

에 있으며, 그 역사에서 벗어날 수 없음을 일깨워준다.

영화 내내 흘러나오는 소리가 하나 더 있다. 라디오에서 하는 축구 중계다. 영화는 1950년 6월 브라질 월드컵에서 시작해서 1952년 헬싱키 올림픽 축구 경기로 끝난다. 서로가 서로를 감시하는 공포 정치가 계속되는 가운데서도 사람들은 축구에 열광한다. 축구는 정치적인 주장에서 벗어날 수 있는 유일한 도피처인 셈이다. 브라질 월드컵에서 유고슬라비아는 선전을 펼쳤다. 스위스를 3:0으로 완파했고, 멕시코에도 4:1로 대승을 거두었다. 사람들은 중계를 들으면서 환호성을 지른다. 이 시점에서 아빠는 어디론가 '긴 출장'을 떠난다. 본인은 무엇을 잘못했는지 알지조차 못한 채, 처남이 매부를 체포해서 강제수용소로 보내는 것이다.

2년 만에 아빠는 유형에서 풀려나 사라예보로 돌아온다. 막내 삼촌의 결혼식이 열리고 있다. 2년 전과는 정치적인 상황이 또 바뀌었다. 앞날을 알 수가 없는데 어떤 신념을 가지고 살아야 하는가. 이데올로기는 가족관계를 혼란에 빠뜨린다. 매부를 체포했던 처남은 결혼식 피로연장에 앉아 있지만 자신이 저지른 일에 대해 변명도 하지 못한다. 음악도 서서히 분위기에 따라 가라앉는다. 처남은 술에 취해 테이블에 머리를 부딪치고 피를 흘린다. 이제 음악은 사라진다. 라디오에서는 아나운서의 들뜬 목소리가 들려온다. 아빠는 이제는 처남과 동거 중인 옛 정부의 뺨을 때리고 격한 정사를 나눈다. 억압적인 정치체제는 옛 관계들까지 말살시키고 말았다. 말리크는 이 모든 광경을 어린 시선으로 지켜본다. 축구 중계가 계속 이어진다. 올림픽 축구에서 이틀 전 5:5로 비긴 소련과 유고가 7월 22일 가진 재경기다. 사람들의 응원 속에는 제 나라에 군림하는 소련에 대한 적개심이 들어 있다. 경기는 유고가 당당하게 3:1로 승리를 거둔다. 말리크의 할아버지는 혼자 양로원으로 떠나면서 마지막 말을 남긴다. "정치 같은 건 엿이나 먹으라고 그래라." 말은 못하지만 소련에 대한 유고의 승리는 사회주의적인 압제에 대한 민심의 항거와도 같다. 그러나 아무도 그런 말을 입에 꺼내지는 않는다. 그들은 승리했고, 그런 승리가 지속되길 바랄 뿐이다.

라디오에서는 승리를 거둔 유고 선수들의 이름이 자랑스럽게 연호된다. 축구선수들은 유고 국민들에게 일시적으로나마 즐거움과 자부심을 안겨주었다. 현실은 여전히 내일을 알 수 없는 상황이지만, 말리크는 이제 여덟 살이 되었다. 피곤해진 말리크는 이불을 덮고 잠에 빠진다. 메인 테마가 흐른다. 말리크는 여전히 몽유병을 앓는 중이다. 혼자 일어나서 아무도 없는 숲속을 걸어간다. 숲은 어둡지만, 산 너머에서 여명처럼 밝은 빛이 배어나와 신비로운 분위기를 자아낸다. 미래가 완전히 어둡지만은 않음을 암시하는 것일까. 말리크는 뒤를 돌아보면서 환하게 웃는다.

〈아빠는 출장 중〉은 상징적이고 은유적인 영화다. 남미 소설에서나 볼 수 있는 마술적 리얼리즘의 세계를 영상으로 구현하고 있다. 몽유병에 걸린 말리크는 잠자다가 아무도 모르는 사이에 거리로 나가 혼자 걷는다. 그런 말리크의 움직임을 통해서 사람들은 비현실적인 세계를 바라본다. 그 비현실적인 세계는 우스꽝스럽게도 사람들이 살고 있는 삶 그 자체이다. 큰아들 미르자는 영화에 빠져 있다. 그가 만드는 영화에는 꿈이 담겨 있다. 어려운 현실에서도 꿈을 꿀 수 있다는 즐거움이 있다. 이처럼 에밀 쿠스트리차의 영화는 언제나 신비롭다. 현실적이지 않은 일들도 그의 카메라를 거치면 그럴싸한 이야기가 된다.

영화 내내 끊이지 않고 흐르는 「도나우 강의 잔물결」은 우리 귀에도 낯익은 음악이다. 때로는 아코디언 소리로 즐거운 순간을 묘사하기도 하지만, 근본적으로 「도나우 강의 잔물결」은 슬픈 정서를 담은 곡이다. 윤심덕은 「사의 찬미」라는 제목으로 이 음악에 가사를 붙여 노래를 불렀다.

광막한 광야를 달리는 인생아,
너의 가는 곳 어데이냐.
쓸쓸한 세상 험악한 고해에
너는 무엇을 찾으려 하느냐.
눈물로 된 이 세상이 나 죽으면 그만일까.

윤심덕은 현해탄에 몸을 던져 자살했다. 시대가 다르고 상황이 다르지만 「사의 찬미」의 노랫말은 〈아빠는 출장 중〉의 정서를 그대로 반영하고 있다는 느낌이 든다. 갑갑한 시대, 옴짝달싹할 수 없는 현실, 한 치 앞을 알 수 없는 내일을 두고 꿈 또는 죽음밖에는 길이 없는 삶 말이다.

젊음은 스피드를 욕망한다

Top Gun, 1986년
음악 해롤드 팰터마이어 | 감독 토니 스코트
제작 돈 심슨, 제리 브룩하이머 | 주연 톰 크루즈, 켈리 맥길리스

✚ 탑 건

〈플래시댄스〉〈씨프 하트〉〈탑 건〉으로 이어지는 돈 심슨과 제리 브룩하이머의 초기 작품들은 젊음의 취향을 반영한 영화들이다. 〈플래시댄스〉가 여성 취향이라면, 〈탑 건〉은 지극히 남성적인 영화다. 이후 두 사람은 〈더 록〉〈콘 에어〉〈아마겟돈〉 같은 블록버스터 영화로 옮겨간다. 블록버스터 영화로 덩치를 키우기 이전, 돈과 제리는 흥행의 관점에서 모든 것을 세세하게 감안하고 계산했다. 그래서 〈탑 건〉은 성공을 위한 모든 준비를 끝내고 발진하는 영화 같다. 화려하고 박진감 넘치는 화면, 청춘스타들, 멋진 음악 같은 요소들이 모두 포함되어 있다. 그들이 창조한 캐릭터들은 1950년대의 제임스 딘이나 말론 브란도를 이어받은 현대판 반항아들이었다. 과거 연기자들의 고뇌에 비하면 너무 가볍고 단순하지만 말이다. 빤한 성공담 같지만 그럴싸한 설정은 관객들로 하여금 기대감을 갖게 만든다.

돈과 제리는 스타 시스템을 어떻게 활용해야 하는지 잘 깨닫고 있었다. 젊은 스타를 반항적 멋이 넘쳐나는 캐릭터로 설정하여 젊은 관객들로 하여금 그들을 닮고 싶나는 욕망을 일으키게 했다. 〈탑 건〉에 등장하는 매버릭(톰 크루즈) 대위는 그런 캐릭터의 모범답안이나 다름없다. 군인이지만 반항적인 미남이고, 비행 실력은 천재적이다. 게다가 바닷가에서 나누는 낭만적인 사랑이 있고, 전투기와 오토바이로 상징되는 스피드가 있다. 남자들이 원하는 스피드, 섹스, 스포츠의 3S를 두루 갖춘 캐릭터였다. 젊은 관객들이 원하는 바를 파악하여 그들의 욕망을 고스란히 스크린에 그려낸 것이다.

〈탑 건〉은 CF 감독 출신인 토니 스코트가 연출을 맡았다. 그는 제작자들이 원하는 바를 원하는 방법으로 담았다. 토니 스코트는 장편영화에서는 그다지 주목받지 못했으나 돈과 제리는 그의 감각과 재능을 믿고 기존의 영화들보다 한 템포 빠르고 화려한 장면을 연출해달라고 요구했다. 그래서 스피디하고 격렬한 화면 전개가 펼쳐지게 되었다. 영화라기보다는 CF에 더 가까운 스타일이었다. 시각적으로 어필할 수 있는 장면들을 다양하게 찍어서 빠른 편집으로 관객들을 숨 쉴 틈 없이 몰아붙이는 것이다.

전체적인 음악은 해롤드 팰터마이어가 맡았지만, 여기에 조르조 모로더가 가세한다. 프로듀서로서 조르조 모로더는 돈과 제리의 의중을 아주 잘 알고 있었다. 영화의 스피드와 감각에 도움이 될 노래가 필요했다. 모로더는 두 곡의 노래를 직접 프로듀싱한다. 그 두 노래가 〈탑 건〉을 통해 가장 인기를 끌었던 「Danger Zone」과 「Take My Breath Away」였다. 「Danger Zone」은 박진감 넘치는 영화의 도입부를 장식하고, 「Take My Breath Away」는 매버릭이 오토바이를 타고 질주하는 장면에 등장하면서 찰리(켈리 맥길리스)와의 사랑을 표현한다. 곡 하나에 스피드와 섹스의 흥분된 욕망을 모두 담은 것이다.

인도양 위에 떠 있는 항공모함. 푸른 바다와 창공 사이를 F-14 톰캣 전투기가 빠른 속도로 날아다닌다. 마치 자동차 CF처럼 화려하고 강렬한 인상이다. 드넓은 바다에서 펼쳐지는 연습 비행과 함께 케니 로긴스가 열창하는 「Danger Zone」이 오프닝 신을 이끈다. 전투기들이 쉴 새 없이 이착륙하고, 시간을 잊은 듯 푸른 하늘과 석양과 어둔 밤하늘이 교차하며, 질주하는 비행기들은 미사일을 날리고 기관총을 쏘아댄다. 스토리 전개는 중요하지 않다. 시각적 이미지들로 가득 채워진 화면은 마치 MTV를 보는 듯하다. 이런 영상들과 함께 강한 비트와 진한 목소리의 노래가 극장을 채운다. 관객들은 강렬한 음악과 스피드에 빠져 비행기에서 눈을 뗄 틈을 찾지 못하고, 감독이 의도하는 대로 영화에 빠져들어간다.

매버릭과 그의 파트너 구스(앤서니 에드워즈)는 해군 전투학교로 교육을 받으러 간다. 이곳에서 8주간 훈련과정을 거치면서 해군 최고의 비행사 '탑 건'에 도전하는 것이다. 바에서 만난 아름다운 여인 찰리는 전투학교의 젊은 교관으로, 처음부터 매버릭과 눈빛을 주고받는다.

:: 톰 크루즈는 〈탑 건〉으로 젊음의 우상이 되었다.

이것은 군대 영화가 아니다. 그보다는 사랑과 스피드를 쟁취하는 레이싱 영화에 가깝다. 매버릭이 비치 발리볼을 하다 말고 찰리를 만나러 오토바이를 몰고 달리기 시작할 때 「Take My Breath Away」가 베를린 the Berlin의 목소리로 흐르기 시작한다. 그러나 매버릭은 찰리가 자신의 비행 실력을 인정하지 않는다며 화를 낸다. 오토바이를 타고 달리는 매버릭을 찰리가 차를 몰고 쫓아간다. "당신의 비행 실력이 천재적이라고 어떻게 강의 시간에 얘길 하겠어. 생도들이 나를 꿰뚫어보는 것 같아서 두려웠어. 내가 당신에게 빠졌다는 걸 누구에게도 알리고 싶지 않아." 찰리의 변명 아닌 고백에 모든 오해가 풀리고, 두 사람은 하나가 된다. 본격적으로 그룹 베를린의 노래가 흐르기 시작한다. 푸른 조명 아래서 두 사람은 사랑을 나눈다. 관객들은 영화 속 매버릭과 같은 인물이 되고픈 욕망에 시달린다. 할리우드 스타 시스템은 이렇게 하여 또 한 번의 성공을 입증한다.

> 내 바보 같은 사랑놀이의 모든 몸짓을 보다가
> 끝없는 바다 위에서 마침내 연인들은 부끄러움조차 잊지요.
> 어느 은밀한 곳 안쪽을 돌고 또 돌다가
> 당신이 돌아보며 말하는 걸 느린 몸짓으로 지켜봅니다.
> 테이크 마이 브레스 어웨이, 나의 숨결을 앗아가 버리세요.

✚ 아직은 무명이던 발 킬머, 멕 라이언, 팀 로빈스 등도 이 영화에 등장한다. 그들의 젊은 날을 보는 것도 〈탑 건〉의 볼거리 중 하나다.

✚ 〈탑 건〉의 OST 앨범은 빌보드 앨범차트에서 5주 동안 1위를 지켰다. 첫 번째로 싱글 커트된 「Take My Breath Away」는 빌보드 차트 1위에까지 올랐고, 두 번째 싱글로 만들어진 「Danger Zone」도 차트 2위에까지 오르는 기염을 토했다. 또한 「Take My Breath Away」는 아카데미와 골든글로브의 주제가상도 모두 석권했다. 이 노래가 베를린의 유일한 히트곡이나 다름없음을 생각하면, 할리우드 영화가 대중문화산업에 끼치는 영향력이 얼마나 큰가를 느낄 수 있다.

✚ 1986년에 발매된 OST 앨범에 수록되지 않았던 명곡들은 1999년에 다시 발매된 스페셜 에디션에 모두 실렸다. 이 앨범에서는 매버릭이 아버지를 회상할 때 흐르던 오티스 레딩의 「(Sittin' On) The Dock Of The Bay」를 비롯하여 제리 리 루이스의 「Great Balls Of Fire」, 라이처스 브러더스의 「You've Lost That Lovin' Feeling」을 들을 수 있다.

전장터에 울린 아다지오

Platoon, 1986년
음악 조르주 들르뤼 | **감독** 올리버 스톤 | **주연** 찰리 쉰, 윌렘 데포, 톰 베린저

✚ 플래툰

전쟁은 결코 아름답지 않다. 아름다울 수도 없다. 낭만적인 것은 영화이지 전쟁이 아니다. 올리버 스톤은 베트남의 참상을 누구보다 솔직히 그려내고자 노력했다. 미국인들의 가슴에 응어리져서 숨기고 싶은 이야기들에 가까이 다가가고자 했다. 올리버 스톤은 필리핀의 정글로 들어가서 인간의 비극을 카메라에 담았고, 전쟁에 대한 진지한 고민은 이후 〈7월 4일생〉과 〈하늘과 땅〉으로 이어지면서 베트남전쟁 3부작으로 완성된다. 미국에서의 넉넉한 삶과 낭만적인 대학 생활을 뒤로하고 전쟁이 한창이던 베트남에 자원해서 찾아온 크리스(찰리 쉰). 그가 상상했던 것보다 훨씬 더 베트남은 아비규환의 지옥이었다. 도착한 순간부터 그가 만난 것은 먼저 죽어간 미군의 시체들이었다.

베트콩들은 어디 숨었는지 보이지 않고, 죽음의 두려움은 도처에 깔려 있다. 공포심으로 인해 미군들은 더욱 난폭해지고 애꿎은 마을에서 약탈, 방화, 살인 등 온갖 악행들을 저지른다. 힘없는 마을 주민들만 미군들에게 당하고 베트콩들에게 시달림을 받으며 고초를 겪는다. 크리스는 자기 소대에서 두 명의 베테랑 하사관들을 만나게 된다. 살

육의 현장에서 무수한 위험을 겪으면서도 살아남은 일라이어스(윌렘 데포)와 반스(톰 베린저)이다. 같은 전장에서 살아남기 위한 두 사람의 방식은 극단적으로 정반대이다. 두 사람은 묵시록의 끝에서 만난 선과 악의 대립이나 다름없는 존재이다. 지옥처럼 반복되는 전투 속에서 일라이어스와 반스는 사사건건 충돌한다. 소대원들도 서로 따르는 사람이 달라서 언제나 대립각을 세운다.

베트콩의 대공세가 이어지고, 일라이어스는 적진을 뚫고 들어간다. 반스가 그를 쫓아간다. 후퇴하던 헬리콥터에 반스는 돌아오지만 일라이어스는 돌아오지 않는다. 반스는 크리스에게 그가 죽었다고 말하지만, 날아가는 헬리콥터 안에서 크리스는 베트콩들에게 쫓기다가 죽어가는 일라이어스를 본다. 이건 누구를 위한 싸움이고 누구와 싸우는 전쟁인 것인가. 크리스의 갈등은 깊어만 간다. 일라이어스와 반스, 과연 누가 옳은 것인가. 크리스는 두 사람 모두가 자신의 정신적인 아버지일 수밖에 없음을 깨닫는다. 그것이 전쟁의 비극이자 양면성이다.

언젠가 9.11 테러의 희생자들을 추도하는 콘서트를 보았다. 그때 연주되던 곡이 새뮤얼 바버의 「현(絃)을 위한 아다지오」였다. 사람들은 세계무역센터 빌딩이 사라져버린 텅 빈 공간을 넋을 잃고 바라보고 있었다. 뉴욕을 상징하던 건물이 눈앞에서 사라져버린 것이다. 사람들의 막막한 정신적 공황 상태를 대변하는 듯 바버의 음악은 슬픈 울림으로 다가왔다. 무겁게 흐르는 바이올린과 비올라 등 현악기들의 우울한 선율, 슬픔을 배가하듯 길게 흐르며 여운을 남기는 멜로디…. 사람들은 믿지 못하겠다는 듯이 허공을 바라보고 있었다. 넋이 빠진 표정, 침통한 모습, 씁쓸한 표정을 짓다가 어이없는 듯 웃음 짓기도 했다. 그렇게 전 세계 사람들 모두가 멍한 공허감에 사로잡혔던 적이 또 있을까. 눈으로 직접 보면서도 결코 믿어지지 않는 사건이었으니까. 누군가는 「현을 위한 아다지오」가 "세상에서 가장 슬픈 음악이 아닐까요?"라고 말했다. 새뮤엘 바버의 곡에는 비극적인 슬픔이 들어 있다. 그런 슬픔을 베트남전의 참상과 함께 거대한 비극의 이미지로 만들어낸 영화가 〈플래툰〉이다. 화면 속의 참상들, 일라이어스와 반스의 극단적 양면성까지도 가슴 속에 끌어안도록 만드는 음악이 「현을 위한 아다지오」이다. 음악은, 위대한 음악은 극단적으로 다른 감정들까지도 하나의 선율로 녹이고 모든 것을 품어주는 것일까.

중앙일보 사옥 1층 호암아트홀에서는 이제 더 이상 영화를 상영하지 않는다. 을지로 국도극장도 건물 자체가 헐리고 호텔로 바뀌어버렸다. 해마다 여름방학이 오면 호암아트홀에서는 특별한 영화를 상영하곤 했다. 일반 개봉관이 아닌 아트홀이라는 이미지 때문인지 이곳에서 개봉한 영화는 여름 내내 주목을 받곤 했다. 〈플래툰〉은 1987년에 이제는 영화와 관련이 없는 서울의 두 공간 호암아트홀과 국도극장에서 개봉되었다. 이제는 극장들 모두가 멀티플렉스 시스템으로 바뀌어서 과거와 같은 대형 극장들을 만날 수가 없다. 오래전 넓은 극장의 아련한 기억만이 머리에 남아 있을 뿐이다. 〈플래툰〉의 자욱한 포연처럼, 어둠 속을 뚫고 뿌옇게 비추던 영사기 불빛이 떠오른다. 1987년은 민주화 항쟁이 한창이던 시절이었다. 그래서인지 〈플래툰〉은 역설적으로 더욱 강렬한 감동을 전해주었는지도 모른다. 미국이라는 나라에 대해 꿈처럼 행복한 얘기만 들어왔던 관객들에게 그 어두운 폐부를 낱낱이 고발해주었으니까. 그들 스스로 베트남전이라는 과거에 대해 반성하고 자책하는 모습을 보게 되었으니까. 그렇게 1987년 무더운 여름은 지나가고 있었다.

✚ 「현을 위한 아다지오」는 1935년 작곡 당시에는 원래 현악사중주를 위한 곡이었다. 새뮤얼 바버의 「현악사중주 1번」을 구성하는 세 악장 중 '아다지오'(매우 느리게) 악장인 제2악장이었는데, 1937년 작곡가 자신이 현악 오케스트라를 위한 곡으로 편곡한 것이다. 1938년 명지휘자 토스카니니가 NBC 심포니 오케스트라와 초연하여 유명해졌다.

✚ 전쟁 영화와 그에 쓰인 음악을 거론하자면 〈플래툰〉보다는 〈지옥의 묵시록〉(Apocalypse Now, 1979)을 먼저 꼽아야 마땅하다. 프랜시스 포드 코폴라 감독의 〈지옥의 묵시록〉은 〈플래툰〉의 '악어의 눈물' 같은 자기 반성적 태도보다 전쟁의 광기를 더욱 정면에서 직시하고, 전쟁의 주범들과 인간의 악마성을 더 적나라하게 고발한다. 또한 이 영화에 쓰인 바그너의 오페라곡 「발퀴레」 역시 그보다 더 적절한 음악은 없다고 느껴질 정도이다. 〈지옥의 묵시록〉에 대한 이야기는 결코 짧은 내용으로 담을 수 없어서 다음으로 미룬다.

꿈꾸고 춤추고 사랑하라

Dirty Dancing, 1987년
음악 존 모리스 | **감독** 에밀 아돌리노 | **주연** 패트릭 스웨이지, 제니퍼 그레이

✚ 더티 댄싱

서울 서대문로터리에는 화양극장이라는 오래된 극장이 있었다. 지금은 '서대문아트홀'로 바뀌어 고전영화들을 주로 상영하고 있는 곳이다. 2007년 말 극장이 폐관을 결정하면서 관객들에게 마지막 팬 서비스로 상영한 영화가 〈더티 댄싱〉이다. 대학 시절 가끔씩 가던 극장으로, 그 시절 보았던 영화를 다시 보러 가는 느낌은 묘했다. 영화사에 남는 걸작도 아니건만, 한때의 열병에 지나지 않는 이 청춘영화를 왜 다시 보러 나선 것일까. 광화문에서부터 추운 거리를 따라 걸었다. 홍난파 선생이 살던 고택을 지나 독립문 쪽으로 내려가자 대로를 타고 차가운 삭풍이 몰아쳤다. 옷깃을 꽁꽁 여미고 엄동의 거리를 걸어서 극장까지 찾아갔다. 티켓을 끊었다. 예전 기억을 떠올리게 만드는 자그마한 연두색 구닥다리 티켓을 3,500원에 팔고 있었다. 20년 전 가격이었다. 이벤트로 주는 선물도 받았다. 치약이었다. 웬 치약? 영화 시작 전의 광고를 보자 이유를 알 수 있었다. 엉뚱하게도 치약 광고가 스크린에 흐르고 있었다.

로비에는 영화음악 LP들이 전시되어 있었다. 관객들이 기념사진

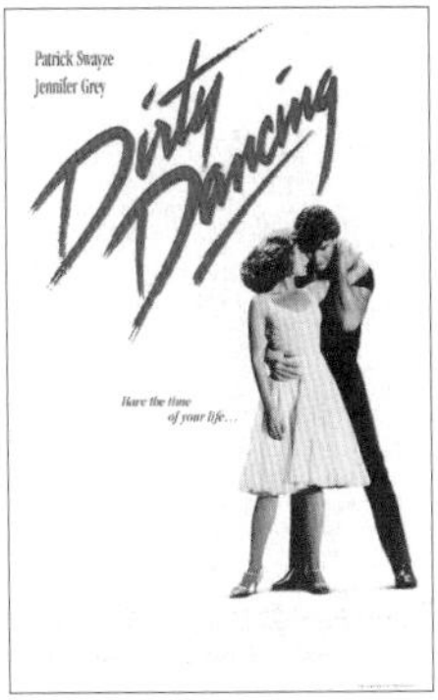

을 촬영할 수 있도록 포토 존photo zone도 마련되어 있었다. 〈더티 댄싱〉의 주연배우들인 패트릭 스웨이지와 제니퍼 그레이의 대형 스탠드 옆에서 몇 안 되는 관객들이 디카를 눌러대고 있었다. 그 옆에는 영원한 스크린의 요정 오드리 헵번 스탠드도 있었다. 극장은 추억을 간직하고자 애쓰고 있었다. 고별작 〈더티 댄싱〉을 끝으로 극장은 문을 닫았다. '화양' '명화' '대지' 이 세 군데 극장 이름은 신문광고에 늘 같이 붙어다니곤 했다. 대작을 상영할 때는 시내 중심가 개봉관과 함께 개봉관 역할을 했고, 그렇지 않을 때는 가장 빠른 재개봉관 역할을 맡았다. 주머니가 가벼울 때 찾아가던 극장들이었지만, 스크린 크기나 음향 시설, 객석 수는 개봉관에 결코 뒤지지 않았다. '시네마스코프 상영!'이나 '돌비시스템 도입!'이 큰 자랑이 되던 시절. 이제 그 시절들은 지나가버렸다.

영화가 시작되자 몸이 약간 떨려왔다. 무엇보다 날씨가 추웠고, 온풍기를 틀었다지만 관객들이 너무 적은 탓이었을 것이다. 하지만 그보나는 20년 전 보았던 상업 영화, B급 청춘영화를 다시 보는 그 비현실감에 몸이 떨렸던 것 같다. 불이 꺼지고 영화가 시작되었다. 크레디트 타이틀이 뜨면서 로네츠The Ronettes가 부르는 「Be My Baby」가 울려 퍼졌다. 흑백화면 위에 흐르는 댄스는 격렬하고 섹시했다. '맞아, 이렇게 시작했지.' 기억이 되살아나고 있었다.

1963년 여름, 카 스테레오에서는 포 시즌스가 부르는 「Big Girls Don't Cry」가 흘러나오고 있다. 베이비(제니퍼 그레이)네 가족이 차를 몰고 한적한 산길을 따라 캠프로 가는 중이다. 그곳에서 여름 내내 수영을 하고, 그림, 크리켓, 배구 등 레크리에이션을 하면서 '춤'도 배울 것이다. 여름 캠프에 모인 젊은이들의 이야기를 다룬 영화라면 그다음은 모두가 예상하는 바다. 아마도 베이비는 멋진 남자를 만나서 사랑에 빠질 것이다. 젊은 관객들이 빠져들 만한 요소들도 남김없이 등장할 것이다. 〈더티 댄싱〉에는 베트남전이 어떻고 아프리카 빈국들이 어떻고 하는 대사도 나오지만, 전부 맥거핀 효과MacGuffin effect, 즉 주목은 끌지만 영화 전개와는 아무 관계없는 장치에 불과하다. 〈더티 댄싱〉은 성장 영화임에 틀림없지만, 젊음의 진지한 고민을 담은 영화가 아니라 그저 즐기기만 하면 되는 성장 영화인 것이다.

춤을 처음 배우는 베이비는 스텝도 제대로 밟지 못한다. 멋진 댄스 선생 자니(패트릭 스웨이지)가 추는 춤을 보면서 눈이 동그래질 뿐이다. 젊은 직원들끼리 즐기는 광란의 댄스파티에서 자니는 베이비에게 리듬에 몸을 맡기는 게 얼마나 황홀한 것인가를 느끼게 해준다. 그때 자니의 소꿉친구이자 댄스 선생인 패티는 원하지 않은 임신을 하게 된다. 베이비는 어떻게든 그녀를 돕고 싶어 한다. 중절 수술에 실패해서 위독한 상태에 빠지자 베이비는 의사인 아빠에게 부탁해서 그녀를 치

:: 리듬에 맞춰 함께 몸을 흔들며 그들은 교감한다.

료해준다. 아버지는 이 모든 상황을 자니가 벌인 것으로 오해한다. 엎친 데 덮친 격으로 자니는 도둑으로 오인받는다. 그는 기성세대들의 편협함에 실망하고 캠프를 떠난다. 영화는 청춘영화가 보여주는 도식적인 스토리 라인을 따라간다. 주인공들은 사랑에 빠지지만 주변에서는 이해해주지 않는다. 사랑은 위기에 빠진다. 그다음은 어떻게 될까. 당연히 자니는 돌아오고 사랑은 이루어진다. 관객들은 자기 일처럼 같이 환호하고 기뻐한다. 〈더티 댄싱〉은 상업적인 공식을 철저히 따르는 영화다. 현실감은 떨어지지만, 이건 영화가 아닌가. 관객들은 100분이라는 시간을 즐기러 왔을 뿐이다. 신분 격차 때문에 이루어질 수 없는 사랑이 이루어지고, 신나는 노래와 춤이 이어진다. 영화를 본 관객이라면 누구나 한번쯤 춤을 배우면 어떨까 싶은 생각이 들 정도로

:: 노래와 춤과 사랑은 청춘을 위한 것

화려한 댄스가 등장한다.

자니가 떠나자 캠프에도 젊음의 뜨거움이 사라진다. 사람들은 촌스럽고 맥 빠지게 이별의 노래를 합창하며 내년을 기약한다. 그때 자니가 문을 열고 등장한다. 클라이맥스를 이끄는 멋지고 영웅적인 주인공으로서. 자니는 베이비를 데리고 무대로 올라간다. 그리고 사람들 앞에서 거침없이 말한다. "항상 마지막 춤은 제가 췄습니다. 훌륭한 파트너를 소개하러 왔습니다. 희생을 무릅쓰고 남을 도우며, 저에게 진정한 사랑을 느끼게 해준 프란시스 하우스만 양입니다."

자니는 처음으로 베이비의 풀네임을 언급한다. 성인으로 인정한다는 의미이다. 두 연인은 마지막 곡에 맞춰 그동안 연습해왔던 사랑의 춤을 춘다. 무대에 빌 메들리와 제니퍼 원스의 듀오 곡 「The Time

Of My Life」가 열정적으로 흐르면서 사람들을 흥분시킨다. 춤의 하이라이트라 할 수 있는 리프트까지 멋지게 성공한다. 베이비가 점프하는 순간 자니는 과감하게 받아내면서 고난도의 장면을 연출한다. 자니의 행동을 오해했던 아빠가 다가와서 사과를 한다. 베이비는 그런 아빠를 믿음의 눈으로 바라본다. 이제 캠프장에 있던 모든 사람들이 함께 춤을 춘다. 여름이 서서히 저물어간다.

〈더티 댄싱〉은 10대의 마지막 시기에 대한 영화다. 어쩌면 B급 청춘영화들 중의 하나로도 기억에 남지 못했을 작품이었다. 배우들은 거의 알려져 있지 않았고, 제작비도 겨우 5백 만 달러밖에 안 되는 저예산 영화였다. 그러나 모두의 예상을 넘어서서 무려 2억 달러가 넘는 수익을 거뒀다. 한마디로 초대박이 난 셈이다. 그 원동력은 과연 무엇이었을까. 평론가들은 '영화 같지도 않은 영화'라고 치부해버렸지만, 관객들은 그런 평가를 들은 체 만 체하고 극장으로 몰려갔다. 영화가 개봉된 후 갑자기 1960년대 복고 팝송 붐이 일었다. 베이비를 통해 젊은 여성관객들은 공감대를 느꼈고, 자니를 통해서 젊은 남자관객들은 남성성을 확인했다. 또한 영화 내내 흥겨운 노래와 춤을 즐길 수 있었다. 현실의 모든 고민이 영화에서처럼 해결될 수 있다고 믿던 나이인 것이다. 베이비와 자니는 젊은 관객들에게 '꿈은 이루어진다'는 환상을 심어주었다.

여자를 지키기 위해서라면 자신을 희생할 수 있는 정의로운 남자, 사랑하는 여자를 위해 무엇이라도 해줄 수 있는 남자. 패트릭 스웨이지는 이런 캐릭터를 멋들어지게 연기해낸다. 지나치게 멋을 부리고 지나치게 반항기를 드러내는 것도 거슬리지 않는다. 관객들 중 누가 자니를 유치하다고 생각했을까. 젊은 자니는 젊은 관객들에게 여전히 멋진 캐릭터이다. 그런 이미지는 〈사랑과 영혼〉1990과 〈폭풍 속으로〉1991로 고스란히 이어진다. 언제나 듬직하지만 속에는 활화산 같은 열정을 숨긴 남자, 패트릭 스웨이지다운 캐릭터가 만들어진 것이다.

〈더티 댄싱〉에서 춤과 노래가 꼭 일치하지는 않는다. 흥겨운 댄스 뮤직에 맞춰 그저 몸을 흔드는 것이다. 영화음악으로서의 완성도를 따진다면 문제가 있겠지만, 노래들은 분위기를 위해서 만들어진 것이다. 〈더티 댄싱〉을 보는 관객들에게 극장은 클럽과 다를 바 없는 공간이다. 노래는 댄스의 백그라운드 뮤직으로서 분위기를 띄워주는 역할을 훌륭하게 해낸다. 강한 비트가 있고, 즐거운 멜로디의 음악들 가운데서 사랑이 이루어진다. 노래와 춤이 있고, 사랑이 있다면 젊음에게는 충분하지 않은가.

〈더티 댄싱〉은 위대한 영화는 아닐지라도 '대단한' 영화이다. 감정은 격앙되고, 지나치게 반항적이며, 패트릭 스웨이지를 주인공답게 만드느라 드라마 구조에서는 손상을 입었다. 하지만 사람들을 끌어들이는 흡인력이 넘친다. 당신이 나이가 들었다면, 영화를 보면서 다시 생각해보라. 〈더티 댄싱〉을 즐기던 시절의 꿈과 느낌은 어디로 가버렸는지를. 그리고 다시 꿈꾸어보라. 아직 늦은 것은 아무것도 없으니까.

✚ 패트릭 스웨이지는 2009년 9월 14일 췌장암으로 세상을 떠났다. 향년 57세의 나이였다. 젊고 활기찬 모습을 보여주었던 그가 이른 나이에 죽었다는 사실이 믿기지 않는다. 그는 영화 속에서 「She's Like The Wind」를 직접 불렀다. 오해를 받아 사표를 내고 캠프를 떠나는 장면에서 이 노래가 울려 퍼진다. 베이비에 대한 자니의 심정이 담겨 있어서 사람들에게 안타까운 감정을 심어준다. 그는 이 곡으로 빌보드 차트 3위까지 오르는 영예를 안았다.

✚ 「The Time Of My Life」는 영화의 하이라이트이자, 마지막 댄스를 위한 노래이다. 무대에서 모든 사람들이 내려가고 베이비 혼자 남는다. 자니는 LP를 턴테이블에 걸고 올라와 베이비와 서로의 눈을 응시하면서 춤을 춘다. 여유롭게 연습하는 식의 동작을 보여주던 두 사람은 노래에 박자를 맞추면서 격렬하게 스텝을 밟는다. 사람들은 놀라움에 박수를 치기 시작하고 베이비는 멋지게 회전한다. 베이비의 엄마는 남편에게 "나를 닮아서 그래요."라고 말한다. 프로처럼 춤을 추는 모습에 모두가 열광하고, 모두 무대로 나와 춤을 추면서 대단원의 막이 내린다. 〈더티 댄싱〉의 주제가인 「The Time Of My Life」는 한 주 동안 빌보드 싱글차트 1위를 차지했으며, 아카데미와 골든글로브 주제가상을 받는 기염을 토했다. AFI에서 뽑은 '최고의 영화 주제가 100곡'에서 86위로 선정되기도 했다.

✚ 「The Time Of My Life」에는 "오, 베이비."라는 가사가 연거푸 나온다. 주인공인 베이비를 부르는 것 같은 효과를 노렸을 것이다. 그 때문인지 영화에는 '베이비'라는 단어가 들어가는 노래가 많다. 「Be My Baby」는 영화의 배경인 1963년에 빌보드 싱글차트 2위까지 올랐던 로네츠의 노래다. 영화의 메인타이틀을 장식하면서 과거로 여행을 떠나게 만드는 곡이다.

✚ 자니는 베이비에게 박자를 맞추는 법을 알려주면서 말한다. "심장의 고동을 느껴봐. 이건 내 공간이고, 이건 네 공간이야." 페니도 베이비의 몸을 잡아주면서 함께 가르친다. 이 시퀀스에서 흐르는 노래가 에릭 칼멘의 「Hungry Eyes」이다. 이 노래가 흐르는 동안 베이비는 서서히 춤의 호흡을 익히게 된다. 에릭 칼멘의 노래는 OST 앨범의 세 번째 트랙에 실려 있고, 빌보드 싱글차트에서 4위까지 올랐다.

✚ 영화의 OST 앨범이 크게 히트할 때, 미처 OST 앨범에 수록되지 못한 곡들을 모아서 또 다른 앨범, 〈More〉 앨범을 만드는 경우들이 있다. 〈아마데우스〉 〈더티 댄싱〉 〈물랑 루즈〉가 대표적인 예다. 〈More Dirty Dancing〉에는 「The Time Of My Life」가 오케스트라 연주로 실렸으며, 오티스 레딩의 「These Arms Of Mine」과 「Love Man」, 드리프터스의 「Some Kind Of Wonderful」, 그리고 마이클로이드 앤드 르디스크(Michael Lloyd & Le Disc)의 곡들이 수록되었다.

영화 하나에 추억, 영화 하나에 사랑

Cinema Paradiso, 1988년
음악 엔니오 모리코네 | **감독** 주세페 토르나토레
주연 필립 누아레, 자크 페랭, 마르코 레오나르디, 살바토레 카시오

✚ 시네마 천국

〈시네마 천국〉을 보고 있노라면 토토와 같은 마음이 된다. 순수하게 영화를 좋아했던 동심으로 되돌아간다. 영사기에서 흘러나온 불빛이 스크린을 향해 빛날 때 으르렁거리는 사자의 포효를 보는 것 같다. 이 영화는 옛날 극장에 대한 기억들을 새록새록 떠오르게 만든다. 1970년대는 물론 1980년대까지도 정말이지 별다른 오락거리가 없었다. 탁구장이나 오락실, 당구장, 더 나가면 볼링장 정도가 전부였다. 그래서 어른들에게나 아이들에게나 영화를 보러 극장에 가는 것은 아주 큰 이벤트였다. 삼촌들은 얘기한다. "야, 내가 너네 외숙모랑 대한극장에서 〈사운드 오브 뮤직〉을 같이 봤는데 말이야. 거기서 나한테 넘어온 거지." 어른들이 분위기 잡고 데이트할 만한 곳도 극장 외에는 별로 없었다. 어느 도시나 대형 극장들은 도시 중심가에 자리 잡고 있었다. 조그마한 흑백TV 수상기 세대들한테는 더욱 그렇다. 시야를 가득 채우는 대형 스크린, 총천연색 컬러 화면, 사방에서 쏟아지는 엄청난 사운드, 현실에 있을 것 같지 않은 미남미녀 배우들. 그런 스타들이 키스신을 벌이면 관객들의 눈동자도 따라서 반짝거렸다. 우리는 그 어둠

속에서 꿈을 꾸었다.

학교에서도 영화 관람은 큰 행사였다. 한 달에 한 번 학생 입장을 할 때면 모두가 우르르 몰려가곤 했다. 초등학교 시절 어쩌다 여중생 누나들을 따라가면 사방에서 훌쩍거리는 소리들이 들려왔다. 〈라스트 콘서트〉〈저 하늘에도 태양이〉〈필링 러브〉 같은 영화들이었다. 지금도 고등학교 동창들을 만나면 영화를 담치기해서 볼 때 너도 있었냐 하는 얘기들을 되풀이한다. 영화를 좋아하지 않았던 친구들도 어릴 적에 봤던 영화들은 기억한다. 참으로 신비로운 일이다. 극장은 기억의 신전과도 같은 공간이었다. 극장에서 사람들은 현대판 신화를 접했다. 그때 대형 스크린으로 접했던 영화들이 〈바람과 함께 사라지다〉〈벤허〉〈타워링〉〈사운드 오브 뮤직〉〈스타워즈〉 같은 작품들이다. 이 글을 쓰게 한 것도 그런 기억들일 것이다. 〈시네마 천국〉에는 바로 이 같은 풍경, 우리 모두가 공감할 수 있는 옛 풍경이 담겨 있다.

시칠리아에 처음 가본 것은 1994년이었다. 영화 탄생 100주년을 기념해서 1995년 1월 1일부터 시작한 연재기사를 위해 취재차 떠난 여행이었다. 영화 로케이션 현장을 탐방하는 기사였는데, 그 출발이 〈시네마 천국〉이었다. 영화에 등장하는 푯말에 적힌 대로 '잔칼도' Giancaldo라는 마을을 먼저 찾아가기로 했다. 토토가 고향과 작별을 고하는 기차역에, 살바토레가 알프레도의 죽음을 듣고 고향으로 돌아가는 도로 표지판에 그 지명이 적혀 있었다. 그런데 아무리 지도를 찾아보고 사람들에게 물어봐도 그런 마을은 없었다. 그제야 깨달았다. '잔칼도'는 영화 속에만 존재하는 가공의 마을이었던 것이다. 움베르토 에코의 소설 『로아나 여왕의 신비한 불꽃』에 등장하는 마을 '솔라라'처럼 말이다. 어쨌거나 다른 마을이라도 찾아야 했다. 그렇게 해서 어렵사리 찾아간 마을이 팔라초 아드리아노Palazzo Adriano였다. 버스를 타고 가다가 〈대부〉의 고향인 코를레오네 마을도 지나쳤다. 영감 세 양반이 무뚝뚝한 표정으로 앉아 있었다. 나이가 들긴 했어도 지나가는 버스를 감시하는 마피아 단원들 같아 괜스레 겁이 났다. 팔레르모에서 두 시간가량을 달려 팔라초 아드리아노에 도착했다. 작은 산마을이었다. 사람의 두상 두 개가 조각되어 있는 분수가 마을 광장에 있었다. 영화에서 마을 아낙들이 두상의 입에서 쏟아지는 물을 길어가고, 머리도 감고, 가축들에게 먹이기도 하던 그 분수였다. 영화에서는 이 분수 옆에 극장 '시네마 파라디소'가 있는 것으로 나온다. 그러나 극장은 없었다. 영화에서처럼 폭파시킨 게 아니라, 마을 광장만이 영화 속의 공간으로 설정되었던 것이다. 마을에는 변변한 레스토랑도 호텔도 없었다. 지금은 어떤지 모르겠지만 당시에는 버스도 하루에 세 차례밖에 다니지 않았다. 이 외딴 마을이 토토가 살았던 고향이다.

〈시네마 천국〉은 과거에 대한 기억이다. 누구나 가슴에 품고 있

:: 아빠가 없는 토토에게 영사실은 아버지가 일하는 일터였고 자신의 놀이터였다.

는 어린 시절에 대한 회상이다. 30년 동안 한 번도 고향에 돌아가지 않은 영화감독 살바토레(자크 페랭)는 어느 날 자신의 오랜 후견인이었던 알프레도 아저씨(필립 누아레)가 죽었다는 소식을 듣는다. 소식을 접한 살바토레는 회상에 잠기면서 어린 시절의 자신으로 되돌아간다.

토토(살바토레 카시오)는 성당 미사 중에 졸다가 신부님에게 꾸지람을 듣는다. 밤낮 영화만 보느라 잠이 모자란 탓이다. 하지만 토토는 가난하고 잘 먹지 못해서 그런 거라며 둘러댄다. 작은 마을에서 신부님은 검열관이기도 하다. 그는 극장에 가서 알프레도에게 영화를 틀라고 한다. 영화가 개봉되기 전에 포옹이나 키스 같은 야한 신들을 들어내는 것이다. 토토도 커튼 사이에 숨어 즐거운 미소를 지으면서 영화를 본다. 진정한 시네마 키드인 토토는 이렇게 어려서부터 극장을 드나들면서 자신의 꿈을 키워나간다. 알프레드 아저씨는 그런 토토를 영사실로 불러들여 조수 일을 시키고, 두 사람은 은밀한 기억을 공유하는 사이가 된다. 〈카사블랑카〉 포스터와 코미디의 제왕 버스터 키튼의 사진이 붙어 있는 둘만의 공간에서.

토토는 신부님의 검열에 걸려 영사실 귀퉁이에 잘라내버린 필름 쪼가리들을 탐낸다. 알프레도 아저씨가 말한다. “상영이 끝난 다음에 다시 붙여야 된단 말이야. 나중에 너한테 다 줄 거야.” 아무도 그때는 알프레도가 하는 말의 의미를 알지 못한다. 그러나 영화 마지막 신에서 알프레도가 얼마나 토토를 아꼈는지, 얼마나 영화에 대한 애정이 컸는지 모두가 알게 된다. 알프레도는 시골 영사기사에 불과했지만 토토에게만큼은 인생의 스승이자 현자였다. 이제는 다 커서 첫사랑의 열병을 앓게 된 토토(마르코 레오나르디). 토토의 첫사랑 엘레나(아녜세 나노)의 가족이 도시로 떠나버렸을 때도 알프레도는 토토에게 엘레나의

:: '파라다이스 극장'은 추억으로 남는다.

주소를 알려주지 않는다. 그는 사랑이 토토의 미래에 방해가 된다고 믿었다. 알프레도는 토토에게 로마로 가면 절대로 고향에 돌아오지 말라고 조언한다. 토토가 자신과 같은 시골 영사기사 따위로 살아가기를 원치 않았기 때문이다. 이별은 슬펐으나 알프레도는 누구보다도 토토의 성공을 믿었다. 토토가 떠난 후 다시 만나지는 못했지만, 토토의 성공 소식을 들을 때마다 가장 기뻐한 사람은 알프레도였으니까.

추억이 담긴 극장 '시네마 파라디소'는 사람들이 지켜보는 가운데 폭파된다. 앞으로 주차장이 들어설 거라고 한다. 광화문 국제극장 자리에 동화면세점이 들어서고, 국도극장 자리에 호텔이 들어선 것처럼 말이다. 파라디소 극장은 이미 6년 전에 문을 닫았다고 한다. TV와 비디오 때문에 극장에 찾아오는 손님이 없었던 것이다. 유명 감독이 되어 고향에 돌아온 살바토레는 극장이 사라지는 모습을 보면서 회한에 잠긴다. 그는 알프레도가 남겨준 필름 한 벌을 들고 로마로 돌아와 시사실에서 필름을 돌린다. 신부님의 검열로 잘려나갔던 키스 신들이 하나도 빠짐없이 프린트에 담겨 있다. 장 가뱅, 찰리 채플린, 게리 쿠퍼, 마르첼로 마스트로이안니, 클라크 게이블…. 살바토레가 어릴 적 스크린에서 본 영웅들이 키스를 나누는 장면을 알프레도 아저씨는 차곡차곡 모아두었던 것이다. 살바토레는 눈물을 흘린다. 알프레도는 어쩌면 감독을 꿈꾸었는지도 모른다. 그가 생애 유일하게 만들어낸 한 벌의 필름에는 영화에 대한 진정한 사랑과 추억이 있었다. 그것은 살바토레가 만든 어떤 영화보다도 더 감동적인 걸작이었다.

영화의 정서를 고양시키고 아름다움을 더해준 것은 엔니오 모리코네의 음악이다. 음악은 또 하나의 주인공으로서 영화 속에 등장한다. 30년 만에 고향에 돌아온 토토의 심정을 묘사할 때마다 스크린에는 「사랑의 테마」Love Theme가 흐른다. 「사랑의 테마」는 영화 내내 아름답고 아련한 멜로디로 관객들의 마음을 울렁이게 한다. 멜로디는 또한 「Love Theme For Nata」라는 곡으로 변주되면서 토토가 자신의 옛 추억, 즉 영화와 엘레나에 대한 사랑의 추억에 빠져드는 것을 표현해준다. 바이올린 선율이 높아지면 회한도 더욱 깊어지며, 그 사이로 느리고 아련한 클라리넷 소리가 애조를 자아낸다. 비이올린과 클라리넷의 조화는 아름답지만, 슬픔이 배어 있다. 그리고 오래전 잊어버린 기억들을 떠오르게 만든다. 기억의 연기는 회한 속에서 가물가물 피어오른다. 클라리넷은 엔니오 모리코네가 음악을 맡았던 또 다른 영화 〈미션〉의 오보에 같다. 나직하지만 또렷하게 자기 소리를 내면서 토토의 감정을 이끌어준다. 토토가 생각에 잠길 때마다 음악은 기억의 일부가 되어 관객들에게 공감을 자아낸다.

한편, 영화의 주제음악으로 쓰이고 있는 것은 「시네마 파라디소」이다. 「시네마 파라디소」의 초반부는 침묵 속에서 흐르는 피아노 독주로 시작된다. 건반은 느릿느릿하지만 또박또박 기억을 더듬어나간다. 누군가를 부르는 듯 호소력이 넘치는 피아노 멜로디이다. 이윽고 피아노가 격정적으로 소리를 울리기 시작하면, 현악기들의 선율이 일제히 피아노를 감싸 안으면서 기억 속의 시간을 강물처럼 현재로 실어다준다. 영화 속의 현재와 과거의 기억은 하나가 되어 흐른다.

〈시네마 천국〉의 주제음악은 기억의 음악이다. 그 음악을 들을 때마다 지금은 사라져버린 동네 레코드가게가 떠오른다. 가게 앞을 지날 때 우연히 스피커에서 들려오던 옛 음악, 그 자리에 멈춰 서서 듣고 있으면 과거의 그때로 돌아간 게 아닌가 하는 착각이 드는 음악이었다. 음악에 향수가 있다면 엔니오 모리코네의 음악이야말로 그런 것들이다. 가슴속에 오래도록 잠들어 있는 음악들.

✚ 〈시네마 천국〉은 영화에 관한 영화이기도 하다. 영화 속에 등장하는 첫 영화는 〈지하세계〉(Les Bas-Fonds, 1936)인데, 감독은 장 르누아르이고 장 가뱅이 주연을 맡은 영화다. 이어서 존 포드 감독, 존 웨인 주연의 〈역마차〉(1939) 예고편이 나온 후 루키노 비스콘티 감독의 걸작 〈흔들리는 대지〉(1948)가 상영된다. 시칠리아를 배경으로 찍은 전후 네오리얼리즘 영화의 대표작으로 꼽히는 작품이다. 〈시네마 천국〉의 배경이 시칠리아라는 걸 생각하면, 영화를 보던 마을 사람들의 감동이 어떠했는지 짐작할 수 있다.

✚ 〈시네마 천국〉은 우리나라에서 처음 개봉할 때 124분짜리 인터내셔널 버전으로 소개되었다. 현재 DVD로 나와 있는 것은 〈신 시네마 천국〉(Nuovo Cinema Paradiso)으로, 173분으로 편집된 디렉터스 커트이다.

✚ 〈시네마 천국〉의 음악들은 '팝페라' 가수들인 안드레아 보첼리, 조시 그로반 등이 노래하기도 했다. 엔니오 모리코네의 음악은 노래로 편곡되어도 충분한 호소력을 지닌다. 첼리스트 요요마도 〈Yo-Yo Ma Plays Ennio Morricone〉라는 앨범을 발매하여 〈미션〉 〈원스 어폰 어 타임 인 아메리카〉 〈석양의 무법자〉 등을 비롯해 〈시네마 천국〉까지 모리코네의 주옥같은 멜로디를 첼로 선율에 담았다.

✚ 본문에서 언급한 한국형 '추억의 영화들'을 좀 더 소개해본다. 리처드 존슨과 파멜라 빌로레지가 주연한 1976년 작 〈라스트 콘서트〉(The Last Concert, 이탈리아 원제는 'Dedicato A Una Stella')는 「스텔라를 위한 협주곡」으로 유명해졌다. 유독 일본과 우리나라에서만 히트한 작품이기도 하다. 피아니스트와 불치의 병에 걸린 여자 스텔라와의 슬픈 사랑 이야기이다. 〈필링 러브〉(Last Feelings, 이탈리아 원제 'L'Ultimo Sapore Dell'aria', 1978)는 뇌종양에 걸린 수영선수 디에고와 청순한 소녀 클라우디아의 짧은 사랑 이야기이다. 수영경기장에서 죽어가는 디에고의 이름을 불러대는 클라우디아의 목소리가 극장에 울려 퍼질 때마다 여학생들은 손수건을 적셨다. 〈저 하늘에도 태양이〉(The Other Side Of The Mountain, 1975)는 실화를 바탕으로 만든 영화이다. 올림픽 스키 선수인 질(마릴린 하세)은 훈련 도중 추락해 전신마비가 된다. 딕(보 브리지스)은 그런 질을 바라보며 지순한 사랑을 바친다. 올리비아 뉴턴 존이 부른 주제가도 심금을 울렸다. 1970년대는 이렇게 슬프지만 신파적인 영화들이 여성 관객들의 눈물샘을 자극하던 시기였다.

그녀에게 키스하지 않을 건가요?

The Little Mermaid, 1989년
음악 앨런 멘켄 | **감독** 론 클레멘츠, 존 머스커
목소리 연기 조디 벤슨(에이리얼), 새뮤얼 E. 라이트(세바스천)

✚ 인어 공주

지금은 극장용 애니메이션의 개봉이 연례행사처럼 친숙하게 느껴진다. 월트디즈니나 픽사가 해마다 대작 애니메이션을 의기양양하게 내놓기 때문이다. 하지만 오랫동안 애니메이션은 아이들만을 위한 것이었다. TV에서 아이들이나 즐겁게 보면 된다는 고정관념에 갇혀서 극장용 애니메이션은 오랫동안 대가 끊긴 상태였다. 이런 편견을 깨고 장편 애니메이션 세상을 화려하게 부활시킨 작품이 〈인어 공주〉이다. 지금으로부터 20여 년 전, 애니메이션 르네상스가 시작된 것이다.

지금이라면 상상하기 어려운 일이지만, 〈인어 공주〉는 국내에 수입된 뒤에도 흥행의 우려 때문에 한참을 개봉하지 못했다. 전 세계적으로 흥행했지만 우리나라 성인 관객들은 애니메이션을 보지 않을 것이라는 생각이 지배적이었다. 그래서 한참을 묵혀 있다가 1991년 겨울이 되어서야 개봉했다. 아이들이 자막을 잘 읽지 못할 것이라고 생각해서 수입사에서는 성우들을 불러 더빙을 했다. 우르술라 역은 연극배우 박정자 씨가 맡아서 목소리를 열연했다. 처음으로 극장용 애니메이션에 우리말 더빙을 한 것이다. 서울 시내 대형 개봉관들도 외국의

흥행 사례는 우리와는 별개의 일이라고 생각했다. 그래서 개봉 초기에 〈인어 공주〉는 코아아트홀이나 계몽아트홀 같은 작은 극장들에 걸렸다. 그러나 인어들과 가자미, 해파리, 돌고래, 해마들이 함께 살고 있는 바다 속 세상은 경이로웠다. 인어 공주와 왕자의 사랑은 젊은 연인들의 로맨스가 되면서 많은 관객들을 극장으로 끌어들였다. 뒤늦게 대형 극장들도 〈인어 공주〉를 스크린에 걸기 시작했다. 디즈니 신화가 우리나라에서도 입증되는 순간이었다.

열여섯 살의 아리따운 인어공주 에이리얼은 인간 세상에 관심이 많고, 지루한 바다 속에서 벗어나고 싶은 십대 소녀다. 인간 세상이나 인어 세상이나 첫사랑에 대한 설렘에는 차이가 없다. 에이리얼은 인간들의 물건에 호기심을 갖고, 그 물건들을 잔뜩 끌어다가 자신만의 비밀 창고를 만든다. 어느 날 에이리얼은 창고 위에 비치는 그림자를 보고 수면 위로 올라간다. 바다 위에서는 거대한 범선이 화려한 불꽃놀이를 하면서 항해하고 있다. 그날은 마침 왕자 에릭의 생일이라 성대한 축하연과 함께 악기를 연주하며 춤을 추고 있는 것이다. 배에 올라가 축하연을 바라보는 에이리얼에게 가장 먼저 보이는 것은 사람들의 다리이다. 지느러미밖에 없는 인어 공주가 사람이 되려면 꼭 가져야만 하는 두 다리. 에이리얼은 왕자를 보자마자 첫눈에 반한다. 그녀의 마음은 「Part Of Your World」 노래에 실려 아름다운 목소리로 바다에 울려 퍼진다. 사랑하는 남자를 만날 수 있는 세상은 불행히도 자신이 속한 세계가 아니다. 거센 폭풍우가 몰아닥치고 배는 좌초한다. 에이리얼은 물에 빠진 왕자를 구해준다. 왕자가 깨어나자 바다로 돌아가는 에이리얼. 왕자를 바라보며 부르는 노래 「Part Of Your World」에는

그녀의 사랑스러운 마음과 그녀가 꿈꾸는 세상이 담겨 있다.

그들이 걸어다니는 그곳으로,
그들이 뛰어다니는 그곳으로,
온종일 햇살 아래 지내는 그들에게로 올라가
나도 자유롭게 거닐며
저 세상의 일부가 될 수 있으면.

에이리얼은 첫사랑에 빠진 채 바다 속 왕국으로 되돌아간다. 소녀는 멍한 눈동자를 하고 헤엄치면서 혼자 노래를 부른다. 그러나 인간과 사랑에 빠졌다는 사실을 알게 된 아버지 트리톤은 삼지창으로 에이리얼의 보물창고를 몽땅 파괴해버린다. 이때 바다의 마녀 우르술라의 유혹이 시작된다. 어쨌거나 아직 에이리얼은 십대 소녀인 것이다. 아버지도 중요하지만 그녀는 이미 사랑에 눈이 멀어버렸다. 마녀는 제안을 한다. 인간 세상에 올라가 사흘 안에 왕자와 진정한 사랑의 키스를 나누면 사람이 될 수 있다는 것이다. 대신 땅 위에서는 말수 없는 여자가 인기가 많으니 목소리를 맡겨 두고 가라면서 유혹한다. 사랑에 빠져 앞이 보이지 않는 에이리얼은 계약서에 사인을 하고 만다.

왕자는 자신을 구해준 에이리얼을 그리워하며 피리를 불고 있다. 그는 에이리얼의 목소리를 잊을 수가 없다. 그러나 정작 왕자의 앞에 나타난 소녀는 목소리를 잃은 에이리얼이다. 아이러니컬한 상황에 관객들은 애가 탄다. 왕자가 에이리얼에게 사랑의 감정을 느낄 즈음 마녀가 에이리얼의 목소리를 하고 나타난다. 왕자는 순진한 처녀로 변신한 마녀의 목소리를 듣고 그녀가 자신을 구해줬다고 믿는다. 왕자와 마녀의 성대한 결혼식이 준비된다. 그러나 목소리를 빼앗긴 에이리얼은 노래를 부를 수도 없고 진실을 얘기할 수도 없다. 모두를 애태우는 가운데 결혼식이 진행되려 한다. 에이리얼은 어떻게 사랑을 되찾을 것인가. 〈인어 공주〉는 동화에 지나지 않던 이야기를 극적인 사랑 이야기로 만들었다. 주인공들이 겪게 되는 오해와 위기, 아름다운 로맨스가 절묘하게 뒤섞여 완성도 높은 드라마로 다시 태어난 것이다.

이렇게 해서 월트디즈니는 애니메이션의 철옹성을 다시 세우게 된다. 〈인어 공주〉를 통해 디즈니 애니메이션은 하나의 대중문화 코드로 확고하게 자리 잡게 되는 것이다. 디즈니는 안데르센의 슬픈 동화를 아름답고 행복한 사랑 이야기로 탈바꿈하는 데 성공했다. 사랑스러운 캐릭터들과 아름다운 주제가들이 영상과 어우러신나.

「Part of Your World」라는 명곡이 있지만 〈인어 공주〉 하면 연상되는 노래는 오히려 「Kiss The Girl」이다. 디즈니다운 유쾌함과 사랑스러움이 있기 때문이다. 마녀와 약속한 기한이 다가오지만 아직 에이리얼과 왕자는 키스를 하지 못했다. 모두가 마음 졸이면서 두 사람이 키스를 나눌 수 있도록 무드를 잡기 시작한다. 세바스천은 호수 속으로 들어가 해초를 꺾어 지휘봉을 만든다. 오리들은 거북이 배를 두드리면서 타악기 소리를 내고, 귀뚜라미들은 현악기를 연주한다. 홍학들은 춤을 추고, 개구리들은 왕자가 젓는 노에 붙어서 합창을 한다. 물고기들은 보트 주위에서 분수처럼 물을 쏘아 올리면서 두 사람이 사랑의 키스를 나누기를 기도한다. 디즈니 애니메이션의 환상적인 러브 신은 유쾌하고 낭만적인 「Kiss The Girl」과 함께 진행된다. 칼립소풍의 노래가 더욱 이국적인 분위기를 자아낸다.

말은 필요 없어요, 단 한 마디도.
가서 그녀에게 키스를 해요.
샤라라라라, 마치 부끄럼 많은 소년처럼 보이네요.
그녀에게 키스하지 않을 건가요?
샤라라라라, 그렇게 부끄러운 일이 아니에요.
그렇게 부끄러워하다가는 소녀를 놓칠지도 몰라요.
지금은 당신의 순간, 푸른 석호에 유유히 떠 있잖아요.
당장 키스하는 게 나을 거예요.
지금보다 더 좋은 순간은 없어요.
소녀는 한마디도 말할 수가
없어요,
당신이 키스하기 전까지는.

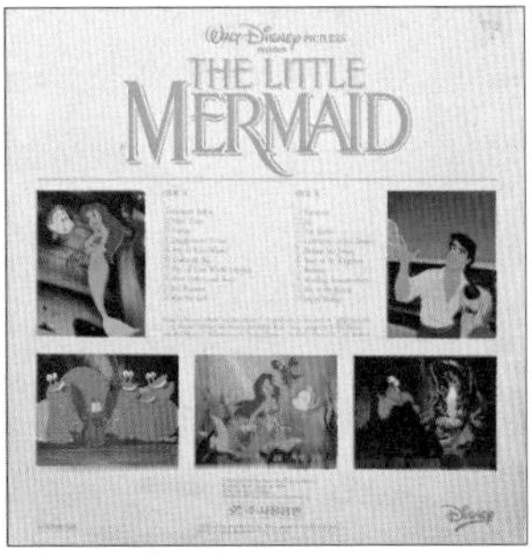

뉴욕이 재즈를 만났을 때

When Harry Met Sally, 1989년
음악 마크 샤이먼, 해리 코닉 주니어 | **감독** 로브 라이너 | **각본** 노라 에프런
촬영 배리 소넨펠드 | **주연** 빌리 크리스털, 멕 라이언

✚ 해리가 샐리를 만났을 때

〈해리가 샐리를 만났을 때〉의 시나리오 작가 노라 에프런은 뉴욕에서 태어나고 뉴욕에서 자란, 그야말로 '뉴요커'다. 뉴욕 토박이답게 그녀는 뉴욕이라는 도회적 배경과 서양 기념일의 설레는 분위기를 영화 속에 아름답게 끼워넣는다. 〈해리가 샐리를 만났을 때〉에서는 뉴욕의 야경과 12월 31일 송년의 밤을, 〈시애틀의 잠 못 이루는 밤〉에서는 엠파이어스테이트 빌딩과 밸런타인데이를 묶어 사랑을 완성시킨다. 두 작품 모두 멕 라이언이 여주인공으로 등장한다. 멕 라이언은 어쩌면 노라 에프런의 영화적인 페르소나인지도 모르겠다. 재치 있고 상큼 발랄한 도회 여성의 자화상 말이다. 같은 작가가 쓴 〈유브 갓 메일〉에서도 그 점은 마찬가지다. 로맨틱 코미디의 여주인공으로서 멕 라이언의 귀여운 미소는 CG로는 절대로 만들어낼 수 없는 것이다. 그리고 상대 남자주인공 역은 언제나 밝고 유머러스한 빌리 크리스털이나 톰 행크스 같은 배우가 맡는다. 이렇게 해서 그녀의 로맨틱 코미디가 완벽하게 이루어지기 위한 조건들이 갖춰진다.

현대적 감각을 지닌 로맨틱 코미디의 상큼한 재미를 우리에게 처

음 보여준 영화가 〈해리가 샐리를 만났을 때〉 아니었을까. 영화 제작 당시 감독 로브 라이너는 이혼한 지 얼마 되지 않은 때였다. 그에게 해리라는 캐릭터는 자기 얘기나 다름없었다. 노라 애프런 역시 주변 친구들과의 솔직한 수다를 토대로 샐리라는 캐릭터를 만들어냈다. 빌리 크리스털도 자신의 개인적인 경험담을 가감 없이 담아 견고한 캐릭터를 창조해나갔다. 주요 제작진들 모두가 자기와 자기 주변의 남녀관계를 허심탄회하게 영화 속에 반영한 것이다. 각본을 맡은 노라 애프런은 이 모든 연애담들을 살짝 유쾌하게 과장시키고, 그러면서도 군더더기 없이 깔끔하게 처리함으로써 〈해리가 샐리를 만났을 때〉는 대성공을 거둘 수 있었다.

해리와 샐리는 너무나 다르다. 해리는 섹스라는 게 있는 한 남자와 여자는 진정한 친구가 될 수 없다고 믿는다. 반면 샐리는 남녀 친구 사이에서 섹스는 문제가 될 게 없다고 생각한다. 두 사람은 처음 만나자마자 날을 세우고 티격태격할 만큼 다른 인생관을 갖고 있다. 그렇게 대학을 졸업하고 10여 년이 지난 후 두 사람은 서점에서 우연히 만난다. 해리는 아내와 이혼했고, 샐리는 애인과 헤어진 상태다. 처음으로 두 사람은 저녁식사를 함께하면서 서로의 속내를 털어놓는다.

해리와 샐리는 대화를 나누면서 친밀감을 느낀다. 섹스에 대한 악몽까지도 솔직하게 말할 정도로. 그러는 사이 계절이 바뀌어간다. 걷는 것만으로도 아름다운 뉴욕의 가을이다. 빨간 단풍나무 아래에 서서 대화를 나눌 때, 해리 코닉 주니어가 연주하는 「Autumn In New York」이 화면에 흐른다. 샐리가 레스토랑에서 손님들 모두가 쳐다보는 가운데 오르가슴 흉내를 내서 해리를 당황스럽게 하는 그 유명한 장면이 지나고 나면, 계절은 어느새 바뀌어 겨울이 된다. 레이 찰스가 흥겹게 부르는 「Winter Wonderland」가 뉴욕의 겨울을 찬미한다. 사람들은 거리에서 선물을 사고, 스케이트를 타고, 즐겁게 썰매를 지친다. 해리와 샐리도 크리스마스트리로 쓸 나무를 사서 함께 간다. 송년의 밤, 두 사람은 댄스파티에 간다. 해리 코닉 주니어가 부르는 「I Could Write A Book」이 흐르는 동안 두 사람은 껴안고 춤을 추면서 뺨을 맞대고 상념에 젖는다. 카메라가 플로어를 도는 두 사람의 얼굴을 클로즈업으로 잡을 때마다 한 해를 흘려보내는 심경을 그들의 얼굴에서 읽을 수 있다. 10초 후면 새해가 된다. 그러나 다른 사람들처럼 사랑의 송년 키스를 나눌 상대가 없다. 사람들은 환호하지만 어쩐지 어색하기만 한 두 사람은 서로를 응시하다가 가볍게 뽀뽀만 하고 만다. 이렇게 가을과 겨울이 지나가고 한 해가 밝아온다.

〈해리가 샐리를 만났을 때〉에서만큼 음악이 영화와 보조를 잘 맞추는 경우는 흔치 않다. 음악은 영화가 비추는 계절의 흐름을 노래해주고, 스크린의 분위기를 아늑하게 잡아준다. 관객들은 영상과 음악의

:: 오르가슴 흉내를 내는 샐리. 이 장면 하나로 멕 라이언은 일약 스타덤에 오른다.

조화를 자연스럽게 받아들인다. 이완된 재즈 리듬은 그 자체로 강조되기보다는 영화 속 시간이 자연스레 흘러가도록 곁에서 도와주고, 관객들을 느긋하게 풀어준다. 영화의 처음과 마지막을 장식하는 곡은 「It Had To Be You」이다. 처음 메인 타이틀이 나올 때 피아노를 중심으로 연주되던 경쾌한 음악은 영화의 클라이맥스를 이끌고, 또 마무리를 장식한다. 영화 〈카사블랑카〉에 쓰였던 이 유명한 곡은 "당신이었어야 해요."라는 제목부터 해리와 샐리가 나눌 수밖에 없는 운명적 사랑을 이야기한다.

크리스마스트리를 사서 혼자 힘들게 걸어가는 샐리. 작년에는 해리가 함께 있었지만 다투고 난 올해는 혼자다. 빙 크로스비의 부드러운 크리스마스 캐럴은 오히려 그녀의 우울함만 키운다. 해리가 전화를 걸어서 사과 메시지를 남기지만 샐리는 응답하지 않는다. 다시 송년의 밤. 샐리는 파티장에 가서 흥겨운 무리들 사이에서 고독을 느끼고, 해리는 외롭게 밤거리를 걷는다. 모두가 기쁜 날 두 사람은 홀로 우울하기만 하다. 샐리와 지냈던 시간을 회상하던 해리가 걷기 시작할 때 프랭크 시나트라의 목소리로 「It Had To Be You」가 나오기 시작한다. 운명적인 사랑이란 노래의 내용과도 같은 것이리라.

당신이었어야 해요.
나는 내내 의심했지만 결국 깨달았어요.
나를 진실하게 만드는 사람,
나를 우울하게 만드는 사람,
정말이지 나를 기쁘게 했다가도
당신을 생각하는 것만으로도 슬프게 만드는 사람.

택시를 못 잡은 해리는 파티장을 향해 달려간다. 지금 시간을 놓치면 또 한 해가 그냥 흘러가버릴 것이다. 이제 더 이상 사랑을 놓칠 수는 없다. 혼자 외롭게 서 있는 샐리를 발견한 해리는 다가가서 사랑을 고백한다. 12시가 가까워지고 있음을 알리는 사람들의 카운트다운 소리를 들으며 그들은 서로에게 모든 걸 솔직하게 털어놓는다. 자정이 이미 지났지만 아직도 흐르는 「올드 랭 사인」 속에서 두 연인은 열렬한 키스를 나눈다.

뉴욕의 사랑과 아름다움을 하나의 음악 장르로 표현한다면 가장 어울리는 것은 아마도 재즈일 것이다. 〈해리 샐리〉의 재즈 넘버들은 옛날 냄새를 아련하게 풍긴다. 스물두 살에 처음으로 영화음악을 맡은 해리 코닉 주니어의 나이가 실감나지 않을 정도다. 그의 감미로운 목소리로 흐르는 「It Had To Be You」가 엔딩 크레디트와 함께 뜨면서 영화는 끝난다. 영화 적재적소에 좋았던 옛 시절의 고풍스러운 재즈들이 흘러나온다. 때로는 루이 암스트롱의 묵직한 목소리가, 때로는 엘라 피츠제럴드의 시원한 목소리가, 때로는 빙 크로스비의 부드러운 목소리가. 이렇게 삼십대 초반의 우정과 사랑, 연애와 결혼의 우습고도 애틋한 이야기는 음악을 통해 완성되어간다.

✚ 〈해리가 샐리를 만났을 때〉에는 영화 〈카사블랑카〉 얘기가 양념처럼 계속 등장한다. 서로의 남녀관을 얘기하면서 말다툼할 때 샐리는 “술집 주인과 결혼해서 카사블랑카에 살 생각은 없어요. 그래서 잉그리드 버그먼은 비행기를 타고 떠난 거예요.”라고 주장한다. 그러나 뉴욕에서 친해진 두 사람은 각자의 침대에 누워 TV에서 방영하는 〈카사블랑카〉를 보면서 전화 통화를 한다. 마지막 신에서 험프리 보가트와 클로드 레인즈가 걸어가고, TV에서는 「라 마르세예즈」 음악이 흐른다.

✚ 로브 라이너 감독은 그룹 블러드, 스웨트 앤드 티어스(Blood, Sweat & Tears)에서 드러머를 맡고 있는 친구 바비 컬럼비로부터 젊은 해리 코닉 주니어를 소개받았다. 젊은 날의 프랭크 시나트라를 닮은 해리의 목소리에서 깊은 인상을 받아 〈해리가 샐리를 만났을 때〉의 음악을 맡기게 된다. 공동으로 음악을 맡은 마크 샤이먼은 파트를 나누어 영화 속에서 빅 밴드와 오케스트라 편곡을 맡았고, 해리 코닉 주니어는 주요 테마곡들을 맡았다.

✚ 영화에서는 옛날 노래들이 연이어 나온다. 루이 암스트롱, 엘라 피츠제럴드, 프랭크 시나트라, 빙 크로스비, 레이 찰스 등 황금 같은 목소리들이 〈해리가 샐리를 만났을 때〉를 장식한다. 하지만 OST 앨범은 해리 코닉 주니어의 독무대이다. 그가 이끄는 트리오가 연주하고 부르는 곡들로만 구성된 사운드트랙 앨범은 빌보드 재즈차트 1위에 올랐고 베스트셀러 앨범이 되었다.

영화는 계속되어야 한다

1990년대 이후

나의 삶은 무슨 색일까?

Trois Couleurs: Bleu, 1993년
음악 즈비그니에프 프라이즈너 | **감독** 크시슈토프 키에슬로프스
주연 쥘리에트 비노슈

✚ 세 가지 색, 블루

크시슈토프 키에슬로프스키의 〈세 가지 색〉 연작이 나왔을 때, 프랑스혁명과 삼색기를 상징하는 파랑, 빨강, 하얀색은 자유, 평등, 박애로 해석되어야만 했다. 적어도 논리적인 배경이 그랬고, 보는 이들은 그 함정에 빠질 수밖에 없었다. 많은 이들이 자유라는 이미지를 어떻게 영상으로 표현하는지 확인하고픈 강박증을 가지고 이 영화를 보았다. 그로 인해 〈세 가지 색, 블루〉의 감정을 놓치는 경우가 많았다. 과연 자유라는 것의 이미지가 이 영화의 전부일까. 결코 그렇지 않다. 물론 영화 안에 자유라는 뉘앙스는 존재한다. 그러나 그것은 정치적이거나 사회적인 의미의 자유가 아니라, 극히 개인적인 의미의 감정을 말할 뿐이다. 자유와 유럽 통합이라는 묵직한 주제에 눌리지 말자. 그러면 〈블루〉가 지니고 있는 삶의 이야기들을 놓치고 만다. 이 영화는 가족이 갑자기 사고로 죽자 슬픔과 절망에 빠진 한 여인, 줄리의 이야기이다.

〈블루〉에서 영상과 음악은 하나처럼 조화를 이룬다. 즈비그니에프 프라이즈너의 음악 없이 〈블루〉에 대해 말하기는 어렵다. 그러나

첫 시퀀스는 아무런 음악 없이 현실의 사운드로만 진행된다. 달리는 자동차 소리, 경적 소리, 바람을 가르는 소리…. 푸른 톤의 고속도로 위를 달리는 자동차 바퀴가 클로즈업으로 비춰진다. 뒷좌석에 앉아 한 소녀가 유리창 밖을 바라보고 있다. 줄리(쥘리에트 비노슈)의 어린 딸 안나이다. 새벽은 어스름한 블루 톤이다. 엔진오일 같은 액체가 새고 있다. 안개 낀 고속도로는 푸르스름한 새벽의 여명으로 채색되어 있다. 한 소년이 지나가는 차들을 지켜본다. 히치하이크를 하는 중이다. 차는 그를 지나쳐가지만, 갑자기 브레이크의 파열음과 함께 굉음이 울린다. 나무에 부딪힌 차에서 연기가 피어오른다. 평화롭고 푸른 새벽, 한 가족이 타고 가던 차가 충돌사고를 일으킨 것이다.

남편과 딸은 죽고 줄리만 살아남는다. 그녀는 절망에 눈을 감는다. 그녀는 겨우 몸을 움직여 병실 밖으로 나온다. 달빛 아래 복도가 푸르게 빛난다. 줄리가 창을 깨는 소리에 간호사가 나온다. 줄리는 몰래 사무실로 들어가 약을 꺼내 먹고 죽으려 한다. 그러나 약이 넘어가지 않는다. 간호사가 사무실로 돌아와 그녀를 바라본다. 간호사의 시

:: 〈블루〉의 영상과 음악은 푸른색을 띠고 있다.

선만으로도 줄리의 절망감이 전해진다. 혼자 살아남은 세상을 견딜 수가 없었던 것이다. 이때까지 음악은 한 번도 나오지 않는다. 세상이 무너졌는데, 음악이란 얼마나 사치스러운 것인가.

사랑하던 이들이 죽어버렸다. 저명한 작곡가인 남편 파트리스와 귀여운 딸이 죽어버렸다. 이때 서른셋 여자에게는 과연 어떤 생각이 들까. 줄리는 TV로 장례식을 본다. 「장례 음악」Funeral Music이 나온다. 영화에서 처음으로 등장하는 이 음악은 슬픔을 이겨낼 수 없을 정도로 슬픈 추모곡이다. 그녀가 사랑하던 세상은 이제 무의미해졌다. 주변 사람들도, 남편을 도와서 만들던 음악도, 가족들이 살던 집도 사랑하는 사람들의 죽음과 함께 원래의 의미를 잃고 말았다. 그녀의 내면을 반영하듯이 「장례 음악」이 계속 흐른다. 그녀는 남편을 도와 「유럽 통합을 위한 노래」Song For The Unification Of Europe를 작곡하고 있었다. 악보에 적힌 음악은 아름답다. 그러나 줄리는 악보를 쓰레기차에 던져버린다. 쓰레기 더미와 함께 악보가 찢겨나간다. 기억을 떠올리게 하는 모든 것들을 잊고 싶을 뿐이다. 변호사에게 얘기해 넓은 집과 가재도구들을 정리한다. 집에서 일하던 정원사와 하녀의 뒷일도 부탁한다. 단 하나, 파란색 크리스털 모빌만 들고 정든 공간, 추억이 깃든 집을 떠난다.

줄리는 파리로 와서 새 아파트를 찾는다. 그녀는 대도시에 숨으려 한다. 익명성의 도시에 몸을 숨기고 싶은 것이다. 줄리는 이제 많은 것들이 의미를 상실해버린 세상을 본다. 할머니가 힘겨운 걸음으로 걸어가서 쓰레기통에 유리병을 버린다. 거리의 악사는 플루트를 연주한다. 커피를 마시고 담배를 피운다. 커피잔에 햇살이 떨어진다. 모든 것을 잊기 위해 가끔 수영장에 가서 물에 뛰어든다. 텅 빈 수영장은 푸른색으로 감돈다. 거대한 외로움이 몰려온다.

살아가고 있지만 이제 과거는 지나가버렸다. 남편과 딸의 죽음 이후 많은 게 변해버렸다. 줄리는 스트립 댄서로 일하는 여자 루실과 같은 건물에 산다. 줄리는 창녀와 같은 건물에 살 수 없다는 주민들의 진정서에 사인하기를 거부하는 바람에 루실과 친구가 된다. 어느 날 루실의 다급한 전화를 받고 줄리는 스트립바로 간다. 루실이 춤을 추는 바에 그녀 아버지가 왔던 것이다. 믿었던 아버지가 스트립바 손님이라니…. 루시는 아무도 믿을 사람이 없다고 절망하지만, 그래도 자기 일이 좋다고 말한다.

줄리는 아파트에서 어미 쥐가 갓 낳은 새끼들과 같이 살고 있는 걸 본다. 줄리는 그것들을 죽일 용기가 없다. 줄리는 자신의 절망 속에서 쥐들 같은 미물조차 희망을 가질 수 있다는 사실에 울음을 터뜨린다. 루시는 줄리를 안아주고, 아마도 고양이가 죽였을 쥐들을 대신 처리해준다. 줄리는 요양소로 치매에 걸린 어머니를 찾아간다. 줄리를 제대로 알아보지도 못하는 어머니의 세계는 혼돈 속에 있다. TV에 작곡가 올리비에(브누아 레장)가 나온다. 줄리는 그가 파트리스의 유지를 이어 유럽 통합을 위한 음악을 마무리 짓겠다고 말하는 걸 듣는다. 그리고 방송을 통해서 남편에게 다른 여자가 있었음을 알게 된다.

모든 것으로부터 완전히 벗어날 수는 없다. 삶이란 그런 것이다. 사고 당시 현장에 있었던 소년이 찾아온다. 사고 현장에서 주운 십자가 목걸이를 돌려주러 온 것이다. 줄리는 목걸이를 받지 않는다. 그녀는 남편의 정부였던 상드린(플로랑스 페르넬)을 찾아간다. 상드린은 십자가 목걸이를 하고, 남편의 아이를 임신하고 있었다. 남아 있는 세상도 불행이 일어나기 전 과거와 연관되어 있었던 것이다. 때로는 관악기만으로, 때로는 오르간으로, 때로는 풀 오케스트레이션으로 「장례 음악」

이 도처에서 울린다. 이 음악은 그녀의 절망을 지속적으로 상기시킨다. 하지만 지속적인 반복을 통해 치유로 나아가고 있기도 하다.

줄리는 작곡가 올리비에를 찾아간다. 그리고 그가 작곡하고 있는 음악을 듣는다. 남편과 공동 작업을 했던 줄리는 남편이 의도하는 바를 누구보다도 잘 알고 있다. 푸른빛이 감도는 악보를 손가락이 따라간다. 손가락이 움직이면서 악기들이 힘차게 소리를 낸다. 바이올린 선율로 시작해서 장중한 음악이 울린다. 두 사람이 작업하는 사이 모든 세상이 포커스 아웃되고, 화면 가득 음악소리와 두 사람의 목소리만 남는다. 타악기를 빼고 트럼펫을 빼자 음악은 섬세하게 진행된다. 플루트 소리가 아름답게 이어진다. 이 곡은 「올리비에와 줄리」Olivier And Julie-Trial Composition이다. 두 사람은 파트리스의 죽음으로 중단되었던 음악을 다시 만들기 시작한다. 이제 줄리는 올리비에와 같이 작곡을 하면서 그의 마음을 받아들인다. 음악을 통해 서로 친밀감을 느끼

는 것이다. 그리고 남편이 18세기 작곡가 반 덴 부덴마이어에게 이 음악을 헌정하려고 했음을 알려준다.

줄리는 팔려고 내놓았던 모든 것들을 취소하고 그대로 지키기로 결심한다. 피한다고 해서 삶에서 도망칠 수는 없었던 것이다. 가족이 살았던 저택으로 상드린이 찾아온다. 줄리는 상드린에게 침실이며 부엌을 소개하면서 여기에 살아도 좋다고 말한다. 상드린은 아들을 가졌다고 말한다. 줄리가 아빠 이름을 붙이면 좋을 거라고 하자 상드린은 웃는다. 두 여자는 이제 서로를 이해하고 받아들인다. 줄리는 그 어느 때보다도 편안해 보인다.

대단원을 마무리 지으며 「유럽 통합을 위한 노래」의 거대한 코러스가 울린다. 줄리는 이제 올리비에의 사랑을 받아들인다. 극단적인 클로즈업으로 두 사람은 사랑을 나눈다. 유리벽에 줄리의 얼굴이 눌린다. 엷은 파란빛이 들어온다. 카메라는 서서히 수직으로 각도를 바꾸며 암흑을 비춘다. 다시 카메라가 서서히 패닝하면 사고를 목격했던 소년이 잠에서 깬다. 그는 자명종을 끄고 십자가 목걸이를 만지작거린다. 카메라는 계속 패닝해서 의자에 앉은 줄리의 어머니를 비춘다. 어머니가 눈을 감고 고개를 떨구자 간호사가 달려온다. 코러스가 장대하게 흐른다. 스트립쇼가 벌어지는 바와 루실이 보인다. 스크린은 이렇게 사이사이 암전되면서 전체 인물들을 조망한다. 그들도 모두 자신들의 삶을 살아가고 있는 것이다. 다양한 모습과 방식으로 말이다. 초음파 화면으로 태아를 보는 상드린의 얼굴이 보인다. 새로운 생명이 미래에 대한 희망을 암시한다. 이제 코러스가 잦아들면서, 카메라는 줄리의 얼굴을 비춘다. 그녀의 눈에서 눈물이 떨어진다. 그것은 더 이상 슬픔의 눈물이 아니다. 다시 코러스의 목소리가 커져가면서 장중한 톤으로 흐른다. 아아아아, 하는 여성 합창소리가 화면 가득 울려 퍼진다. 파란빛이 점차 줄리를 감싼다. 모든 세상이 블루로 변하고 엔딩 크레디트가 올라온다. 음악은 영상과 함께 말을 한다. 합창의 내용은 「고린도전서 13장」이다. 남편의 의도대로 음악을 통해 인류의 정신적 사랑을 들려주고자 했던 것이다.

> "내가 비록 사람의 방언과 천사의 말을 할지라도 사랑이 없으면 소리 나는 구리와 울리는 꽹과리일 뿐이요, … 예언이 폐하고 방언도 그치고 지식도 폐하여도 사랑은 언제까지나 떨어지지 않는 것, 그리하여 믿음과 소망과 사랑, 이 세 가지는 항상 있을 것인데, 그중에서 가장 위대한 것은 사랑일지니."

영화를 일관되게 이끌어나가는 것은 프라이즈너의 음악이다. 그의 음악은 때로는 감정을 격앙시키기도 하고, 때로는 누그러뜨리기도 한다. 장중하지만, 정교하면서 섬세하게 들려오기도 한다. 「장례 음악」은 부분적으로 변주되면서 줄리의 감정을 표현한다. 줄리가 외로움과 좌절과 상실감을 느낄 때마다 「장례 음악」은 그 감정을 절절하게 느끼게 해준다. 「유럽 통합을 위한 노래」는 영화의 테마를 담고 있다. 죽은 남편이 만들었던 아름다운 선율에, 줄리는 인류에 대한 사랑을 담은 코러스를 넣는다. 줄리와 파트리스는 이 음악을 만들면서 마음을 나누고 있었지만 남편이 죽으면서 「유럽 통합을 위한 노래」는 미완성으로 남는다. 줄리는 남편의 유작을 스스로 완성시키면서 모든 아픔에서 벗어난다. 그래서 OST 앨범에 등장하는 이 곡은 '파트리스의 버전'과 '줄리의 버전', 두 가지다. 프라이즈너는 두 버전의 편곡을 통해서 줄리의 변화를 제대로 보여준다.

크시슈토프 키에슬로프스키 감독의 〈블루〉는 결국 삶에 대한 영화이다. 줄리가 처한 고통은 너무나 아프다. 집을 나오면서 돌벽에 손을 긁어버리는 모습만으로도 그녀의 절망감이 완벽하게 전달된다. 정신적 고통 앞에 육체적 고통은 아무것도 아니다. 그러나 줄리는 서서히 치유되어간다. 현재의 삶을 받아들이고, 다시 세상으로 돌아오는 것이다.

+ 즈비그니에프 프라이즈너는 정규 음악교육을 받은 적이 없는 음악가이다. 그는 크라쿠프(Krakow) 대학에서 역사와 철학을 전공했다. 음악을 좋아해서 음악을 듣고, 레코드를 통해 악보를 베끼면서 독학으로 공부했다. 프라이즈너가 영향을 가장 많이 받은 작곡가는 시벨리우스와 파가니니라고 한다.

+ 영화 속에서 언급되는 18세기 네덜란드 작곡가 반 데 부덴마이어(Van den Budenmayer)는 가상의 인물이다. OST 앨범에는 「장례 음악」이 그가 작곡한 것처럼 적혀 있지만, 사실 프라이즈너가 작곡하고 부덴마이어의 이름을 붙인 것이다.

아프리카의 교향시

The Lion King, 1994년
음악 한스 짐머 | **주제가 작곡** 엘턴 존 | **주제가 작사** 팀 라이스
감독 로저 앨러스, 로브 민코프 | **목소리 연기** 매튜 브로더릭(심바), 제러미 아이언스(스카), 제임스 얼 존스(무파사)

✚ 라이온 킹

〈라이온 킹〉은 월트디즈니의 서른두 번째 장편 애니메이션이다. 〈인어 공주〉로부터 시작된 디즈니 애니메이션 르네상스를 확고히 다진 영화이기도 하다. 〈라이온 킹〉은 애니메이션에 규모와 스펙터클을 집어넣었다. 그리하여 그때까지 애니메이션이 가지고 있던 모든 흥행 기록을 갱신할 정도로 대작다운 모습을 보여주었다. 2D 애니메이션이 보여줄 수 있는 장대함을 마지막으로 보여준 작품이라 해도 과언이 아닐 것이다. 이제 디지털 기술의 진보로 인해 〈라이온 킹〉과 같은 대형 2D 애니메이션은 더 이상 만들어질 일이 없을 테니까.

음악은 〈라이온 킹〉의 스펙터클을 더욱 키우는 역할을 한다. 기본적으로 거대한 규모와 웅장함을 앞세우는 음악들이다. 음악을 듣고 있노라면 〈벤허〉나 〈십계〉 같은 대형 서사시를 보는 느낌이다. 음악은 크게 두 줄기로 나뉜다. 전체적인 스코어는 한스 짐머가 작곡했다. 짐머 특유의 웅장한 사운드가 아프리카에 장엄미를 부여한다. 때로는 광활한 대륙을 소리로 들려주고, 때로는 상황에 어울리는 긴장감 넘치는 음악들이 도처에 깔린다. 한스 짐머의 음악이 전체적인 밑그림을

그려주는 것 같다.

영화에 나오는 개별 주제가들은 엘턴 존이 작곡하고 팀 라이스가 가사를 썼다. 팝의 슈퍼스타 엘턴 존은 오랫동안 히트곡을 써왔고 영화음악으로는 〈프렌즈〉Friends, 1971에서 그 실력을 보여준 바 있다. 그는 〈라이온 킹〉에서도 호소력 높은 작곡 솜씨를 입증했다. 팀 라이스는 앤드류 로이드 웨버Andrew Lloyd Weber와 호흡을 맞춰 〈지저스 크라이스트 슈퍼스타〉 〈에비타〉 등의 뮤지컬에서 공동 작업을 해왔다. 월트디즈니와는 〈알라딘〉으로 작업을 함께한 경험이 있었다. 그래서 〈라이온 킹〉은 디즈니의 다른 애니메이션들에 비해 훨씬 더 뮤지컬 같은 냄새가 풍긴다. 의인화된 동물들을 통해 아프리카의 광활한 초원을 환상적인 음악의 세계로 바꾸어버린 것이다. 참으로 디즈니다운 발상이었다. 이런 음악적 판단은 영화가 브로드웨이 뮤지컬로 옮겨진 다음에 더욱 확실히 입증되었다. 뮤지컬로도 대히트를 거두었던 것이다.

태양이 떠오르는 아프리카를 배경으로 영화는 시작된다. 오프닝곡은 「Circle Of Life」이다. 붉은 태양이 떠오르면서 대지를 물들인다. 코뿔소와 치타가 잠에서 깨면서 아프리카 토속풍의 리듬이 화면을 가득 채운다. 넓은 폭포 위로 새들이 날고, 눈 덮인 설산 옆을 코끼리들이 이동한다. 새들은 계곡을 덮고, 영양들은 초원을 달린다.

변함없이 해는 중천에 떠오르고,
크고 작은 세상일이 꼬리를 물고 돌아간다네.
이것이 자연의 섭리, 우리 모두의 일.
절망과 희망을 통해, 믿음과 사랑을 통해,

우리의 운명을 깨닫고 이에 따라야 한다.
이것이 자연의 섭리.

한 곡의 노래를 통해 아프리카의 정경을 보여준다. 노래가 끝나면 백수의 왕 무파사가 갓 태어난 아기 심바를 흐뭇한 표정으로 바라보고 바위 끝으로 가서 모두에게 아기를 보여준다. 태양빛이 구름 사이로 나와 미래의 왕을 비추고 모든 동물들이 고개를 조아린다.

우리는 세대를 막론하고 디즈니 애니메이션을 함께 볼 수 있다. 보편적인 주제를 담고 있기 때문이다. 디즈니 애니메이션은 어른이나 아이가 아니라 성장기에 있는 세대를 주인공으로 삼는다. 한창 커가는 아이들은 물론 어른들도 그 시절의 꿈을 기억하고 있기 때문이다. 심바도 우리 아이들과 마찬가지다. 어른들은 잃어버린 호기심, 어른들과는 다른 꿈으로 가득한 십대다. 어른들이 말린다고 해서 포기한다면 더 이상 십대가 아니다. 밤늦도록 잠잘 생각도 하지 않고 여자 친구와 문자를 주고받거나 밤새도록 PC방에 가고 싶어 하는 십대들이다. 심바도 삼촌 스카가 이야기한 코끼리 무덤을 보고 싶어 한다. 그래서 여자 친구인 날라와 아버지의 시종인 앵무새 자주와 함께 음산한 코끼리 무덤으로 가게 된다. 그러나 이것은 삼촌의 계략이었다. 스카의 사주를 받은 하이에나들이 심바를 죽이려든다. 다행히 무파사가 나타나 아이들을 구해준다. 조카 때문에 왕위 계승 순위에서 밀려난 스카는 다시 복수의 칼을 간다. 스카가 하이에나들과 함께 부르는 「Be Prepared」는 무파사를 죽이고 왕이 되려는 스카의 욕망을 담은 노래다.

무파사 왕은 위험한 고비를 넘긴 아들을 교육시킨다. 대지만큼 좋은 교실은 없다. 무파사는 밤하늘의 별을 가리키며 심바에게 말해준다. "별을 보아라, 돌아가신 선왕들이 우리를 지켜주고 있단다." 심바를 죽이는 데 실패한 스카는 그를 외딴 계곡으로 데리고 간다. 심바 혼자 있는 곳으로 영양떼가 돌진해온다. 하이에나들 때문에 겁에 질려 질주하는 중이다. 위기 상황을 알리는 음악이 흐른다. 타악기들이 긴장을 고조시키며 영양들이 달리는 발굽 소리와 겹친다. 스카는 왕에게 가서 심바가 위험한 상황에 처해 있다고 말한다. 아버지는 아들을 구하기 위해 위험을 무릅쓰고 계곡으로 들어간다. 음악은 위기와 함께 왕의 죽음까지 암시한다. 무파사는 겨우 심바를 구해내지만, 벼랑을 기어오르다 동생 스카의 비정한 발톱에 찔려 낭떠러지로 떨어지고 영양의 뿔에 받혀 죽고 만다. 음악은 더욱 장엄해진다. 코러스와 함께 슬프고 비장한 분위기를 조성한다. 아버지의 죽음을 지켜본 심바는 낙담하면서 길을 떠난다. 관악기들이 긴박감을 더하듯 불규칙하게 연주되고 코러스가 울려 퍼지면서 슬픔을 끌어올린다. 이제 스카는 왕이 되고 악랄한 하이에나들을 받아들일 것이라고 선언한다. '자연의 섭리'가 깨지는 순간이다. 한스 짐머의 「… To Die For」 같은 스코어는 〈라

이온 킹〉의 스케일을 훨씬 거대한 규모로 만든다. 블록버스터다운 느낌으로 영화의 폭을 넓히는 것이다.

왕국을 떠나 방황하던 심바는 멧돼지 품바와 티몬을 만난다. 그들은 심바에게 속세를 떠나서 같이 살자고 권유한다. 기억하고 싶지 않은 과거는 잊자. 그들다운 주제가가 나온다. "하쿠나 마타타, 걱정 말라는 뜻이야. 정말 멋진 말이지. 하쿠나 마타타, 끝내주는 말씀. 근심 걱정은 모두 떨쳐버려. 우리의 인생철학이야." 자신 때문에 죽은 아버지의 기억, 자신의 왕국을 지켜야 할 책임감을 잊고 싶은 심바는 모든 걸 포기하고 도피 생활을 한다. 스카의 독재 정치에 왕국은 금세 황폐해진다. 배부른 상태로 누워 있던 심바는 밤하늘에 뜬 별을 본다. 별은 아버지에 대한 기억을 떠오르게 한다. 그러던 심바는 사냥감을 찾던 옛 친구 날라와 우연히 재회한다. 둘은 이중창으로 「Can You Feel The

Love Tonight」을 부른다. "오늘밤 이 사랑을 느끼시나요. 평화로운 저녁 한때, 세상은 완벽한 조화를 이루고, 평화롭게 살아간다네." 날라는 사랑의 테마를 함께 부른 후, 심바에게 고향의 사정을 전하며 책임감을 일깨우려 한다. 그러나 심바는 옛날 자신이 저지른 실수 때문에 돌아가기를 거부한다. 호수에 비친 아버지의 모습을 자기의 그림자일 뿐이라고 믿는다. 늙은 현자 원숭이 라피키가 물을 건드리자 "아버지는 네 안에 살아 있어."라는 목소리가 들린다. "너 자신을 잊는 건 아버지를 잊는 거야. 기억해라, 넌 나의 아들이자 진정한 왕이다."

심바는 고향으로 돌아간다. 뼈다귀가 널려 있고 잿빛으로 황폐해진 땅. 심바는 자신의 잘못과 왕의 죽음을 고백한다. 그리고 스카와 마지막 혈투를 벌인다. 아버지처럼 늠름해진 심바는 바위 위로 올라간다. 영화가 시작될 때와 마찬가지로 동물들이 모두 나타나서 새로 태어난 아들에게 경배한다. 오프닝 신과 마찬가지로 라스트 신에도 「Circle Of Life」가 울려 퍼진다. 자연의 섭리에 따라 이제 좋았던 옛 시절이 다시 돌아온 것이다. 모든 것이 제자리를 잡고 엔딩 크레디트가 올라간다. 엘턴 존의 목소리로 「Can You Feel The Love Tonight」이 흐르면서 영화는 끝난다.

너무나 교훈적이고 정교한 영화다. 디즈니 영화가 항상 장밋빛 해피엔딩으로 끝난다는 이유로 싫어하는 사람들도 많다. 인생의 아름다운 면만 보여주기 때문이다. 그러나 디즈니 애니메이션이 항상 일정 수준의 완성도에 도달하고 있다는 점만은 부인할 수 없다. 디즈니 영화들은 행복한 이야기의 전형과도 같다. 〈라이온 킹〉 역시 그런 범주에서 벗어나지 않는다. 캐릭터 설정에서도 마찬가지다. 심바는 스카를 직접 죽이지 않는다. 조카가 삼촌을 죽이는 상황은 벌어지지 않는다. 스카는 스스로 친구라고 말했던 하이에나들을 배신하고 그들에게 죽임을 당한다. 자업자득일 뿐이다. 주인공은 선한 캐릭터에서 결코 벗어나지 않는다. 〈라이온 킹〉의 이야기 토대는 『햄릿』과 비슷하다. 그러나 결코 햄릿 같은 고민에 이르지는 않는다. 이곳은 덴마크의 음산한 성채가 아니라 찬란하게 빛나는 아프리카인 것이다.

〈라이온 킹〉에서 음악의 힘은 크다. 영화를 제작할 때부터 브로드웨이 진출을 염두에 두었기 때문이다. 그래서 무대를 뜨겁게 달굴 만한 웅장한 음악들이 삽입되었다. 1997년부터 브로드웨이에서 상연되기 시작한 〈라이온 킹〉은 뮤지컬로도 대성공을 거두었다. 디즈니는 이 프로젝트의 확실한 성공을 위해 당대 최고의 실력자들을 규합했다. 한스 짐머, 엘턴 존 그리고 팀 라이스를 한 작품에 끌어들여 일종의 '드림팀'을 만든다는 것은 아무나 하기 어려운 일이다. 한스 짐머의 음악은 영화를 더욱 극적으로 만들어준다. 엘턴 존의 노래는 상황에 맞게 감정들을 고조시킨다. 팀 라이스는 가사를 통해 드라마 전개를 보조하고 구체화해준다. 이렇게 음악들은 쓰임새에 맞게 사용되면서 영화 전체의 규모를 한 단계 끌어올렸다. 음악은 〈라이온 킹〉이 대히트를 기록하게 만든 중요한 원동력 중 하나였다.

+ 〈라이온 킹〉에서 아카데미 주제가상 후보에 오른 노래들은 세 곡이었다. 그중 주제가상을 수상한 것은 「Can You Feel The Love Tonight」이다. 한스 짐머도 이 영화로 첫 번째 아카데미 음악상과 골든글로브 음악상을 수상한다.

루저들에게 바치는 진혼곡

Leaving Las Vegas, 1995년
음악 마이크 피기스 | 감독 마이크 피기스
주연 니콜라스 케이지, 엘리자베스 슈, 줄리언 샌즈

✚ 라스베가스를 떠나며

벤(니콜라스 케이지)은 자신에게 묻는다. 자기가 술을 마시기 시작하면서 아내가 떠난 것인지, 아니면 아내가 떠나서 술을 마시게 된 것인지를. 〈라스베가스를 떠나며〉는 술꾼들에게 바치는 진혼곡인지도 모른다. 술을 사랑하는 친구 하나는 이 영화를 무척 사랑한다. 벤이 자기 이야기를 하고 있다고 믿기 때문이다. 하지만 아무리 술을 마셔댄다 해도 이처럼 처절한 상황에 빠질 수는 없다. 감독 마이크 피기스는 지나칠 정도의 싸늘한 시선으로 세상을 바라본다.

알코올 중독 때문에 친구들은 모두 벤을 기피하고, 일도 떨어져나가 결국 벤은 직장에서 해고된다. 벤에게는 살아야 할 이유도 없고, 더 이상 살아갈 힘도 없다. 결국 그는 LA에서의 모든 생활을 정리하고 떠나려 한다. 아는 사람이 아무도 없는 환락의 도시 라스베이거스로 가서 죽을 때까지 술을 마시며 세상을 마감하려 한다. 그러나 모든 걸 포기한다는 게 과연 가능할까. 죽는 그 순간까지 인간은 외로움에서 벗어날 수가 없는 것을.

"당신 혼자 내버려두고 세상이 사라져버린 듯한 느낌을 겪어본

적이 있나요. 정신이 완전히 빠져나가버린 듯한 느낌을 겪어본 적이 있나요." 스팅이 부르는 「Angel Eyes」는 노래 가사만으로도 절망적이다. 멀리서 앰뷸런스 혹은 경찰차 소리가 들린다. 라스베이거스 거리에서 벤은 세라(엘리자베스 슈)와 만난다. 서로 자기 이름을 밝힌다. 벤은 'h'가 들어간 세라냐고 묻고, 세라는 그냥 단순히 'Sera'라고 말해준다. 그렇게 두 사람의 묘한 인연이 시작된다. 「Angel Eyes」가 다시 흐른다. 앞으로 다가올 어두운 숙명을 예언하듯이, 음악은 묻는다. "당신 혼자 내버려두고 세상이 사라져버린 듯한 느낌을 겪어본 적이 있나요." 나른한 음악, 느린 피아노 건반 소리, 묵직하게 받쳐주는 더블베이스 소리, 허스키하면서 늘어지는 목소리는 도회적이다. 처참하게 무너져가는 벤의 심경은 스팅의 목소리에 그대로 묻어난다. 거대한 도시에 의지할 것이라고는 아무것도 없다. 벤은 마지막 길에서 '천사의 눈'과 마주친다. 슈는 벤이 마지막으로 사랑할 만한 사람이다. 그러나 그녀는 오늘밤도 몸을 팔러갔다. 주변 사람들은 술을 마시면서 밤을 즐긴다. 그러나 노래 속 주인공은 절망에 빠진 벤처럼 최악의 상황이다. 노래는 이 우울한 만남을 애절하지만 과장 없이 이야기해준다. 어쩌면 감독은 먼저 「Angel Eyes」를 듣고서 〈라스베가스를 떠나며〉의 스토리를 구상하게 된 것이 아닐까.

세라는 창녀다. 포주인 유리(줄리언 샌즈)는 잔인하고 무자비하다. 얼굴을 제외하면 몸 어디에라도 칼부림을 마다하지 않는다. 세라는 겁이 난다. 하지만 의지할 곳이 없다. 그런 악독한 포주나마 곁에 있다는 사실 자체가 그녀에겐 다행이다. 라스베이거스는 불야성처럼 빛나고 사람들은 다른 동행들과 함께 라스베이거스를 즐기지만, 세라에게는 그런 여유가 없다.

어느 여자도 막장에 다다른 벤을 만나주지 않는다. 그의 망가진 영혼은 대화를 나눌 상대를 필요로 하지만, 술집 바텐더들조차 술만 마시면 주정하는 벤을 상대해주지 않는다. 벤과 세라는 허름한 싸구려 모텔로 간다. 벤이 원하는 건 섹스가 아니다. 그냥 이야기가 필요할 뿐이다. 벤 자신이 떠들든 상대방이 얘기를 하든 그저 혼자 있고 싶지 않을 뿐이다. 세라는 벤에게서 애처로운 동병상련을 느낀다. 혹시 자신이 도울 수 있지 않을까. 벤은 이미 돌이킬 수 없는 상태이지만…. 화려한 도시 라스베이거스에서 두 사람은 지독히도 고독한 존재들이다.

주제곡인 「Ben And Sera」는 무척이나 아름다운 피아노곡이다. 다른 음악들이 나른하고 우울한 분위기만을 자아내는 데 비해 이 곡의 피아노 소리는 밝다. 아직 희망이 남아 있는 것 같다. 하지만 희망이 약간 있는 것 같아서 오히려 더욱 절망적이다. 현실은 이제 돌이킬 수가 없기 때문이다. 희망이라는 게 없다면 세상과 이별을 고하기도 쉬울 텐데, 이제야 서로를 이해할 수 있고 보듬어줄 수 있는 상대를 만난 것이다. 세라는 집에 돌아왔을 때 누군가 기다리는 사람이 있기를 바

:: 어째서 사랑은 이렇게도 늦게 찾아오는가.

란다. 가정이라는 안정된 울타리는 그녀가 내내 원하는 것이었다. 그러나 세라는 하필 벤이라는 남자를 만났고, 둘은 운명처럼 삶의 마지막 동행이 된다. 다른 사람에게는 의지할 수가 없다. 둘 다 막다른 골목에 와 있으니까. 두 사람은 함께 쉴 공간을 찾는다. 그러나 모텔에서는 유리테이블을 깨서 쫓겨나고, 살던 집에서도 방을 비우라는 쌀쌀한 말만 듣는다. 벤은 집을 나가고, 세라는 십대들에게 집단폭행에 강간까지 당한다. 「Ben And Sera」는 밝기 때문에 더 가슴이 아프다. 두 사람이 조금 더 일찍 만났더라면.

세라가 거리에 혼자 주저앉아 있을 때 스팅의 목소리가 다시 흐른다. 「It's A Lonesome Old Town」이다. 애타게 흐느적거리는 목소리를 피아노 소리가 우울하게 따라가고, 베이스는 슬픔을 참으면서 차분하게 아픔을 받쳐준다. 혼자가 된 벤에게 남은 것은 술병뿐이다. 스팅

:: 벤은 외로움을 달래려 술에 기대지만, 술은 그 외로움을 더욱 깊게 만든다.

의 목소리는 거대한 도시에서의 외로움을 철저하게 보여준다. 프랭크 시나트라나 냇 킹 콜이 이 노래를 부를 때는 외로운 정조 속에서도 부드러움 또는 감미로움이 있었다. 이렇게 뿌리까지 보여주지는 않았던 것이다. 스팅의 목소리로 듣는 「It's A Lonesome Old Town」은 극히 허무하고 절망적이다. 스팅만이 갖고 있는 묘한 보이스 컬러가 슬픔을 더욱 깊게 만들어낸다.

마이크 피기스는 영화 연출뿐 아니라 직접 영화음악을 작곡하곤 했다. 1988년 데뷔작 〈폭풍의 월요일〉을 찍을 때 마이크 피기스와 스팅은 감독과 배우로 만나서 친구가 되었다. 〈라스베가스를 떠나며〉를 준비하면서 마이크는 스팅에게 영화를 위해 몇 곡 불러줄 수 있겠느냐고 물었다. 스팅은 투어 때문에 바빴지만 "이봐, 그게 진지한 얘기라면 스케줄이나 확정지어서 알려줘."라며 흔쾌히 받아들인다. 그렇게 해서 마이크 피기스가 지켜보는 가운데 피아노와 더블베이스의 간단한 구성만으로 녹음이 시작되었다. 녹음은 하루 만에 끝났고, 영화에는 세 곡이 실리게 되었다. 「Angel Eyes」와 「It's A Lonesome Old Town」 그리고 「My One And Only Love」이다. 앞의 두 곡은 1958년에 발매된 프랭크 시나트라의 앨범 〈Sings For Only The Lonely〉에 실렸던 노래들이다. 스팅은 원곡과는 완전히 다른 분위기의 허스키한 목소리로 영화에 슬픈 애조를 더한다. 그 사이에 니콜라스 케이지는 더블린에 2주 동안 처박혀 홍청망청 술을 마시며 술에 찌든 벤을 어떻게 연기할지를 연습하고 있었다.

✚ 「My One And Only Love」는 가이 우드(Guy Wood)가 작곡하고 로버트 멜린(Robert Mellin)이 작사하여 1952년 발표한 곡이다. 도리스 데이가 처음 불렀고, 존 콜트레인과 가수 자니 하트만이 함께 만든 동명의 앨범이 크게 히트하여 재즈의 새로운 스탠더드 넘버가 된 곡이기도 하다. 프랭크 시나트라도 이 곡을 불렀음은 물론이다.

쿠바 할배들, 카네기홀에 서다

Buena Vista Social Club, 1995년
음악 라이 쿠더 | 감독 빔 벤더스

✚ 부에나비스타 소셜 클럽

〈부에나비스타 소셜 클럽〉은 쿠바 음악을 찾아가는 여정이자, 쿠바 음악인들의 인생 여정을 담은 필름이다. 슬라이드 기타의 명인 라이 쿠더는 이미 문을 닫은 지 50년 가까이 된 이 '전망 좋은 사교클럽'을 찾아간다. 워낙 오랜 세월이 흘러 사람들의 기억에서도 가물가물해져버린 곳이다. 50년 전 클럽 무대를 뜨겁게 달구며 연주하던 뮤지션들은 전부 어디로 갔을까. 카메라는 과거 쿠바 대중음악의 황금시대를 구가하던 명소를 통해 음악가들의 발자취를 따라간다. 빔 벤더스가 〈파리 텍사스〉를 찍던 당시 라이 쿠더가 음악을 맡은 것이 인연이 되어 빔은 영상의 눈으로, 라이는 음악의 눈으로 아바나 길거리와 골목을 뒤지고 다닌다.

화려했던 쿠바 대중음악의 뿌리를 찾아 카메라가 옮겨 다닌 곳은 세 군데이다. 부에나비스타 소셜 클럽의 멤버들이 살고 있는 아바나, 그리고 콘서트가 벌어진 암스테르담과 뉴욕이다. 카메라는 거짓 없이 부에나비스타 멤버들의 이야기를 듣는다. 그리고 그들이 말년에 열정적으로 펼친 두 번의 콘서트를 다큐멘터리로 기록한다. 그들의 삶은

음악과 함께하는 것이었다. 그들은 이 영화를 기획하기 전에는 오랫동안 소식도 끊긴 채 살아가고 있었다. 그들이 함께했던 음악의 순간들은 다 끝난 줄 알았다. 그러던 이들이 다시 만난다. 목소리는 노래를, 손가락은 피아노 건반을 기억한다. 간만에 하는 연주였지만, 그들의 몸이 모든 것을 알고 있었다.

이제 부에나비스타 오리지널 멤버들의 연주는 공연으로는 다시 접할 수 없다. 연신 시가를 피우던 콤파이 세군도는 2003년 7월 아바나에서 사망했다. 쑥스러워하는 인상, 섬약한 손가락으로 그렇게도 강렬하게 피아노를 치던 루벤 곤살레스는 2003년 12월에, 헌팅캡을 쓰고 맑고 따뜻하게 노래 부르던 이브라임 페레르는 2005년 8월에, 더블베이스를 연주하던 오를란도 카차이토 로페스는 2009년 2월에 운명했다. 영화 〈부에나비스타 소셜 클럽〉로 인해 다시 만나게 된 이들 중 몇몇은 유명을 달리했고, 이제는 유일한 여성 보컬 오마라 포르투온도를 비롯한 몇몇만이 남아 밴드의 이름을 이어나가고 있다. 영화를 통해 우리는 그들이 열정적으로 벌이던 콘서트를 행복하게 지켜볼 수 있다. 완전히 잊힐 뻔했던 쿠바 음악이 한 편의 영화를 통해서 전 세계 팬들에게 화려하게 부활한 것이다.

〈부에나비스타 소셜 클럽〉을 통해서 다시 인기를 구가하게 된 콤파니 세군도는 피델 카스트로 앞에서, 그리고 요한 바오로 2세 앞에서 「Chan Chan」을 불렀다. 참으로 극적인 운명이었다. 100년 가까이 인생을 즐기며 살았던 그의 건강 비결은 양고기 콩소메와 럼주였다고 한다. 다섯 살 때부터 할머니 담뱃불을 붙여드리며 담배 맛을 보았다고 하니, 92년 동안 담배를 피운 셈이기도 하다. 그러면서 여섯 번째 아이까지 낳고 싶어 했다. 그는 죽는 날까지도 가슴속에 꿈을 안고 살았다. 그런 낙천적인 마음이 격변의 쿠바 현대사를 이겨내고 불멸의 노래를 남길 수 있었던 힘이었을 것이다.

부에나비스타 소셜 클럽의 음악은 아프로-쿠반Afro-Cuban 음악이라 분류한다. 먼 옛날 아프리카 서해안에서 스페인 상인들의 노예선에 실려 카리브로 온 그들의 선조는 신천지에 발을 딛자마자 고된 사탕수수 농장의 노동에 시달려야 했다. 그들이 낯선 두려움으로 접했던 스페인의 문화는 이미 3백 년에 걸친 이슬람 점령을 통해 만들어진 것이었으니, 쿠바인들의 음악은 처음부터 아프리카-중동-유럽의 잡탕으로 시작되었던 셈이다. 거기에다 아메리카 원주민의 토속음악까지 합쳐져 쿠바 음악은 태생부터 세계인의 공감을 얻을 수 있는 조건을 갖추게 되었다. 맘보, 차차차, 볼레로, 룸바, 살사, 손 등 다양한 리듬의 세계를 펼치던 쿠바 음악은 1940년대에는 미국에서 불어온 비밥 재즈의 열풍과 다시 만나게 된다. 쿠밥Cu-Bob 또는 아프로-쿠반 재즈가 탄생한 것이다. 부에나비스타의 음악은 그저 흥겹고 유쾌한 것이 아니라, 이 모든 사연을 담은 음악이었다.

쿠바 음악은 또한 라틴 문학처럼 마법적이다. 마르케스와 보르헤스의 소설, 네루다의 시, 부에나비스타 소셜 클럽의 노래들은 동격이나 다름없다. 노래에는 그들의 평범하지만 마술 같고 주술적인 삶이 담겨 있다. 아프리카와 유럽의 옛 이야기들이 남미의 찬란한 햇살 아래서 다시 태어난다면 그건 마법이 아닐까. 그래서 부에나비스타의 노래들은 어쩌면 동화 같기도 하다. "난 알토 세드로에서 마카네로 가고 있네. 쿠에토를 거쳐 마야리로 가야지. 당신에 대한 사랑은 감출 수 없어요. 당신을 원할 뿐, 아무것도 할 수 없어요. 자니타와 찬찬이 해변을 거닐 때, 두 사람의 가슴은 두근거렸죠." 중절모를 쓴 콤파니 세군도가 기타를 치면서 부르는 노래 「Chan Chan」이다. 가사가 무엇을 의미하는지 따지지 않아도 우리 감정에 찰싹 달라붙는 것을 느낄 수 있다. 이 노래에서 목소리는 또 하나의 흥겨운 악기인지도 모른다. 가사는 그저 '찬찬'이라는 청년의 행복한 사랑과 여행을 노래할 뿐이다.

라이 쿠더는 아들과 함께 옛 부에나비스타 소셜 클럽 멤버들을 찾아나선다. 1970년대에 아바나에 왔을 때 들었던 음악을 기억해내고, 당시 류트를 연주했던 바바리토 토레스를 직접 만난다. 루벤은 10년 동안 피아노도 없이 지냈다. 그들 대부분은 가난하게 연명하고 있었다. 그러나 그들은 잊혀 있었지만 살아 있었다. 거짓말처럼 옛 멤버들이 녹음 스튜디오에서 다시 만난다. 라이 쿠더는 슬라이드 기타를 연주하면서 그들과 합세했고, 그의 아들 요아킴은 타악기들을 연주하면서 옛 스승들의 영혼으로부터 한 수 배울 수 있었다.

이브라임은 별다른 일 없이 시간이나 죽이며 살고 있던 터였다. 복권을 팔거나 쓰레기통을 뒤져서라도 생계는 이어나갈 수 있으리라 생각하던 중이었다. 그러던 어느 날 타악기를 연주하던 후안이 찾아온다. 이브라임은 구두닦이로 일하고 있었다. 그는 더 이상 노래를 부르지 않는다고 말한다. 그러나 후안이 닦달하는 바람에 덜렁 세수만 하고, 구두의 먼지만 털고 따라나선다. 그렇게 해서 스튜디오에서 옛 음악 친구들을 만나게 된다. 이브라임을 본 루벤은 아무 말도 하지 않고 피아노를 연주한다. "쥐 한 마리가 즐겁게 춤추며 가고 있네. 또 한 마리는 북을 치고 있네. 고양이 한 마리가 우아하게 걸어와 '안녕 친구야', 북치는 쥐에게 말했지. … 불이야! 불! 난 불타고 있어. 친구들아, 불 좀 꺼줘." 이렇게 하여 이브라임이 잊고 있던 노래 「Candela」는 친구들을 만나자마자 되살아난다. 클럽에서 함께하던 옛 생활이 다시 찾아온 것이다. 라이 쿠더는 그의 목소리를 들으며 쿠바의 냇 킹 콜 같다고 말한다.

막내뻘인 엘리아데스 오초아는 1946년에 태어났다. 부모님이 모두 음악을 했지만 집은 가난했다. 엘리아데스는 열두 살이 되어 기타만큼 키가 커졌을 때부터 사창가를 돌아다니면서 기타 연주를 했다. 연주가 끝나면 모자를 돌려서 돈을 받았다. 그렇게 생활비를 보태면서 오늘까지 살아왔다. "우리 옆길을 따라 마부가 지나가네. 시골소년처럼 즐겁게 노래를 하네. 기찻길을 지나면 짐을 내릴 거야. 그러면 고단한 일은 끝나게 되지. 말을 타고 산으로 가자. 난 장가들기 위해 쉴 새 없이 일한다네. … 언덕을 일구고 들판을 일구자. 노동의 열매를 얻게 될 거야." 엘리아데스는 기타를 들고 철로를 걸어가면서 연주한다. 「El Carretero」이다. 그의 몸에 기타가 붙어서 하나가 된 듯한 느낌이다. 이 노래는 쿠바 농부들이 '과지라'guajira라고 부르는 일종의 노동요이지만 힘차고 신난다. 쿠바는 가난하지만 쿠바인의 마음은 가난하지

:: 세월을 뛰어넘은 부에나비스타 소셜 클럽의 공연은 감동 그 자체다.

않다. 노래에는 희망이 있다.

1998년 4월 11일 부에나비스타 소셜 클럽은 암스테르담에서 공연을 마치고, 7월 1일에는 카네기홀에 선다. 몇 달 전까지만 해도 희망 없는 노인네들에 불과했지만, 이제 그들은 자신들의 음악을 되찾고 세계 최고의 무대에서 공연을 하게 된 것이다. 세월을 오롯이 담은 그들의 음악은 단순한 노래가 아니었다. 거기엔 그들의 삶이 담겨 있었다. 쿠바 뮤지션들은 자신들의 삶을 솔직하게 이야기한다. 어떻게 태어났고, 가난한 시절을 어떻게 버텼으며, 어떻게 동료들과 함께 음악의 길을 걸어왔는지 허심탄회하게 말한다. 빔 벤더스의 시선은 라이 쿠더와 함께 그들을 가감 없이 비춰준다. 쿠바에 갇혀 살았던 그들은 라이 쿠더를 만나 삶의 또 다른 여행을 시작한다. 그러나 그것 역시 언제나 음악과 같이하는 여행이었다.

카메라는 담담하게 아바나를 보여준다. 빔 벤더스가 일본의 명감독 오즈 야스지로를 추모하면서 〈도쿄가〉에서 보여주었던 그런 정경이다. 거리를 돌아다니는 클래식 자동차들, 시가 공장, 롤러스케이트를 타는 아이들, 바나나를 파는 상인들, 고풍스러운 건물과 창가에 널려 있는 빨래들…. 루벤은 옛날에 찍은 동료들의 사진을 본다. 그러다가 잠깐 움찔한다. 어떤 즐거운 기억이, 어떤 아련한 기억이 떠오른 것일까. 〈부에나비스타 소셜 클럽〉은 과거에의 기억을 냉정한 카메라의 시선으로 담아냈기에 오히려 가슴을 뭉클하게 만든다. 곁에 있던 여러 친구들은 이미 죽었고, 드럼을 연주하던 친구는 벌써 100살이 되었다. 이브라임이 카네기홀에서 노란 셔츠에 주황색 재킷을 입고 「Candela」를 부르는 일까지 생겼지만, 쿠바는 아직 변함이 없다. 아바나에는 아직도 철자가 떨어져나간 칼 마르크스라는 간판과 "혁명은 영원하다." 라는 슬로건이 거리를 장식하고 있다. 그 모든 것을 끌어안듯이 마지막 곡으로 「Chan Chan」이 다시 흐른다. 수십 년간 악기로, 목소리로 호흡을 맞추어온 그들의 음악에 어깨가 덩실거린다.

✚ 부에나비스타 소셜 클럽은 우리나라에서 음반으로 먼저 알려졌다. 1997년에 발매된 동명의 앨범은 재즈 애호가들을 시작으로 해서 꽤 많이 팔렸다. 이 인기를 몰아 2001년 2월 LG아트센터에서 드디어 첫 내한공연을 하게 되었다. 이브라임 페레르, 루벤 곤살레스, 오마라 포르투온도 등 오리지널 멤버들이 거의 참여하여 팬들에게 큰 감격을 안겨주었다. 같은 해 3월에는 광화문 시네큐브에서 뒤늦게나마 영화가 개봉되고, 또 10월에 팬들의 성화로 재개봉된다. 2005년에도 멤버들이 한국을 찾았는데, 그 사이 콤파이와 루벤이 타계하고 밴드의 규모도 많이 줄어서 아쉬움을 남겼다. 지금은 '쿠바의 디바'라고 불리는 오마라 포르투온도만이 젊은 멤버들과 함께 밴드의 이름을 이어가고 있다.

시절은 지나갔고, 이제 남은 것은 없다

花樣年華, In The Mood For Love, 2000년
음악 마이클 갈라소, 우메바야시 시게루 | **감독** 왕자웨이
촬영 크리스토퍼 도일, 리핀빙 | **주연** 장만위, 량차오웨이

✚ 화양연화

〈화양연화〉는 사랑에 관한 영화다. 그러나 그 사랑은 겉으로 잘 드러나지 않는다. 두 주인공의 사랑은 뜨겁지도 않고, 격정적이거나 거칠지도 않다. 그럼에도 그들이 느끼는 사랑의 감정과 아쉬움, 미련, 갈등 같은 모든 감정이 관객들에게 고스란히 전해진다. 감독은 의도적으로 두 주인공의 욕구가 겉으로 드러나지 않도록 처리했다. 두 사람은 가까이 다가갈 듯하다가도 어느 정도 거리를 둔 채 멈추어 서버린다. 그럼에도 관객들은 화면을 바라보면서 두 사람의 감정을 느끼고, 공감하고, 아련하게 들여다본다. 사랑이 이루어지리라 생각하던 관객들의 기대감은 깨지지만, 감정선은 그대로 이어진다. 〈화양연화〉는 아련한 사랑에 대한, 미묘한 감정에 대한 영화다. 두 연인의 소극적인 사랑 이야기는 대사나 스토리가 아니라 이미지로 표현된다. 어둠 속에서 빛을 발하는 색채들이 영상미를 만들어내며 전체적인 분위기를 이끌어나가고, 음악은 감정을 표현하는 이미지가 되어 반복적으로 흘러나온다. 그렇게 사랑이라는 주제가 심화된다. 그 중심에 「유메지의 테마」Yumeji's Theme가 있다.

차우(량차오웨이)가 혼자 골목길에 서 있다. 근처의 다른 골목에서 리첸(장만위)이 모습을 드러낸다. 그와 동시에 「유메지의 테마」가 흐른다. 음악은 리첸의 내면세계를 반영한다. 첼로의 음색은 그녀의 고독함을 그려내면서, 동시에 미묘한 긴장감까지 느끼게 만든다. 카메라는 좁고 비탈진 계단을 내려가는 그녀의 뒷모습을 비춘다. 국수가 나오기를 기다리며 서 있는 리첸은 손수건으로 이마에 묻은 땀을 훔친다. 김이 솟아오르고, 백열전등이 흔들린다. 다른 등불들은 가만히 있는데, 유독 하나만 좌우로 흔들린다. 의도적인 세팅이다. 흔들리는 등불은 갈등하는 리첸의 내면과도 같다. 수많은 사람들 사이에서 홀로 외로움으로 고민하는 리첸의 심정을 보여준다. 계단을 걸어 올라갈 때 국수집에 앉아 있는 사람들의 모습이 보인다. 리첸은 같은 공간에 있지만, 그들과는 다른 세계에 있다. 그녀가 계단을 올라와서 모퉁이를 돌아가면 백열등 하나만 외로이 남아서 거리를 비춘다. 리첸이 지나간 그 공간으로 차우가 들어온다. 같은 시간대인지 다른 시간대인지도 알 수 없다. 하지만 두 사람은 그렇게 서로의 공간을 공유하기 시작한다. 많은 동작들은 슬로 모션으로 우아하게 진행된다. 며칠이 지난 후 두 사람은 같은 계단에서 마주친다. 리첸의 바뀐 옷만이 시간의 경과를 알려준다. 차우가 인사를 건네지만 리첸은 조용히 지나쳐간다. 차우의 존재를 알면서도 받아들이지 않는다. 마음이 있으면서도 표현하지 않는다. 두 사람이 지나친 지리에는 가로등 불빛만 남아 그들의 세계를 비춘다.

시간은 담담하게 흘러간다. 일상이 반복된다. 다시 며칠이 지난다. 리첸은 보온통을 들고 우아하게 걸어간다. 그녀의 등장을 알리듯이 「유메지의 테마」가 반복되어 흐른다. 좁은 계단을 사이에 두고 리

첸은 차우와 마주친다. 음악은 로맨틱하게 흐르지만 두 사람은 머뭇거린다. 두 사람은 마주보지만 가까이 다가가지 않는다. 거기에 미묘한 긴장감이 형성된다. 「유메지의 테마」는 슬픔의 왈츠이다. 화려한 조명 아래서 연주되는 슬픈 탱고이기도 하다. 두 사람은 사랑한다. 그러나 두 사람을 둘러싼 상황은 그들의 사랑을 만류한다. 주변뿐 아니라 두 사람조차도 상대방을 받아들이지 못할 때, 그 긴장감은 팽팽해진다. 첼로 현이 끊어질 듯 팽팽하게 멜로디가 되어 흐르듯이, 두 사람은 상대방을 받아들이지 않고 대치한다. 다가갈 수 있지만 다가가지 않기에 두 사람의 동작은 아름답고도 슬프다. 주변 사람들의 시선과 불륜에 대한 정서적인 거부감이 표면적 이유로 보이지만, 음악을 듣다보면 그 감정은 그렇게 단순하지 않다. 두 사람의 감정 속에는 사랑에 대한 희구가 있음에도, 그만큼이나 강한 망설임이 있는 것이다. 「유메지의 테마」는 이처럼 막연한 감정, 미련, 아쉬움 등을 담아낸다.

두 사람의 시선이 잠시 엇갈리고, 차우는 엷은 미소를 짓는다. 두 사람이 지나친 자리는 다시 빈 공간이 된다. 백열등만 포장도로를 비

:: 인생에서 가장 아름다운 한때는 사랑이 시작될 때이다.

추고, 그 위에 비가 쏟아진다. 가로등이 비추는 이 작은 공간만이 두 사람이 현실적으로 만날 수 있는 곳이자 감정의 접점이다. 다른 곳에서는 사람들의 시선을 의식할 수밖에 없지만, 이 공간에서만큼은 두 사람 모두 자유롭게 숨을 쉴 수 있다. 백열등 불빛만 비추는 좁은 공간을 공유하면서 두 사람의 내면은 가까워진다. 차우는 가로등 아래 서서 손수건을 꺼내 물기를 닦는다. 국수집에서 내려온 리첸은 고개를 돌려 계단 위를 올려다본다. 무언가 생각하는 표정이다. 아마도 차우에 대한 생각이겠지만 아무것도 말로 표현되지는 않는다. 이렇게 두 사람은 가까이 있지만 서로 다가가지는 않는다. 리첸은 손수건을 만지작거린다. 리첸의 장면에 자주 등장하는 손수건은 상대방에 대한 갈망을 상징하는 소품이기도 하다. 그녀는 무언가를 망설이고 고민하는 중이다. 리첸은 다시 계단 위를 바라본다. 바닥에 비가 떨어진다.

「유메지의 테마」는 외롭고 쓸쓸하다. 고독한 정서와 리첸의 아련한 감정을 담고 있다. 반복해서 듣고 있노라면 슬픈 정서가 밀려온다. 사랑하지만 다가갈 수 없는 두 주인공. 슬픈 사랑의 춤은 계속된다. 「유메지의 테마」는 영화 전체를 관통하면서 흘러간다. 단순한 배경음악으로서가 아니라 리첸의 속내와 두 사람의 내면을 묘사하는 언어로서 말이다. 그 음악이 지속되는 한 두 사람의 미묘한 감정과 애정은 더 이상 가까워질 수 없다. 음악은 이렇게 말한다. "당신을 사랑해요. 하지만 우리는 더 이상 가까워져선 안 돼요. 처음부터 그런 운명이니까요. 미안해요." 「유메지의 테마」에는 그런 리첸의 고백이 담겨 있다.

1962년 홍콩, 이 사랑 이야기가 어떻게 전개될 것인가에 대해 왕자웨이 감독은 자막으로 다 밝혀버린다. "그와의 만남에 그녀는 수줍어 고개 숙였고, 그의 소심함에 그녀는 떠나가버렸다." 감독은 이미 결말까지 다 말해놓고 영화를 시작한다. 누구에게나 빤한 사랑 이야기를 왕자웨이는 자신만의 다른 방식으로 보여주겠노라고 자신감 넘치게 선언하는 것이다. 차우와 리첸은 같은 날 옆집으로 이사를 온다. 차우의 부인과 리첸의 남편 얼굴은 보이지 않는다. 차우의 부인은 야근이 잦고, 리첸의 남편은 일본 출장으로 집을 비우는 날이 많다. 어느 날 차우는 리첸에게 자기 부인이 똑같은 핸드백을 갖고 있다고 말한다. 리첸은 차우에게 자기 남편에게도 똑같은 넥타이가 있다고 말한다. 두 사람은 자기 파트너들이 서로 불륜 관계에 빠져 있음을 안다. 두 사람은 고독을 나눈다. 그러나 배우자들과 똑같이 불륜을 저지르기에는 너무나 소극적이다. 두 사람이 대화를 나누는 스테이크 하우스에 냇 킹 콜의 노래가 흐른다. 「Aquellos Ojos Verdes」(초록색 눈동자)이다.

「유메지의 테마」가 영화 전체를 관통하면서 감정의 흐름을 지탱해 준다면, 냇 킹 콜의 감미로운 목소리는 두 연인 사이의 아련한 연가처럼 흘러나온다. 냇 킹 콜의 영어 앨범이 아닌 라틴 말로 부른 노래들을 택함으로써 장면은 이국적인 정서를 자아낸다. 음악은 치밀하게 계산되어 관객들의 마음속으로 들어올 뿐 아니라 절묘하게 드라마를 이어주면서 세심하게 두 주인공의 감정을 담아낸다. 영화의 중심이 되는 세 곡이 연이어 나오는 시퀀스들을 보면 음악이 얼마나 적절하게 사용되고 있는지를 알 수 있다.

「유메지의 테마」가 흐를 때 택시를 타고 돌아오던 두 사람은 처음으로 손을 잡는다. 리첸은 차우의 어깨에 얼굴을 기댄다. 두 사람의 관계가 드디어 이어지는 것일까. 장면이 바뀌면 라디오가 클로즈업된다. 한 청취자가 「화양연화」를 신청했다는 DJ의 멘트가 흘러나온다. 오래된 옛 유행가는 '인생에서 가장 아름다운 한때'(花樣年華)를 노래한다. 노래는 두 사람이 서로에게 소극적으로 다가갔고 사랑하는 마음을 느꼈지만, 그것이 오히려 그들의 삶에서 가장 아름다운 시간이었음을 암시한다. 마음속 깊이 사랑하지만, 사랑을 나눌 수 없는 인생의 아이러니가 여기에 있다. 「화양연화」의 노랫가락이 아련히 흘러나올 때 두 사람은 같은 공간에 있다. 그러나 그 공간은 벽으로 막혀 있다. 마음의 벽이자 현실의 벽이다. 이 세상 어느 누구보다도 가까이 있지만 그 사이에는 벽이 가로 놓여 있는 것이다. 두 사람 모두 같은 벽에 등을 기대고 있다. 노래를 들으면서 같은 심정에 빠져 있음을 반영하듯이. 카메라는 트랙으로 이동하면서 두 사람의 모습을 보여준다. 더 이상 가

까워질 수 없는 두 사람을.

이어 전화벨 소리가 울린다. 카메라는 서서히 전화기를 향해 다가가지만 아무도 받지 않는다. 실내에는 전화벨 소리, 타자기 소리, 시계 소리만이 공허하게 울려 퍼질 뿐이다. 차우의 독백이 허공에 메아리친다. "티켓이 한 장 더 있으면 나와 같이 가겠소?" 이때 냇 킹 콜이 부르는 「키사스, 키사스, 키사스」Quizas, Quizas, Quizas가 흘러나온다. 노래 가사가 의미하는 바와 같이 '어쩌면' 두 사람의 사랑은 이루어질 수도 있을 것이다. 그러나 리첸의 모습은 보이지 않고 그녀를 기다리는 차우의 모습만이 클로즈업된다. 노래 제목처럼 차우는 리첸에 대한 확신을 갖지 못한다. '어쩌면'이라는 막연한 기대감만 있을 뿐이다. 두 사람 다 적극적인 행동은 취하지 못한다. 차우는 떠나고 리첸은 혼자 앉아 있다. 초록색 의상과 빨간 커튼이 대비를 이룬다. 그녀의 눈에서 눈물이 떨어진다. 마음속에 두고 있던 이가 떠나가버린 것이다. 카메라는 울고 있는 리첸을 오래도록 비춘다. 리첸의 독백이 이어진다. "내게 자리가 있다면 내게로 올 건가요?" 화면은 암전되고, 1963년 싱가포르로 넘어간다.

세 곡의 주제곡은 연속으로 이어지며 두 사람의 감정의 흐름을 알려준다. 「유메지의 테마」에서 두 사람은 육체적으로 가까워지고 있지만, 「화양연화」에서는 오히려 지나간 시간이 가장 행복한 때였음을 알게 된다. 「키사스」에서 차우는 혹시나 하는 기대감에 싱가포르로의 동행을 권하지만, 리첸은 사랑을 알면서도 떠나보낸다. 명확한 것은 아무것도 없다. 주인공들의 대사를 직접 듣지 못했으므로 영상을 통해서 두 사람의 감정과 상황을 막연하게 추측하는 수밖에 없다.

1년 뒤, 리첸은 차우를 찾아 싱가포르로 오지만 만나지 않는다.

재떨이에는 립스틱이 묻은 담배만 남아 있다. 리첸은 차우에게 전화를 걸지만 말을 꺼내지 않는다. 차우가 여보세요, 하는 소리만 허공에 퍼진다. 「키사스, 키사스, 키사스」가 다시 흐른다. 3년 뒤 차우는 홍콩에서 살았던 집을 방문한다. 그 시절 사람들은 모두 다 이사를 떠나버렸다. 리첸이 어린 딸과 함께 그 집에 살고 있음을 차우는 알지 못한다. 냇 킹 콜의 목소리는 '혹시나' 두 사람이 극적으로 만날 수 있지 않을까, 암시하는 듯이 계속 흐른다. 차우는 리첸이 살고 있는 집 문을 바라본다. 그러나 리첸은 나오지 않는다. 차우는 떠나간다. 그리고 자막이 뜬다. "그 시절은 지나갔고, 이제 거기 남은 건 아무것도 없다."

+ 「유메지의 테마」는 '폭력 미학의 거장'이라 일컬어지는 일본 누벨바그 영화의 대표적 감독 스즈키 세이준(鈴木清順)의 〈유메지〉(夢二)에 사용되었던 음악이다. 스즈키의 영향을 받기도 한 왕자웨이 감독은 이미 영화에서 한 번 사용되었던 테마를 〈화양연화〉에서 다시금 적절하게 사용하고 있다. 아니, 원작에서의 이미지보다 더욱 강렬한 느낌으로 재창조해낸다.

+ 「Quizas, Quizas, Quizas」는 쿠바 작곡가 오스발도 파레스(Osvaldo Farres)의 1947년 곡으로 냇 킹 콜의 노래가 가장 잘 알려져 있으며, 부에나비스타 소셜 클럽의 여성 멤버 오마라 포르투온도의 유쾌한 연주도 유명하다. 가장 추천하고 싶은 버전은 트리오 로스 판초스(Trio Los Panchos)의 것으로, 원곡이 담고 있는 라틴 볼레로풍의 느낌을 아주 잘 살린 연주이다.

인생에서 가장 위대한 것은 사랑받는 일이다

Moulin Rouge, 2001년
음악 크레이그 암스트롱, 마리우스 드 브리 | **감독** 바즈 루어만
주연 이완 맥그리거, 니콜 키드먼

✚ 물랑 루즈

바즈 루어만은 음악을 다루는 능력이 가장 뛰어난 현역 감독이라고 해도 과언이 아닐 것이다. 그는 오페라, 대중음악, 뮤지컬 등 다양한 장르의 음악을 혼합시켜서 빼어난 결과물을 내놓는다. 음악이 덜 두드러진 근작 〈오스트레일리아〉는 그래서 아쉽다. 반항적이면서 화려한 모던 댄스의 세계를 보여준 데뷔작 〈댄싱 히어로〉, 셰익스피어를 재해석해서 록 음악의 세계로 젊음을 이끌었던 〈로미오와 줄리엣〉, 그 후로 음악적으로 더욱 완성된 형태를 보여준 영화가 〈물랑 루즈〉이다. 영화의 전통에 대한 경의를 바치면서도 새로운 영상을 추구하는 바즈 루어만의 개성이 드러나는 작품이다.

1900년 파리는 음울함과 화려함이 어우러진 기묘한 분위기다. 물랭 루주 지붕 위에서 툴루즈 로트렉(존 레귀자모)이 「Nature Boy」를 부른다. 사랑이라는 마법에 걸린 소년, 주인공 크리스티앙(이완 맥그리거)의 자화상과도 같은 노래이다. 이렇게 캐릭터가 소개되며 음산한 고딕풍의 도시 파리의 느낌을 한결 순화해서 전해준다. 어둡고 느리면서도 희망적인 분위기를 풍기는 이 묘한 목소리는 데이비드 보위에게서나

가능한 일일까. 냇 킹 콜이 불렀던 감미로운 톤의 「Nature Boy」와는 완전히 다른 스타일이다. 영화의 주제는 이 노래를 통해서 명확하게 드러난다. "인생에서 가장 위대한 것은 누군가를 사랑하고, 또 사랑을 받는 것이다." 그렇다. 〈물랑 루즈〉는 진정한 사랑을 찾으려는 이들을 그린 영화이다. 비록 비극적 죽음으로 결말을 맺고 말지만.

크리스티앙의 캐릭터가 「Nature Boy」로 소개된다면, 이제는 사틴(니콜 키드먼)이 화려하게 등장할 차례이다. 그녀는 "프랑스 사람들은 사랑을 위해서 목숨을 걸죠."라는 대사를 외치며 공중에서 그네를 타고 나타난다. 사틴은 자신의 별명이기도 한 「찬란한 다이아몬드」Sparkling Diamonds를 멋지게 열창하며 관객들의 흥을 돋운다. 물랭 루주에 온 손님과 영화 관객들 모두를 흡인하고 매혹시킨다. 〈신사는 금발을 좋아해〉에서 마릴린 먼로가 불렀던 「Diamonds Are Girl's Best Friends」를 화려하고 모던하게 편곡한 노래다. "손에 하는 키스도 달콤하지만, 내 진정한 친구는 다이아몬드예요. 키스가 집세를 내주지는 않죠. 고양이 사료 값을 대주지도 못해요. 여자는 나이가 들면 인기가

:: 슬픈 사랑은 비극적이지만 그렇기에 아름답다.

식어요. 하지만 다이아몬드는 영원히 빛을 발하죠." 관객들은 열광하면서 사틴의 매력에 빠져든다. 섹스 심벌 마릴린 먼로의 현대판이다. 마릴린 먼로의 후광을 받으며 사틴은 물랭 루주의 여신이 된다. 그러나 공연이 절정일 때 사틴은 무대에서 쓰러지고 만다. 입에서 피를 흘린다. 압생트의 마력에 빠져 있던 1900년 파리에서 피를 토한다는 것은 폐결핵을 암시한다. 물랭 루주의 사장인 지들러(짐 브로드벤트)는 사틴에게 곧 대배우가 될 거라면서 위로하지만 이미 사틴의 병은 치유될 수 없다. 베르디의 오페라 〈라 트라비아타〉에서 차용한 사랑의 비극이 시작되는 것이다.

물질적인 세계에 살던 사틴과 글을 쓰는 것밖에 모르는 크리스티앙이 만나서 사랑에 빠진다. 그러나 다음 공연에 자금을 대기로 한 공작은 그 대가로 사틴을 원한다. 사틴은 다시 쓰러지고 크리스티앙과 만나기로 했던 약속을 지키지 못한다. 다음 날 그녀를 만난 크리스티앙은 사틴이 공작과 만나느라 약속을 어긴 것으로 오해하고 질투에 사로잡힌다. 그러나 진정한 사랑을 깨달은 두 사람은 듀엣으로 「Come What May」를 부른다. "겨울에서 봄으로 계절이 바뀌어도 내 사랑은 세상 끝까지 변치 않으리. 어떤 일이 있어도, 어떤 일이 있어도 그대만을 사랑하리. 내가 죽는 그날까지." 이 시퀀스에서 크리스티앙의 질투는 지나치게 신파적이고 유아적이다. 그의 캐릭터가 'Nature Boy'라는 순수한 이미지이기 때문일까. 바즈 루어만은 감상적이고 신파적인 요소를 노래와 영상으로 완화시킨다. 영상과 노래 그리고 모든 요소들을 공감각적으로 퍼부어 관객들을 고조시킨다. 감독은 노래와 춤이 어떤 역할을 수행해야 하는지 파악하고 이를 효과적으로 사용한다. 〈물랑 루즈〉가 지닌 언뜻 유치한 신파 이야기를 극적인 뮤지컬로 변모시키는 바즈 루어만의 능력이다.

결국 사틴은 공작과 함께 식사를 하러 간다. 크리스티앙은 질투로 절망에 빠진다. 사틴이 빠져서 공연 연습을 하지 못하는 단원들도 상심에 젖는다. 끊어질 듯 팽팽한 바이올린 현의 긴장된 소리와 함께 격한 탱고 음악이 흐른다. "록산, 오늘도 돈을 위해 붉은 불빛 아래 거리를 걷는 그대." 단원들은 남녀로 파트너를 이루어 탱고 리듬에 맞춰서 힘차게 발을 구른다. "록산, 그대의 몸을 밤에 내던질 때, 그의 눈은 당신을 훑고, 그의 손은 당신을 더듬고, 입술은 당신을 애무하네. 난 가슴이 아파서 도저히 견딜 수가 없어." 파워풀한 혼성 군무가 물랭 루주를 슬픔에 잠기게 만들 때 크리스티앙은 오열한다. 바즈 루어만은 이처럼 다양한 장르의 음악을 섞어서 극적인 연출 솜씨를 발휘한다. 그룹 폴리스의 멤버였던 시절에 스팅이 부른 「Roxanne」은 여기서 사틴을 질투하고 애절하게 바라보는 크리스티앙의 시선을 담아 「El Tango De Roxanne」으로 바뀌어 나온다.

그래도 쇼는 계속되어야 한다. 지들러와 사틴은 「Show Must Go On」을 부르면서 공연을 준비한다. 사랑을 잃어도 물랭 루주의 빨간 풍차는 돌아가야 하고, 무대 조명은 환하게 밝혀져야 한다. 더 이상 사랑하지 않는다는 사틴의 충격적인 선언을 들은 크리스티앙은 사실을 확인하러 물랭 루주로 돌아간다. 과연 진정한 사랑이란 존재하지 않는 것인가. 공작은 다시 돌아온 그를 쏘아 죽이려 하지만, 무대에 등장한 크리스티앙은 사틴의 사랑을 확인하며 사랑의 듀엣 「Come What May」를 함께 부른다. 관중들의 열화와 같은 갈채를 받으면서 공연은 성공리에 끝나고, 크리스티앙을 쏘려던 권총은 날아가서 에펠탑에 부딪혀 떨어진다. 모든 게 해피 엔드이다. 그러나 커튼콜을 준비하던 사틴이 쓰러지고 만다. 공연의 성공을 축하하며 흐드러지게 깔린 빨간 꽃잎들 위로.

세기말 파리는 음울하지만 아름답다. 바즈 루어만은 잿빛 전경으로 칠해진 도시와 화려한 조명으로 빛나는 몽마르트르를 대비시킨다. 몽마르트르는 보헤미안들의 해방구이다. 진실과 아름다움, 자유와 사랑이 있는 곳이다. 그는 강렬한 색채로 전설적인 공간 물랭 루주에서 상상의 나래를 펼쳐 보인다. 고전적인 노래들, 대중적인 노래들이 끊임없이 인용되면서 관객들을 동화시킨다. 누구나 알만한 노래들이 편곡되어 친숙함을 선사한다. 〈사운드 오브 뮤직〉과 〈모정〉의 동명 타이틀 곡, 〈사관과 신사〉의 「Up Where We Belong」, 〈보디가드〉의 「I Will Always Love You」처럼 영화주제가로 쓰였던 노래들이 다시 인용

된다. 다른 노래들도 마찬가지다. 마돈나의 「Like A Virgin」, 엘턴 존의 「Your Song」 등 팝의 명곡들까지 편곡되어 나온다. 기억 속에 잠재된 노래들은 1900년의 파리와 합쳐져 관객들의 추억을 끌어낸다. 이렇게 하여 〈물랑 루즈〉는 슬픈 사랑의 전설로 남는다.

+ 오프닝 타이틀이 오를 때 오케스트라로 연주되는 곡은 20세기폭스의 로고송이다. 지휘자의 실루엣이 격렬한 음악을 이끌어낸다. 이 곡을 직접 작곡한 알프레드 뉴먼이 이 장면을 봤다면 어떤 감회를 느꼈을까. 로고송이 경쾌한 캉캉 음악으로 바뀌면서 영화는 1900년의 파리를 향해 나아간다.

+ 〈물랑 루즈〉의 라스트 신은 극장에 화려한 커튼이 내리는 것으로 끝을 맺는다. 빨간 커튼은 고전적인 느낌을 주는 장치이다. 바즈 루어만은 같은 방식으로 마무리를 짓는 〈댄싱 히어로〉 〈로미오와 줄리엣〉 그리고 〈물랑 루즈〉에 스스로 '빨간 커튼 3부작'이라는 이름을 붙였다.

예술은 길고, 인생은 더 길다

Talk To Her, 2002년
음악 알베르토 이글레시아스 | **감독** 페드로 알모도바르
주연 하비에르 카마라, 다리오 그란디네티, 레오노르 와틀링

✚ 그녀에게

〈그녀에게〉를 본다. 극중극으로 등장하는 피나 바우쉬Pina Bausch의 현대무용극 〈카페 뮐러〉Cafe Muller를 보고 있자니 묘한 감정이 밀려온다. 얼마 전 피나 바우쉬가 죽었다는 소식을 접한 탓이다. 삶과 죽음, 사랑을 이야기하는 영화를 보면서 그녀의 죽음을 떠올린다. 2002년 〈그녀에게〉를 찍을 때만 하더라도 건강한 상태였는데, 2009년 6월 암 판정을 받고 며칠 지나지 않아 사망하고 말았다. 이미 스케줄이 잡혀 있던 그녀의 공연을 기다리는 관객들을 남겨둔 채. 이렇게 시간은 흘러간다. 영화를 찍고 몇 년이 지나니 그중에는 이미 세상을 등진 사람들이 있다. 남자 간호사인 베니뇨(하비에르 카마라)와 여행 작가 마르코(다리오 그란디네티)는 〈카페 뮐러〉를 보면서 우연히 옆자리에 앉게 된다. 마르코는 공연을 보면서 울고, 베니뇨는 그런 마르코를 바라본다. 마르코는 베니뇨의 존재를 의식하지 못하지만, 베니뇨는 그의 존재를 뇌리에 새긴다. 기묘한 만남이요, 기묘한 우정의 시작이다.

〈그녀에게〉는 두 편의 현대무용과 한 편의 무성영화, 그리고 브라질의 국민가수 카에타누 벨로수Caetano Beloso의 작은 콘서트까지 등장

하며 관객들과 또 다른 대화를 나누는 영화다. 페드로 알모도바르는 다른 예술 작품들을 영화 속으로 끌어들이면서 영화가 전달하고자 하는 의미들을 확장시킨다. 그중 무성영화는 알모도바르가 직접 찍어 의도적으로 삽입한 작품이다. F. W. 무르나우 감독의 1927년 영화 〈선라이즈〉처럼, 사랑하지만 관계를 두려워하는 두 사람을 설정하여 극중 인물들과 동화시키고 있다. 카에타누 벨로수의 무대는 마르코로 하여금 전율을 느끼게 하고, 사랑을 생각하게 만든다. 피나 바우쉬의 무용 두 편은 영화를 시작하고 끝맺는 역할을 한다.

무대의 커튼이 올라가면 〈카페 뮐러〉의 공연과 함께 영화가 시작된다. 눈을 감고 춤을 추는 두 명의 여자 무용수들이 등장한다. 그녀들 앞에는 위험하게도 의자들이 놓여 있다. 그녀들은 벽에 몸을 부딪치면서 고통스러운 몸짓을 한다. 코마 상태를 표현하는 몸짓이다. 몸으로만 만들어내는 언어들을 통해 관객들은 무엇을 상상할까. 알모도바르는 피나 바우쉬의 몸짓을 통해 다양한 고통의 의미들을 만들고, 복합적인 의미들을 이끌어낸다. 무대에 선 남자는 그녀들이 부딪치지 않도록 열심히 의자들을 옮겨 놓는다. 그 행위는 무슨 의미일까. 코마 상태에 빠진 절망적인 여인을 열심히 치료한다고 해도 그녀가 과연 치료의 의미나 알 수 있을까. 관객들은 자꾸만 의문에 빠진다. 예를 들면, 마르코는 이 공연을 보면서 왜 울었을까. 공연이 감동스러워서? 그건 아무도 모른다. 하지만 무대에 등장한 남자의 절망적인 몸부림 때문에 마르코가 운 것이라면 베니뇨는 겉으로 표현하지 않았으나 그의 눈물을 보면서 공감을 느꼈을 것이다. 관객들은 이제 다가올 두 여자의 코마 상태, 죽음인지 죽음 직전인지 알 수 없는 상태를 심정적으로 받아들일 준비를 하게 된다.

공연이 끝난 후 피나 바우쉬는 포스터에 사인을 해준다. 거기엔 "고난을 딛고 일어나서 다시 춤출 수 있기를!"이라고 적혀 있다.(죽은 피나 바우쉬를 떠올릴 수밖에 없는 문구이다.) 그 포스터는 베니뇨를 통해 알리시아에게 전해진다. 무용을 하던 알리시아는 코마 상태에 빠진 채 꼼짝도 못하고 병원에 4년이나 누워 있는 환자이다. 그러나 그녀에겐 자신이 좋아했던 것들을 대신 경험하고 꾸준히 이야기를 들려주는 간호사가 있다. 베니뇨가 들려주는 이야기들은 알리시아의 무의식에 차곡차곡 쌓여간다. 베니뇨도 알리시아가 좋아했던 무용과 무성영화를 보러 다니면서 그녀의 생각과 내면을 이해해간다. 베니뇨의 일방적인 사랑이 가슴 아픈 것은 사랑하는 여자가 전혀 다른 의식 상태에서 살고 있다는 점이다. 사랑받는 알리시아는 자신을 사랑하는 사람이 존재한다는 사실조차 알지 못한다.

마르코의 연인인 리디아(로사리오 플로레스)는 여자 투우사다. 그러나 5백 킬로그램짜리 황소에 받혀 의식을 잃고 만다. 뒤에 놓인 침대에는 코마 상태에 빠진 리디아가 누워 있고, 전면에는 생각에 잠긴 마르코가 있다. 카메라의 포커스는 리디아에서 마르코에게로 이동한다. 그리고 마르코의 얼굴을 줌인하여 점점 크게 보여준다. 그렇게 카메라는 마르코의 기억을 따라 과거로 돌아간다. 어느 저택에서 작은 콘서트가 열리고 있다. 카에타누 벨로수가 직접 노래를 부르고 있다. 「Cucurrucucu Paloma」, '쿠쿠루쿠쿠' 하며 비둘기가 구슬프게 우는 노래다.

그는 수많은 긴긴 밤을 술로 지새웠네.
잠도 못 이루고 눈물만 흘렸네.
눈물에 담긴 고통이 하늘을 울렸고,
숨 거두는 순간까지 그녀만을 불렀네.
노래도 불러보았고 웃음도 지어봤지만,
그의 열정은 결국 그를 죽음으로 몰고 갔네.
어느 날 슬픈 비둘기 한 마리 날아와
쓸쓸한 그의 빈집에서 노래했다네.
비둘기는 그의 애달픈 영혼,
비련의 여인을 사랑했던 영혼이라네.

마르코의 눈에서 눈물이 떨어진다. 이 노래를 들을 때마다 늘 그가 슬픔을 느끼기 때문이기도 하지만, 그의 불행한 미래를 암시하는 눈물이기도 하다. 그건 벨로수의 가사에 담겨 있는 애절한 사랑의 메시지를 통해서도 복합적으로 나타난다. 알모도바르는 이런 요소들을 함께 엮어나가며 영상과 이야기의 힘을 강화하고 있다. 마르코는 사람들 사이에서 벗어나 멀리 숲이 보이는 담장으로 가서 담배를 꺼내 문다. 리디아가 쫓아온다. 지금 왜 우는가를 묻는 것이 아니라, 과거에 왜 울었는지를 묻는다. 두 사람이 처음 만나던 날, 자기 집에 있는 뱀을 잡고 난 후에 마르코가 흘렸던 눈물에 대해서 묻는 것이다. 마르코의 기억은 더 먼 곳까지 뻗어간다. 리디아가 그랬듯이 뱀 때문에 공포에 질렸던 옛 여자친구에 대한 기억을 떠올린다. 그가 운 이유는 모르지만 마르코의 울음은 베니뇨의 마음을, 리디아의 마음을 움직였다. 논리적으로 이해되지 않지만 정서적으로는 충분히 효과적인 연출의 힘이다. 명확하게 설명할 수 없지만 이미 모든 감정선들은 하나의 방향으로 나아가고 있다. 사랑, 소통할 수 없는 관계, 죽음의 슬픔 같은 것들로.

알리시아와의 사랑을 이루지 못한 베니뇨는 감옥에서 자살하고 만다.(베니뇨라는 이름부터가 순진하다거나 악의가 없다는 의미를 담고 있다.) 사랑하는 사람이 이 세상에 없으니 자신도 더 이상 살아야 할 의미가 없다는 것이다. 마르코는 베니뇨에게 알리시아가 살아 있다는 사실을 미처 말하지 못했다. 마르코는 베니뇨의 집으로 들어와서 살기 시작한다. 베니뇨가 살면서 보아왔던 모든 것을 같은 공간에서 느끼게 된다. 그것은 영화 〈타인의 삶〉에서 극단적으로 다른 위치에 있는 두 사람이 정서적으로 가까워지는 과정과도 비슷하다. 같은 체험을 통해서 사람들은 서로를 이해하게 되는 법이다. 마르코는 죽은 줄만 알았던 알리시아가 몸이 불편한 상태로 무용학원에 나와 있는 모습을 본다. 그녀는 자신의 꿈이었던 무용을 다시 하기 위해 힘겹게 몸을 놀린다. 다시 무용을 할 수 없을지라도, 그녀의 몸짓은 다시 찾은 삶에 대한 강한 의지를 보여준다. 마르코는 베니뇨가 알리시아를 늘 훔쳐보던 테라스에 서서 그녀의 모습을 본다. 마르코는 알리시아를 일부러 찾아가지는 않

는다. 그러나 베니뇨의 것이었던 공간에 들어와 있는 마르코의 시선은 암시적이다. 과연 알리시아는 마르코의 생활 속으로 들어올 것인가. 카메라와 시선은 이미 그 결과를 관객들에게 말하고 있다.

이 세상에 살아남은 두 사람, 마르코와 알리시아는 극장에서 우연히 만난다. 마르코와 베니뇨가 처음 마주쳤던 극장이다. 무대에서는 피나 바우쉬의 또 다른 무용극 〈마주르카 포고〉Masurca Fogo가 상연되고 있다. 여주인공은 누워 있는 남자들의 손에서 손으로 전달되면서 무대를 배경으로 움직인다. 옆에서는 그녀의 입에 구식 마이크를 대주고 있다. 그러나 그녀는 말을 하거나 노래를 부르지 않는다. 마이크는 오히려 그녀의 숨소리만을 과장되게 전해준다. 생명력을 전달하려는 것일까. 알리시아와 마르코 모두에게 살아 있음을 확인시켜주는 것일까.

두 사람은 막간에 휴게실에서 마주친다. 알리시아가 낯선 사람 마르코에게 말을 건넨다. 왠지 이해할 수는 없지만 그의 존재가 낯설지 않다. 아마도 그녀의 무의식 속에는 이미 마르코라는 존재가 들어와 있을 것이다. 알모도바르 감독은 '마르코와 알리시아'라는 자막을 넣는다. 이는 충분히 의도적이다. 이전의 두 관계, 베니뇨와 알리시아, 마르코와 리디아의 관계도 자막으로 표현되었으니까. 마르코와 알리시아에게는 앞으로 어떤 일이 벌어질까. 마르코는 베니뇨와 리디아를 만났을 때는 울었지만 이번에는 눈물을 흘리지 않는다. 이미 삶의 끝에 갔던 두 사람에게 미래가 더 이상 어두워 보이지는 않는다. 카메라가 무대를 비추면서 영화는 끝난다. 무대에는 초록색 풀들이 푸르른 숲을 이루고, 생명의 원천인 물이 흐른다. 영화는 열린 상태로 끝나지만 그들을 막을 불행한 미래는 더 이상 없을 것 같다.

+ 〈카페 뮐러〉에 나오는 배경음악은 헨리 퍼셀(Henry Purcell)의 오페라 〈디도와 아이네아스〉에 나오는 아리아 「애가-오 나를 울게 내버려두오」(The Plaint: O Let Me Weep, For Ever Weep)이다. OST 앨범 마지막 20번 트랙에 실려 있다.

+ 〈마주르카 포고〉가 상연될 때도 귀를 기울이게 하는 노래가 나온다. 「Hain't It Funny」라는 곡으로, "We made love last night, wasn't good, wasn't bad."로 가사가 이어진다. 캐나다의 싱어송라이터 제인 시베리(Jane Siberry)가 작곡하고 K. D. 랭(K. D. Lang)이 불렀던 노래다. OST 앨범에는 노래가 수록되어 있지 않다.

노래하지 않으면 살 수 없었던 작은 새

La Môme, 2007년
음악 크리스토퍼 거닝, 에디트 피아프 | **감독** 올리비에 다안
주연 마리옹 코티야르, 제라르 드파르디외

✚ 라 비 앙 로즈

마르셀 세르당은 마지막 라운드까지 가는 격전 끝에 상대방을 때려눕힌다. 온 프랑스가 열광한다. 링 사이드에서 조바심을 내며 경기를 지켜보던 에디트 피아프(마리옹 코티야르)도 승리에 감격하여 기도를 올린다. 두 사람은 함께 호텔로 간다. 엘리베이터가 열리고, 마르셀은 복도를 향해 고개를 돌린다. 승리를 축하하는 장미꽃이 복도 끝까지 온통 깔려 있다. 어두운 복도에서도 빨간 장미는 빛을 발한다. 에디트 피아프는 마르셀 세르당이 자신의 생애에서 유일한 사랑이라고 믿었다. 마르셀은 프랑스로 귀국하고, 에디트는 뉴욕 공연 중에 「장미빛 인생」La Vie En Rose을 부른다. 마르셀과 함께했던 순간은 그녀의 인생에서 장미꽃처럼 활짝 핀 아름다운 시절이었다. 뉴욕에 혼자 남아 그를 기다리던 에디트는 공원 벤치에 앉아 글을 쓴다. 마르셀을 생각하면서 노트에 쓰고 있는 메모는 「사랑의 찬가」Hymne A L'Amour의 노랫말이다.

사랑하는 이가 부재하는 도시는 우울하기만 하다. 마르셀이 그리워진 에디트는 그에게 전화를 걸어서 뉴욕으로 와달라고 간청한다. 마르셀은 권투시합 때분에, 에디트는 공연 때문에 둘이 함께할 수 있는

시간은 너무나 적었다. 전화를 받은 마르셀은 곧 비행기를 탄다. 그러나 그를 태운 에어프랑스의 록히드기는 대서양 상공에서 추락하고 만다. 그러나 에디트는 마르셀이 자신을 찾아왔다는 환상에 빠진다. 그녀는 마르셀을 위해 손수 커피를 준비한다. 주변의 친한 사람들이 모두 찾아와서 걱정스러운 눈빛으로 그녀를 바라본다. 에디트가 만나고 있는 마르셀은 환상이었던 것이다.

에디트는 절규한다. 비명소리는 호텔 방과 복도를 거쳐 콘서트장으로 이어진다. 카메라는 물 흐르듯이 그녀의 감정을 따라간다. 에디트 피아프의 사랑과 이별을 극적으로 보여주는 장면이다. 그녀의 심정을 따라 「사랑의 찬가」가 울려 퍼진다.

운명의 신이 당신을 빼앗아간다 해도,
그대가 나를 사랑한다면,
나도 당신을 따라 죽을 거예요.
우린 영원히 같이 살 거예요.

마르셀에 대한 기억과 에디트의 노래가 교차한다. 그녀는 마르셀을 사랑하는 마음을 담아 이 노래의 가사를 직접 썼다. 작곡은 에디트의 오랜 친구이자 작곡가인 마르그리트 모노Marguerite Monnot가 맡았다. 영화에서처럼 실제로도 에디트 피아프는 뉴욕에서 이 노래를 처음 불렀다. 그녀에게 뉴욕은 사랑하는 이를 영원히 기다려야만 하는 슬픈 도시로 남는다.

프랑스의 국민가수 에디트 피아프. 같은 급의 가수를 든다면 일본의 미조라 히바리, 포르투갈의 아말리아 로드리게스, 아르헨티나의 메

르세데스 소사 정도가 있을까. 노래 한 곡에 그 나라 사람들의 삶과 슬픔을 모두 담아 감동을 선사했던 목소리들이다. 그러나 에디트 피아프는 무대에서의 화려함과 달리 유독 굴곡이 심한 삶을 살았다. 마르셀 세르당과의 애달픈 사연은 그 가운데 하나일 뿐이다. 그녀에게는 태어날 때부터 어두운 운명을 암시하는 전설 같은 이야기가 뒤따른다. 병원으로 가던 어머니가 고통을 이기지 못하고 경찰의 도움을 받아 거리 위에서 그녀를 출산했다는 것이다. 그처럼 에디트는 어느 한 곳에 머물러 안정된 삶을 누릴 수 없는 운명을 타고난 것일까. 곡예사인 아버지와 삼류 가수인 어머니는 그녀를 낳자마자 곧바로 내버리다시피했다. 에디트는 외할머니와 친할머니 집을 전전하면서 살다가 각막염 때문에 눈을 잃을 뻔한 고비를 넘기기도 한다. 다행히도 성 테레즈에게 기도를 드리며 에디트는 앞을 볼 수 있게 된다. 영화 〈라 비 앙 로즈〉는 에디트의 유년 시절을 노르망디의 우울한 풍경 안에 그려낸다.

소녀가 된 에디트는 아버지와 함께 이 마을 저 마을을 돌아다닌다. 아버지가 마을 광장에서 곡예를 하면 에디트는 모자를 돌리면서 구경꾼들에게 동전을 받곤 했다. 지루해하는 사람들 앞에서, 아버지의 강요에 못 이겨 에디트는 처음으로 노래를 부른다. 프랑스 국가 「라 마르세예즈」였다. 어린 소녀의 목소리는 거리 공연임에도 불구하고 사람들의 가슴속을 파고든다. 그녀의 노래솜씨는 천부적이었고, 노래를 듣던 사람들은 앞 다투어 동전을 꺼내 던져준다. 이렇게 거리의 가수로서의 삶이 시작된다. 피갈을 비롯해서 파리 시내 곳곳에서 거리 공연을 펼친다. 그러나 생활은 여전히 가난했고, 그녀의 생애에서 처음이자 마지막으로 낳았던 딸은 두 살의 어린 나이로 죽고 만다.

거리를 떠돌며 동전푼에 의존해 노래를 부르던 에디트를 발탁한 것은 루이 르플레(제라르 드파르디외)였다. 키가 142센티미터밖에 되지 않았던 그녀에게는 '작은 참새'la môme piaf라는 예명이 붙여졌다. 그렇게 샹젤리제의 고급 카바레 제미Le Gemy에서의 공연이 이루어졌다. 무대에 선다는 것은 몹시도 두려운 일이었고, 넓은 공간에서 그녀의 몸은 너무나 왜소했지만, 노래가 시작되자 그녀는 좌중을 휘어잡는 거인임을 입증했다. 관객들은 그녀의 목소리에 매료되었고, 이때부터 에디트는 프랑스를 대표하는 샹송 가수로서의 이력을 쌓아나간다. '참새'는 프랑스 국민들이 그녀에게 바치는 애칭이 되었다.

그러나 에디트 피아프의 삶은 술과 약물로 점철된 삶이었다. 마르셀 세르당을 만나기 전 연하의 연인 이브 몽탕과의 사랑, 샤를 아즈나부르와의 관계 등이 있었으나 모두가 허무하게 떠나갔다. 결혼 생활에도 애정이 없었다. 그런 탓이었을까, 에디트는 잠시도 쉬지 않고 노래에만 몰두했다. 노래만이 그녀의 진정한 삶이자 안식처였다. 교통사고를 겪고 술과 약물에 찌들며, 에디트는 급격히 늙어갔고 실제 나이

:: 작은 체구에서 나오는 아름다운 목소리로 그녀는 '작은 참새'라고 불렸다.

에 비해 무척이나 나이 들어 보였다. 공연 도중에 자꾸 쓰러지는 그녀의 모습을 지켜보면서 주변 사람들은 우려를 감추지 못했다. 1년에 단 한 번, 프랑스를 대표하는 가수들에게 주어지는 무대인 올랭피아 극장 공연을 앞두고 있을 때 작곡가 샤를 뒤몽이 찾아온다. 에디트는 시간을 내주고, 샤를은 피아노를 연주하면서 작곡한 곡을 들려준다. 그녀의 마지막 대표곡이라 할 수 있는 「Non, Je Ne Regrette Rien」(아니야, 후회는 전혀 없을 거야)이다.

마지막 공연에서 에디트는 「Non, Je Ne Regrette Rien」을 열창한다. 몸이 불편해서 구부정한 자세로 올라온 그녀를 향해 관객들은 열렬한 박수를 보내고 조용히 기다린다. 정적 속에서 반주 음악이 흘러나온다. 마지막 혼신의 힘을 다한 에디트의 작은 몸에서 우렁찬 목소리가 울려 퍼진다.

> 아니야, 후회는 없어.
> 아니야, 후회는 전혀 없을 거야.
> 지금껏 받은 친절도 애달팠던 슬픔도 전부 잊어버렸어.
> 후회는 없어.

평생을 함께했던 친구들이 그녀의 마지막 공연을 지켜본다. 자신의 삶이 뇌리에 스쳐지나간다. 이렇게 노래 부를 수 있는 날이 얼마나 남았을까. 어린 시절의 웃음, 해맑았던 눈동자를 기억하며 마지막 공연을 펼친다. 노래를 부르면서 자신의 모든 삶이 후회 없었음을 노랫말을 통해 관객들에게 전한다.

누군가 인터뷰에서 그녀에게 물었다. "노래를 못하게 되면 어떻게 하실 건가요?" "더 이상 살 수 없겠지." 에디트 피아프에게 진정 중요한 것은 노래 그 자체였던 것이다. 〈라 비 앙 로즈〉는 에디트의 삶과 더불어, 작은 새처럼 울어대는 그녀의 목소리와 노래를 담아낸다. 에디트의 노래를 듣는 것만으로도 우리는 50년 전 파리에 있는 듯한 착각에 빠진다.

+ 에디트 피아프는 1915년 9월 19일 태어나 1963년 10월 10일 죽었다. 주요 사인은 간암이었다. 공식적인 발표는 10월 11일에 나왔다. 공교롭게도 이날은 장 콕토가 사망한 날이기도 하다. 생애 내내 친교를 나누었던 프랑스 문화계의 두 거인이 동시에 숨을 거둔 것이다.

+ 영화에서 크게 비중 있게 다뤄지지는 않지만, 에디트 피아프와 작곡가 마르그리트 모노는 오랜 우정을 나누었다. 마르그리트는 「사랑의 찬가」 외에도 「Milord」 「C'est L'Amour Qui Fait Qu'on S'aime」 등을 작곡했다. 프랑스에서 성공적으로 상연되어 브로드웨이 무대에까지 오게 된 뮤지컬 〈당신에게 오늘 밤을〉(Irma La Douce)의 노래들을 작곡한 것도 마르그리트 모노였다.

+ 마르셀 세르당은 프랑스 역사상 최고의 권투선수였다. 생애 통산 117전 113승 4패, 그 중에서 66번 KO승을 거둔 강펀치의 소유자였다. 영화 속에 등장하는 경기는 토니 잘(Tony Zale)을 때려눕히고 미들급 세계챔피언이 된 시합이었다. 이후 마틴 스콜세지의 〈성난 황소〉의 모델이 되었던 제이크 라모타에게 패해 타이틀을 빼앗긴다. 비행기 사고로 죽기 직전이었고, 생애 마지막 시합이었다.

+ 뉴욕 공연이 끝난 후 마르셀과 테이블에 앉아 있을 때, 마를레네 디트리히가 찾아온다. 독일과 프랑스가 낳은 최고의 여성 엔터테이너들이 만나는 순간이었다. 마를레네는 "오늘 밤엔 에디트, 당신 노래를 들으니 파리에 있는 것 같았어요."라고 친근하게 말한다. 2차 대전 중에 마를레네 디트리히는 유럽으로 가서 연합군을 위해 노래를 불렀고, 에디트는 파리에서 레지스탕스를 도왔다. 뉴욕에서 만난 두 사람의 감회는 남달랐을 것이다.

한 곡 더 듣고 싶어요?

Mamma Mia!, 2008년
음악 필리다 로이드 | **감독** 베니 안데르손, 비요른 울바에우스
주연 메릴 스트립, 아만다 사이프리드, 피어스 브로스넌

✚ 맘마미아!

기억을 더듬어본다. 지금은 거의 사라져버린 레코드 가게에서 돈을 내고 처음 샀던 오리지널 사운드트랙 앨범은 〈스타 탄생〉이었다. 1976년 리메이크 작 말이다. 결말은 비극적이지만 무척이나 음악이 인상적이어서 테이프를 샀고, 늘어지도록 들었다. 둘 다 가수가 본업이던 바브라 스트라이샌드와 크리스 크리스토퍼슨이 주연배우를 맡았으니 주제가도 좋았다. 두 사람이 같이 부른 「Evergreen」이나 바브라가 부른 「Queen Bee」 같은 노래들.

그렇게 OST와의 만남이 시작되었다. 〈스타워즈〉도 사고 〈사운드 오브 뮤직〉도 구입했다. 그렇게 테이프로, LP로 OST를 하나씩 사기 시작했다. OST 앨범을 듣고 있노라면 영화 장면이 떠오를 뿐 아니라 영화를 보던 순간까지 기억난다. 영화를 같이 보았던 친구의 얼굴까지 갑자기 떠오를 때면 미묘한 느낌에 젖는다. 그 영화를 처음 보았을 때 얼마나 감동을 받았는지, 그 기억이 생생하게 되살아난다. 영화음악은 이처럼 과거의 즐거운 순간을 떠오르게 한다.

영화보다는 음악 때문에 더 기억되는 영화들도 많다. 〈나자리노〉

〈라스트 콘서트〉〈필링 러브〉 같은 영화들이다. 라이선스 LP가 제한적으로 발매되던 시절이라 음악을 듣는 데는 한계가 많았다. 구할 수 있는 앨범 대부분은 가수의 '그레이티스트 앨범'으로, 대표곡들만 모아놓은 것이었다. 하지만 그것만으로는 뮤지션의 장점밖에 볼 수 없다는 한계가 있었다. 그때 영화음악은 음악을 다양하게 들을 수 있는 기회였다.

존 윌리엄스가 영화음악을 맡은 〈타워링〉에서는 모린 맥거번이 부른 「We May Never Love Like This Again」을 들을 수 있었고, 무명의 미셸 파이퍼가 나온 〈밤의 미녀〉Into The Night OST 음반에서는 B. B. 킹의 시원스런 목소리를 접할 수 있었다. 〈샤키 머신〉 같은 OST에는 「마이 퍼니 밸런타인」이 쳇 베이커와 줄리 런던의 두 가지 버전으로 수록되어 있어서 복권에 당첨된 기분이었다.

〈스타 탄생〉이 아니더라도 가수들이 등장하는 영화들은 꽤 많았다. 올리비아 뉴턴 존은 〈그리스〉에서, 빌리지 피플은 〈캔 스톱 뮤식〉을 보며 극장에서 만났다. 〈맘마미아!〉가 개봉되기 훨씬 전인

:: 아바는 7080들의 사랑을 기억나게 한다.

1970년대에 〈아바〉라는 영화가 극장에서 개봉한 적도 있었다. 호주 공연실황을 편집해서 극장판으로 만든 작품이다. 까만색 바탕에 아바 멤버들의 얼굴을 클로즈업으로 늘어놓은 포스터가 아련히 떠오른다. 그렇게 1970년대에 아바를 듣다가, 2000년대에 〈맘마미아!〉로 아바의 노래를 다시 듣는다. 30년 이상 시간이 흘렀음에도 기억은 영화를 통해서, 음악을 통해서 계속 이어진다.

영화 〈맘마미아!〉는 끝 부분이 가장 인상적이다. 소피(아만다 사이프리드)가 「I Have A Dream」을 부르는 동안 이별의 순간이 찾아온다. 소피의 결혼식에 참석하기 위해 찾아왔던 샘(피어스 브로스넌), 해리(콜린 퍼스), 빌(스텔란 스카르스가드)은 배를 타고 섬을 떠난다. 카메라는 달빛을 받아 은빛으로 반사되는 푸른 지중해를 비춘다. 그렇게 영화가 끝나고 나면, 쇼는 그때부터 본격적으로 시작된다. 마치 비너스의 탄생처럼 세 여자친구가 바다에서 떠오른다. 도나(메릴 스트립), 로지(줄리 월터스), 타냐(크리스틴 바란스키)이다. 감흥에 젖은 채 아직 극장을 떠나기 싫어하는 관객들 앞에서 그녀들은 1970년대의 유치하고 반짝반짝 빛나는 무대 의상으로 갈아입고 보너스 공연을 펼친다. 우리도 어릴 때는 이렇게 놀았다는 듯이.

"우린 갈 곳을 찾아 헤매네. 멋진 음악에 맞춰, 춤출 곳을 찾아. 댄싱 킹을 찾아. 어떤 남자든 상관없어. 아직 초저녁, 음악은 신나고, 락의 비트 속에 모든 걸 잊고 화끈하게 춤춰요. 이 젊음이 가기 전에! 그대는 댄싱 퀸! 젊고 아름다운 열일곱 살."

도나는 관객들을 향해 "한 곡 더 듣고 싶어요?"라고 외친다. 고조된 분위기 속에서 퇴장했던 세 남자까지 의상을 갈아입고 무대에 올라와 노래를 부른다. 복고풍 의상으로 인해 무대는 더욱 반짝거린다. "워털루! 난 영원한 사랑의 포로야. 워털루, 그대를 벗어날 수 없어." 흥겨운 사랑 노래에 맞춰 몸을 흔들어도 좋다. 영화는 끝나가지만 분위기는 절정이고, 관객들은 모두 〈맘마미아!〉의 매력에 사로잡혔으니까. 오히려 누군가 먼저 일어서서 춤을 춰주기를 바랄지도 모른다. 요란법석을 떠는 「워털루」가 끝나면 정말로 이별의 엔딩 크레디트가 올라간다. 소피의 목소리로 「Thank For The Music」이 나온다. 그렇다. 영화는 끝나지만, 음악이란 우리가 영원히 감사할 만한 것이다.

〈맘마미아!〉는 나이가 들면서 영화의 주류 관객에서 주변부로 밀려난 아줌마 아저씨들을 위한 영화다. 옛날 즐겨 듣던 팝송들이 기억

:: 끝날 듯 끝나지 않는 〈맘마미아!〉의 화려하고 인상적인 마지막 장면

속에 얼마나 깊이 박혀 있으며, 그 기억을 되살리는 것이 얼마나 흥겨운 일인가를 일깨워준다. 중고등학교 시절에 남들보다 몇 곡 더 알던 노래들, 이어폰을 끼고 엄마 몰래 듣던 노래들. 음악다방이든 분식집이든 어디서나 아바의 노래가 밝은 톤으로 흘러나오곤 했다. 비영어권 출신 팝그룹으로서는 최고의 인기를 끌었던 아바. 팝의 본고장인 미국에서는 인기가 덜했을지 모르지만, 유럽, 일본, 우리나라까지 어디서나 사람들은 그들의 노래에 흥겨워했다.

아바의 음악은 본질적으로 말랑말랑한 사랑 노래다. 인생을 즐기는 데 무겁고 난해해야 할 필요는 없으니까. 어렵지 않으면서 따라 부르기 좋고, 노랫말들은 사랑에 빠진 이들의 행복을 이야기한다. 노래를 온전히 다 모르더라도 듣고 있으면 따라 부를 수 있는 몇 소절이 나올 정도로 대중적인 노래이기도 하다. 아바의 노래는 아줌마 아저씨들의 추억이지만 지금 들어도 낡았다는 느낌이 들지 않는다. 오히려 아바의 노래를 처음 듣는 젊은이들조차 옛날 팝송의 낭만과 아름다움을 실감하게 된다.

영화의 시작과 끝을 장식하는 노래는 「I Have A Dream」이다. 이 노래엔 예쁘고 앙증맞은 소피의 미래에 대한 꿈이 녹아 있다. 아만다 사이프리드는 캐스팅 오디션에서 이 노래를 불렀다. 오디션에서 그녀가 노래를 부르는 모습을 보던 아바 멤버들의 감회는 어땠을까.

영화가 끝날 때처럼 시작 장면에도 밤바다가 나온다. 하늘에는 아름다운 은빛 달이 떠서 세상을 비춘다. 소피는 조각배를 저으면서 섬 마을로 향해 간다. 그리고 외로이 서 있는 노란 우체통에 얼굴 모르는 세 명의 아저씨들에게 부치는 편지를 집어넣는다. 그들 중에 나의 아빠가 있을까. 소피는 행복한 꿈을 꾸고 밝은 미래를 믿는다.

난 꿈이 있어요. 사랑하는 노래가 있죠.
노래를 부르면 뭐든 견딜 수가 있어요.
동화의 기적을 믿기만 한다면 미래를 가질 수 있어요.
실패를 두려워하지 말아요. 난 천사를 믿어요.
세상엔 온통 아름다운 것뿐. 난 천사를 믿어요.
때가 됐다고 믿어지면 넓은 세상으로 나갈 거예요.
난 꿈이 있으니까요.

소피의 꿈은 지중해에 떠 있는 그리스의 아름다운 작은 섬에서 영글어간다. 이국적인 섬은 사랑과 아바의 노래를 현실처럼 만들어주는 환상적인 무대로 탈바꿈한다. 판자들을 얼기설기 잇대어 만든 작은 마을의 간이 선착장이 이처럼 멋진 뮤지컬의 무대였던 적이 있을까. 사람들은 자그마한 선착장에서 만나고, 헤어지고, 춤을 추고, 노래를 부른다. 도나가 「낸싱 퀸」을 부르면서 마을 여자들을 전부 몰고 내려와 선착장에서 추는 군무는 압권이다. 마치 디오니소스 축제 같다. 〈맘마미아!〉의 드라마를 공고히 구성하기 위해서 아바의 원곡들은 약간씩 개사되기도 했다. 그러나 멜로디는 옛날 그대로다. 영화를 보면서 노래를 그대로 따라 부르면 된다. 같은 리듬을 타고 있으니까. 피어스 브로스넌의 아랫배가 약간 나오고 가창력이 약간 떨어진다 한들 무엇이 문제가 될까. 중년의 브로스넌조차 활력 넘치는 메릴 스트립을 만나면 과거의 자신과 사랑을 되찾게 되는 것을.

+ 〈맘마미아!〉는 전 세계적으로 6억 달러 이상의 흥행 수익을 올리면서 뮤지컬 영화로는 최고의 흥행작이 되었다. 또한 영국에서 제작된 영화로는 최고의 성공을 거둔 영화로 기록된다. 특히 영국에서의 인기는 엄청나서 〈타이타닉〉이 세웠던 흥행 기록을 갈아치우기도 했다.

+ ABBA의 이름이 지어진 사연을 모르는 이는 없겠지만, 두문자를 딴 멤버들의 이름을 다시 한 번 열거해본다. 아그네사(Agnetha Faltskog), 비요른(Bjorn Ulbaeus), 베니(Benny Andersson), 애니프리드(Anni-Frid Lyngstad)이다. 지금은 모두 헤어졌지만 ABBA의 전성기 때 앞의 둘과 뒤의 두 사람은 각각 부부 관계였다.

그리고 우리의 추억

한국 영화음악이 탄생하던 시절

1974년
음악 강근식, 이장희 | **감독** 이장호 | **주연** 안인숙, 신성일, 윤일봉, 백일섭

✚ 별들의 고향

지금은 사라져버린 1970년대 서울의 옛 풍경을 본다. 잿빛 하늘, 낡은 육교, 사람들로 꽉 찬 시내버스, 거리에 서 있는 사람들, 세발자전거를 타는 아이들, 그네를 타는 아빠와 딸, 갓 지어진 5층짜리 구 반포주공아파트. 그로부터 30년 넘은 시간이 흐른 지금, 많은 것들이 바뀌고 사라져버렸다. 옛날 서울을 추억하면서 〈별들의 고향〉을 본다. 그리고 그 안에서 경아(안인숙)라는 젊은 여인, 그 비극적인 주인공을 찾아나선다.

〈별들의 고향〉은 최인호가 20대에 조선일보에 연재했던 소설이다. 초등학교 때부터 친구였고 서울고등학교 동기동창이기도 한 이장호는 최인호를 찾아가 이 소설은 무조건 내가 영화화한다고 강짜를 부렸다는 일화로도 유명하다. 이렇게 하여 두 사람은 〈별들의 고향〉을 통해 당대 최고의 아이콘으로 떠오르고, 이장호는 신인 감독으로 성공적인 데뷔를 하게 된다. 1970년대 젊은 감독들의 출현을 알리는 첫 신호탄이었다.

〈별들의 고향〉은 통속적인 멜로드라마다. 경아라는 젊은 여주인

공의 인생유전이 줄거리를 이룬다. 사랑을 찾아가고 사랑했다고 믿었지만, 모든 남자들이 그녀에게서 떠나간다. 문호(신성일)만이 그녀가 몰락하는 과정을 지켜볼 뿐이다. 경아라는 평범한 여자가 남자들로 인해 호스티스로 전락하고, 결국 자살에까지 이른다. 그러나 그 죽음은 여성에 대한 사회적 편견과 냉담한 시선이 빚어낸 결과에 다름없다. 영화에는 여성에 대한 성적 불평등이라는 통념과 이데올로기가 담겨 있다. 사회 전반에 걸쳐 여성이 차별적인 상황에서 벗어날 수 없었던 시절이었다.

문호(신성일)가 병원에서 나와 버스에서 내릴 때부터 이장희의 목소리로 「한 소녀가 울고 있네」가 흐른다. 거리 풍경과 함께 슬픈 운명에서 벗어날 수 없는 경아의 존재를 가벼운 포크 음악으로 연주한다. "한 소녀가 울고 있네. 가냘픈 어깨가 들먹이네, 싸늘한 달빛이 비춰주네. 긴 머리가 달빛에 흔들리네. 한 소녀가 울고 있네. 두 손으로 얼굴을 가리었네." 영화는 이렇게 가사와는 반대의 경쾌한 멜로디로 경아

:: 이장호와 최인호는 당시 청년문화를 대표하는 아이콘이었다.

의 비극을 노래한다.

테이블에 앉아 있는 문호에게 웨이터가 다가와 술을 따라준다. 배경음악으로 「나 그대에게 모두 드리리」가 연주된다. 카메라가 혼자 바에 앉아 있는 경아를 비춘다. 문호는 그녀의 모습을 스케치해서 건네준다. 두 사람은 술집에서 우연히 만나서 다시 바로 온다. 또다시 「나 그대에게」가 흐른다. 이 노래는 경아를 상징한다. 모든 남자들에게 사랑을 아낌없이 주는 여인, 그리고 결국 빈손으로 혼자가 되고 마는 여인. 색소폰의 구슬픈 음률이 그녀의 감정을 슬프게 표현한다. 경아는 첫 남자인 영석(하용수)을 떠올린다. 경아가 사무실에서 떨어뜨린 펜을 영석이 주워 건네면서 두 사람의 관계가 시작된다. 두 사람은 행복한 나날을 보낸다. 카지노에 가서 잭팟을 터뜨리고, 유원지에 가서 키스를 나눈다. 영석은 같이 잘 것을 요구한다. 경아는 거부하지만 어쩔 수 없이 그를 따라 여관으로 간다. 영원히 사랑하게 해달라고 기도하지만, 영석은 경아를 떠나 다른 여자와 결혼해버린다. 행복했던 시절, 경아가 영석과 함께 밴드가 연주하는 클럽에 갔을 때 누군가가 노래를 부른다. 「나 그대에게 모두 드리리」를. 그렇게 이 노래는 영화 전반에 걸쳐 경아의 테마처럼 흐른다.

> 나 그대에게 드릴 말 있네.
> 오늘밤 문득 드릴 말 있네.
> 나 그대에게 모두 드리리.
> 터질 것 같은 이 내 사랑을.
> 그댈 위해서라면 나는 못할 게 없네.
> 별을 따다가 그대 두 손에 가득 드리리.

경아는 「나는 19살이에요」를 휘파람으로 분다. 그녀는 문호에게 휘파람도 못 부는 아저씨가 있었어요, 라고 말하면서 만준(윤일봉)을 회상한다. 별장 같은 시골 대저택에 딸과 함께 살던 남자. 경아는 죽은 전처에 대해 아직까지도 집착하며 살고 있는 그와 결혼한다. 그는 의처증 때문에 부인이 자살하기까지 했지만, 또다시 부인과 많이 닮은 경아와 결혼한 것이다. 경아는 임신했다고 좋아하며 산부인과로 찾아간다. 그러나 그것은 상상 임신이었을 뿐이다. 오히려 만준은 의사를 통해서 경아가 낙태를 한 적이 있다는 사실만 알게 된다. 만준은 그녀의 낙태 사실을 받아들이지 못한다. 그렇게 해서 만준도 경아의 곁을 떠나가버린다. 짧은 결혼생활에서 남은 것은 아무것도 없다. 또 하나의 깊은 상처만 남았을 뿐이다. 이때 다시 「한 소녀가 울고 있네」가 흐른다. 〈별들의 고향〉은 경아에 대한 이야기이다. 음악은 경아의 상황과 감정들을 표현해준다. 여러 관점에서 순수한 한 여인에 대해 끊임없이 들려주는 것이다.

경아는 동혁(백일섭)으로부터 도망쳐 문호의 아파트로 들어온다. 경아는 문호에게서 위안을 얻지만 그녀의 삶은 점점 무너져간다. 동혁은 경아의 몸에 담배로 지져 '혁'이라는 글자를 새긴다. 그는 경아를 사람이 아니라 그의 소유물처럼 대한다. 경아는 문호에게 "난 남자가 없으면 잠시도 살지 못해요."라고 고백한다. 그리고 점점 술에 빠져든다. 사랑을 두 번이나 잃은 그녀의 삶은 피폐해지고 있었다. 경아는 회상한다. "한때 모든 사람들은 저를 통해 위안을 받았죠. 그렇지만 하나둘 떠나가요. 결국은 우리가 혼자일 뿐이라는 걸, 난 알아요." 그리고 립스틱으로 거울에 쓴다. "아저씨, 안녕!"이라고.

동혁이 배를 타고 멀리 떠난다는 이야기를 들은 문호는 경아를 찾아간다. 경아는 이제 스물다섯 살밖에 되지 않았지만 얼굴이 많이 상

하고 말았다. 두 사람이 마지막으로 만난 날은 한 해의 마지막 밤이다. 다시「나 그대에게 모두 드리리」가 흐른다. 문호는 경아가 끓여주겠다는 라면도 먹지 않고, 술도 마시지 않고, 피곤하다며 경아의 방에 눕는다. 경아와 문호의 대화가 이어진다. 경아는 말한다. "행복해요, 더 꼭 껴안아주세요. 여자란 참 이상해요. 남자에 의해 잘잘못이 가려져요. 한땐 나도 결혼을 하고 행복하다고 믿었던 적이 있었어요. … 아름다운 꿈이에요. 내 몸을 스치고 지나간 모든 사람들이 차라리 사랑스러워요. … 아저씨만 여기 계시는군요. … 많은 사람들이 아침에 눈을 뜨면 흔적도 없이 이별을 하곤 해요. 날이 밝으면 아저씨도 떠나가겠죠." 경아는 자기가 만났던 남자들에게 자신의 순정을 주었지만, 그녀만 이렇게 홀로 버려진 것이다.

문호는 떠나고, 경아는 혼자 왕대포집으로 들어간다. 그리고 낯선 남자를 만난다.「나는 19살이에요」가 윤시내의 목소리로 스크린에 가득 퍼진다. 경아는 그 남자와 잠자리를 함께하고, 또다시 술집으로 돌아와 소주를 마신다. 그리고 바깥으로 나선다.

난 그런 거 몰라요, 아무것도 몰라요.
왠지 겁이 나네요, 그런 말 하지 말아요.
난 정말 몰라요. 들어보긴 했어요.
가슴이 떨려오네요. 그런 말 하지 말아요.
난 지금 어려요. 열아홉 살인 걸요.
화장도 할 줄 몰라요. 사랑이란 처음이에요.
웬일인지 몰라요. 가까이 오지 말아요.
떨어져 얘기해요. 얼굴이 뜨거워지네요.

노래가 끝나면 끝없는 설원이 펼쳐진다. 경아는 혼자 눈밭 위를 걷는다. 수면제를 먹고, 물 대신 눈을 떠서 먹는다. 사랑의 테마가 흐른다. 자기를 부르는 소리를 환청으로 듣지만 대지에는 새하얀 눈밖에 없다. 그녀는 문호와의 행복했던 마지막 기억을 떠올린다. "제 입술은 조그마한 술잔이에요." "그래, 정말 예쁜 술잔이로군." 하늘에서 종이학이 떨어진다. 경아는 눈 위에 쓰러져 완전히 잠이 든다.

〈별들의 고향〉의 사운드트랙 앨범은 사실상 국내 최초로 만들어진 것이었다. 영화음악이 존재하기는 했으나, 한 영화의 음악만 모아서 독립적인 음반으로 출시한 것은 처음이었다는 얘기다. 영화를 위한 영화음악이란 개념이 거의 전무하던 시절이었다. 녹음실에서 아무 음악이나 표절해서 사용하던 게 현실이었다. 최근에 만난 이장호 감독은 "당시 영화들은 음악이 다 망친다는 생각이 들었어."라고 말했다. 반면 〈별들의 고향〉은 당대의 최고 뮤지션 두 사람을 동원할 수 있었다. 이장희도 그렇지만, 당시 '동방의 빛' 리더였던 강근식은 포크 록에 관한 한 당대 최고의 사운드를 들려주고 있었다. 작곡을 한 이장희는 최인호 작가와 친분이 있었고, 편곡을 담당하고 기타를 연주한 강근식의 누나와는 개인적으로 알던 사이였으니, 당시의 대중문화 판이란 무척이나 좁았던 셈이다. 지금이야 당연한 일이지만 음악 스튜디오를 잡아 녹음을 다시 하면서 보강하는 작업이 병행되었다. 이전까지 한국영화 제작과정에서는 볼 수 없었던 풍경이었다. 영화를 찍는 동안 이장희는 계속해서 작곡한 노래들을 들려주었고, 그렇게 1970년대 신세대들의 공동 작업이 이루어졌다. 〈별들의 고향〉의 OST 앨범에 수록된 곡들 중 이장희의 「나 그대에게 모두 드리리」와 십대의 윤시내가 앳된 목소리로 부른 「나는 19살이에요」가 빅히트를 했고, 이로 인해 OST 붐이 일기 시작했다. 이장호 감독의 후속작 〈어제 내린 비〉, 하길종 감독의 〈바보들의 행진〉, 김호선 감독의 〈겨울 여자〉 등의 OST 앨범이 연속해서 히트하는 결과를 낳았다.

1970년대는 새로운 가치관과 청년 문화가 형성되던 시기다. 이 시기는 청바지와 장발, 통기타와 포크 음악으로 상징된다. 이장희, 조동진, 양희은, 송창식, 윤형주 같은 가수들이 새롭게 등장해서 직접 곡을 쓰고 노래를 불렀다. 젊은 층들은 포크 음악을 자신들을 대변하는 음악으로 받아들였다. 그러나 정치적인 현실은 암울했다. 자유는 구속되어 있었고, 많은 것들은 다가가지 못하는 금단의 영역 속에 있었다. 젊은이들은 자신들을 표현할 방법을 찾았다. 현실에서 그들의 이상은 꺾였고, 좌절을 느낄 수밖에 없던 시기였다. 옛것과 새것 사이에서 가치관은 혼란스러웠다. 경아와 문호의 사랑은 낭만적이지만 퇴폐적이기도 하다. 세대 간의 충돌과 경제 발전, 급격한 사회적 변화 속에 그들의 사랑이 놓여 있었고, 경아라는 비극적 여인이 태어나게 된 것이다. 경아의 꿈은 낭만적이고 자유분방한 것이었으나, 여전히 현실은 남성 중심주의의 벽에 둘러싸여 있었다. 여기에 적응하지 못한 그녀가 선택할 수 있는 것은 죽음밖에 없었을 것이다. 그것은 어쩌면 정신적인 순수를 지키기 위한 것이었는지도 모른다. 〈별들의 고향〉은 그런 시대적 상황을 통속적으로 그려내고 있다. 영화와 포크 음악은 내용상으로나, 정서적으로 잘 어울렸다. 둘 다 젊음이 겪고 있는 시대의 허무와 퇴폐를 노래하고 있었다.

✚ 2010년 봄, 때늦은 눈이 아름답게 쌓인 한국예술종합학교 영상원에서 이장호 감독을 오랜만에 만났다. 1945년생 해방둥이지만 여전히 청년 같다. 호탕하고 시원스러운 성격. 개인적으로 이장호 감독과 오랫동안 알아왔다는 것은 우리 영화의 역사를 만나온 것 같은 느낌이 들게 한다. 이장호 감독은 〈별들의 고향〉이 개봉되어 연일 매진을 기록하던 당시의 기분을 이렇게 회고한다. "10만이 넘으니까, 야, 인호가 소설 참 잘 썼구나 했지. 20만이 되어갈 때는 이장희 음악도 효과가 참 컸구나 했는데, 30만이 넘으니까 영화도 잘 만든 거 아닌가 하는 생각이 들더라고. 그러다가 40만이 넘으니까 슬퍼져요. 뭔가 배신당한 느낌이 들었어. 누구 것도 아니고 혼자 달리는 말 같구나 하는 생각이 들더라고."

✚ 〈별들의 고향〉은 신문에 연재되기 전, 원래는 〈별들의 무덤〉이라는 제목을 달고 있었다. 그런데 아침에 배달되는 신문 연재소설이 무덤이라는 제목으로 시작하면 썰렁하지 않겠느냐는 편집회의 결과 〈별들의 고향〉으로 바뀌게 되었다고 한다.

✚ 〈별들의 고향〉은 국도극장에서 개봉되어 105일 동안 상영되면서 46만 관객을 동원했다. 이전에 처음 30만 명을 넘긴 영화는 정소영 감독의 〈미워도 다시 한 번〉이었다. 〈별들의 고향〉은 OST 앨범에서도 대히트를 기록했다. 당시로서는 엄청난 기록인 16만 장이 팔려나갔다. 〈별들의 고향〉 이후 OST 음반 판매기록을 다시 갈아치운 것도 이장호 감독의 영화였다. 1986년 개봉된 〈이장호의 외인구단〉은 영화의 성공과 함께 정수라의 「난 너에게」를 대표곡으로 하여 20만 장이 넘는 판매고를 기록했다.

부록 '불멸의 영화음악' CD 수록곡

1 「차라투스트라는 이렇게 말했다」 도입부 **〈2001년 스페이스 오디세이〉 중에서**
작곡 | 리하르트 슈트라우스
연주 | 게르하르트 오피츠 지휘

2 「Over the Rainbow」 **〈오즈의 마법사〉 중에서**
작곡 | 해럴드 알런 **작사** | E. Y. 하버그
노래 | 주디 갈런드

3 「As Time Goes By」 **〈카사블랑카〉 중에서**
작곡 · 작사 | 허먼 헙펠드
노래 | 프랭크 시나트라

4 「Do Not Forsake Me, Oh My Darling」 **〈하이 눈〉 중에서**
작곡 | 디미트리 디옴킨 **작사** | 네드 워싱턴
노래 | 프랭키 레인

5 「Singin' in the Rain」 **〈사랑은 비를 타고〉 중에서**
작곡 | 허브 브라운 **작사** | 아서 프리드
노래 | 진 켈리

6 「La Tema della Strada」 **〈길〉 중에서**
작곡 | 니노 로타
연주 | OST 에서

7 「Love Is A Many-Splendored Thing」 **〈모정〉 중에서**
작곡 | 새미 페인 **작사** | 폴 프랜시스 웹스터
노래 | 포 에이스

8 「Shall We Dance?」 **〈왕과 나〉 중에서**
작곡 | 리처드 로저스 **작사** | 오스카 해머스타인 2세
노래 | 데보라 커, 율 브리너

9 「Per un pugno di dollari」 〈황야의 무법자〉 중에서
작곡 | 엔니오 모리코네
연주 | OST 에서

10 「My Favorite Things」 〈사운드 오브 뮤직〉 중에서
작곡 | 리처드 로저스 작사 | 오스카 해머스타인 2세
노래 | 줄리 앤드류스

11 「The Entertainer」 〈스팅〉 중에서
작곡 | 스코트 조플린
연주 | 만토바니 오케스트라

12 「Reality」 〈라붐〉 중에서
작곡 | 블라디미르 코스마 작사 | 제프 조단
노래 | 리처드 샌더슨

13 클라리넷 협주곡 K.622 2악장 〈아웃 오브 아프리카〉 중에서
작곡 | 모차르트
연주 | OST 에서

14 「Cinema Paradiso」 〈시네마 천국〉 중에서
작곡 | 엔니오 모리코네
연주 | 엔니오 모리코네 오케스트라

15 「Quizas, Quizas, Quizas」 〈화양연화〉 중에서
작곡 · 작사 | 오스발도 파레스
노래 | 트리니 로페즈

16 「Non, Je Ne Regrette Rien」 〈라 비 앙 로즈〉 중에서
작곡 | 샤를 뒤몽 작사 | 미셸 보케르
노래 | 에디트 피아프